大人のための「世界史」ゼミ

東京大学名誉教授
鈴木 董

山川出版社

目次

大人のための「世界史」ゼミ

プロローグ　「暗記」ではなく、「なぜ？」からはじめる世界史への招待……7

第1章　世界史はどうつくられてきたか……16
大昔から人類は知りうる限りの世界の歴史を綴ってきました。
その動きと、それが現在の世界史にどのような影響を与えているのかを考えてみましょう。

第2章　「文明」と「文化」とはなんだろうか……42
これから世界史を考える際のひとつの基準として、
これまでさまざまに使われてきた「文明」と「文化」を私なりに定義してみました。
みなさんも見方が変わるかも？

第3章　五つの大文化圏で世界史を考える……69
まず七八ページの不思議な地図を見てください。
使用されている「文字」で区切ると、なんと世界は五つの「文字世界」から
できていることになるのです。ここに注目！

華

第4章 人類が「文字」と「組織」を獲得するまで……93
なぜ、私たち人類だけが高度な「文明」を築くことができたのでしょうか。
その理由をここでは二つのキーワードで考えてみたいと思います。
それが「文字」と「組織」です。

第5章 インド「梵字世界」と中国「漢字世界」の展開……112
ここでは「旧大陸」東側に誕生した、ふたつの「文字世界」の展開をみていきます。
中国の「漢字世界」と、インドの「梵字世界」は
なぜ周辺に広がっていったのでしょうか？

第6章 メソポタミアとエジプト、エーゲ海の文明……140
「旧大陸」西側ではメソポタミアの「楔形文字世界」と
エジプトの「ヒエログリフ世界」が生まれ、
さらにはエーゲ海で「ギリシア・ラテン文字世界」が展開していきます。

第7章
「アラビア文字世界」の登場から「モンゴルの大征服」まで……169
ここでは七世紀から一三世紀の世界の動きを。
みなさんは「アラブの大征服」と「モンゴルの大征服」、どちらがすごかったと思いますか？
これも「文字世界」で考えると意外かも。

第8章
西欧人の「大航海」時代は何を変えたのか？ 14～16世紀の世界……207
「旧大陸」東側の文明が圧倒的に高度だった状況を変えるきっかけは、
西欧人による「大航海」時代でした。
西欧世界が「比較優位」をえたのは銃？ 鉄？ 病原菌？ それとも？

第9章
西欧世界はなぜ世界の覇権を握ることができたのか……239
17世紀に「近代」へと入った西欧世界では、政治、経済、軍事、科学などで
「チョー新しいもの」＝イノベーションが集中します。
ここではそのなかで特筆すべき動きを中心に。

第10章　異文化世界は「西洋の衝撃」にどう対応したか……258
みなさんが属するどんな組織にも、改革を阻む「抵抗勢力」っていませんか？
日本を含む諸社会が経験した「西洋化」改革を比べてみると、
ある共通点や特色が見えてきます。

第11章　「文字」から見えてくる近代世界……285
2つの世界大戦に米ソ冷戦と、いろいろあった身近な20世紀の世界ですが、
最大の「地殻変動」はEUかもしれません。
これも「文字世界」で考えると、ある動きが浮かび上がります。

エピローグ　二三世紀の「世界史」を考える……301
今世紀中に、中国とインドが世界でツートップの経済大国になることは確実です。
このふたつの国にはある共通点があります。
しめくくりに「近未来の世界史」の話を少々。

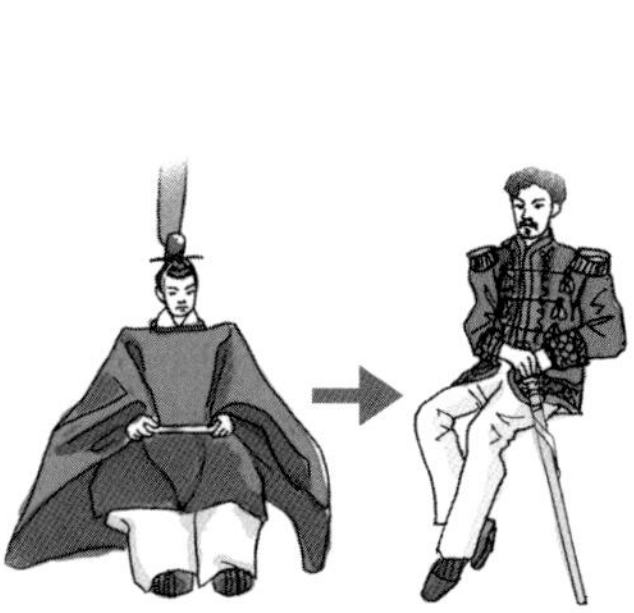

プロローグ

「暗記」ではなく、「なぜ?」からはじめる世界史への招待

まずは自己紹介をさせていただきます。私は東京大学にある東洋文化研究所というところでかれこれ三〇年ほど、イスラム史、とりわけオスマン帝国(トルコ)史の研究を本職にしておりました。この東洋文化研究所というのは、西はエジプトから東は朝鮮半島まで、東洋といわれる地域の政治・経済から歴史、宗教、文学、美術など幅広い角度で研究を行っている研究教育機関です。

「歴史学」というと、なんだかとっつきにくいイメージをお持ちの方も多かろうと思います。でも、私がそんな道に進もうとしたきっかけは、意外に単純な疑問からなのです。

ひとつは小学校高学年のとき、ふと手にしたインカ帝国の本でした。くしくも東洋文化研究所の大先輩にあたる泉靖一先生が書かれた本でしたが、とても栄えていたインカ帝国が一六世紀、ほんの一握りのスペイン人に滅ぼされてしまったことにとても驚きまして、それは一体なぜなのかと考えるようになったんですね。

オスマン帝国
一三世紀末にアナトリア西北端でトルコ系イスラム教徒が立ち上げた王朝。一六世紀中ごろに、地中海沿岸でかつてのローマ帝国の版図のおよそ四分の三を支配下におく超大国となる。一八世紀から「西洋の衝撃」にさらされたが、一九世紀以降「西洋化」改革で対応し、一九二二年まで存続。現在のトルコ共和国はその後継国家。

インカ帝国
一五～一六世紀、南米大陸北西部のアンデス地帯で繁栄。インカとは「太陽の子」を表し、太陽神信仰が普及しており、その子である王を頂点とする君主制。首都はクスコ。ケチュア語系で文字はないが、太陽の神殿などの巨石建築技術や黄金細工など高度な文明を誇った。コロンビア南部からチリにいたる広大な領域を四つの領土に分け、巡察使を派遣し統治した。一五三三年、スペイン人によって滅ぼされた。

それからいろんな本を読んでいきましたら、それはインカ帝国に限った話ではなく、一五世紀末から一七世紀の「大航海」時代を境に、それまで西欧よりもはるかに繁栄していたアジアまでが、逆に西欧の支配下に置かれるようになっていったことを知りました。

どうしてそういうことになってしまったのか、という疑問が私のなかにさらにふくらみました。でもその疑問こそ、私が歴史研究を専門にしていく大きなきっかけになったのです。

もうひとつ、私のなかには大きな疑問がありました。それは、この日本のことです。大きな視点で世界史を俯瞰《ふかん》してみると、西欧が次々にアジアを支配していくなかで、逆に西欧に対抗しようとする動きが出てきます。そのとき、いち早くアジアのなかで自己変革を遂げたのが日本だったという歴史的事実を知りました。

これも一体なぜなのかと調べていくにつれ、明治維新のあたりだけいくら調べても、どうも納得できないというか、わかりません。もっとその前の徳川（江戸）時代までさかのぼって、日本が「西洋の衝撃」に対し、なんとか自己を変革しながら対処できた「土台」のようなものがあったのではないかと考えまして、それを研究してみたいと考えたのです。

こうした疑問を解いていくためには、「自分史」的な日本の一国史だけでとらえていては限界があります。どうしても他の世界と比較する必要が出てくるんですね。例

「大航海」時代

一五世紀のポルトガルによるアフリカ探検航海、一四九二年のスペインの支援を受けたコロンブスの大西洋横断航海を皮切りに、一五～一七世紀にかけヨーロッパ諸勢力が世界各地に大航海を行って拠点づくりや資源の開発、通商、支配・植民地化を行った時代。いち早く航海に躍り出たポルトガルとスペインは一四九四年にトルデシリャス条約によって世界を分割。一六世紀前半にはアメリカ大陸の占拠やインド洋通商圏への割り込みによって巨利を得た。次いで一足遅れてイギリスやオランダ、フランスがこれに侵入。拠点の奪取やさらなる航海・探検に躍り出た。やがて一七世紀後半には力を得た西欧列強による制海権抗争の時代へと突入する。

えばお隣の中国と比較するという手もありますが、同じ文化圏に属する国同士だと世間が狭くなってしまいます。

それならまったく違う世界でやってみようと思いまして、たどり着いたのが半世紀ほど前までその実態がほとんど日本ではわからなかったイスラム世界でした。私が若いころは、イスラムのことを調べようにも情報がほとんどないような状態でした。

こういう全然わからない世界というのは若いうちにやっておかないと、年をとってから手を出しても苦労するだろう、今のうちに足を運んで食べたことがないようなものをしっかり食べておけば、あとはなんとかなるだろうと考えまして、イスラム世界のなかでもトルコ、そしてその前身だったオスマン帝国のことを研究するようになったのです。

オスマン帝国というのは一三世紀末から二〇世紀初頭まで、アジアとアフリカ、ヨーロッパという三大陸のつなぎ目を支配し続けた大帝国でした。そして日本と同じようにかろうじて西欧列強に対して独立を守りきり、イスラム世界ではじめて本格的な近代的独立国家をつくった国でもあります。

地理的には先ほど「三大陸のつなぎ目」としたとおり、周囲のさまざまな民族、文明が去来し、日本とは違ってとても不安定な土地に存在しながら、およそ六世紀半もの長い時間を通して存続し続けることができたのはなぜだろうという関心が私にはありました。その謎を解くことで、日本がなぜアジアのなかで真っ先に自己変革できたのかも見えてくるのではないかと考えたのです。その話はまたおいおいしていくことにしまして、この本は、みなさんが高校生のときに習った世界史とはちょっと違います。

時代は今、二一世紀ですが、東西冷戦が終わってアメリカが唯一の覇権国家となった世界秩序はこれからどうなっていくのかという問題があります。この先を考えると、アメリカに対抗する勢力としてＥＵ（欧州連合）などがありますけれど、やはり一世紀後には絶対に中国とインドが世界経済の一、二位でしょう。人口で考えてもそれぞれ一五億人ぐらいになり、しかもそこに経済力や知恵がついてきます。

この二大国が本格的に台頭するとどうなるか。私のイメージでいうと昔の世界、つまり「大航海」時代の前の世界に戻るのです。当時は東アジアに中国、南アジアにはインドがそれぞれの文化圏のリーダーとしてそびえ、中央・西アジアと北アフリカに広がるイスラム世界帝国のオスマン帝国、そしてロシアにはモスクワ大公国、その西隣には西欧諸国がありました。

これから先、かつてと同じようにユーラシア大陸の真ん中から東にかけてはインドと中国が決定的に大きな柱として存在し、この二大国とアメリカ、ＥＵといった複数の柱で構成される世界が到来するのではないかと、私は考えています。

もちろんアメリカの覇権が今後どうなっていくのか、また中南米やアフリカ、イスラム世界がどうなっていくのか、読み切れない部分はたくさんあります。

モスクワ大公国

モスクワを首都に一三世紀後半に建てられたモスクワ公国が発展し、一三二八年にイヴァン一世が大公位を獲得すると大公国と呼ばれるようになった。一時モンゴルのキプチャク＝ハン国に支配されるも一四八〇年に独立を果たし、一六世紀のイヴァン四世のとき最盛期を迎え、ツァーリを称して全ロシアに君臨し、ロシア帝国と呼ばれるようになった。

私たちは「大航海」時代の後の「近代」のイギリス、さらに第二次世界大戦の後のアメリカといった、西欧の文明に根ざした覇権国家による世界秩序を、当たり前のように受け入れてきたところがあります。でも、もしかしたらこの数百年が世界史のなかでは特異な時代であって、それがもとに戻ろうとしている、とみることもできるのです。そういうときに、世界史を見直してみるのも意味があろうかと思います。

ここから私がお話ししていくのは、教科書のようにたくさんの細かな史実を「暗記」するものではありません。そういった細かな用語や人物については欄外で説明しながら、人類の誕生から現在まで世界がどう動いてきたのかという大きな流れを、「文字世界」という新たな区分を用いながらみなさんにお示ししてみたいと思います。

もっと深く知りたいと思われる方は『詳説世界史研究』（山川出版社）などを手元に置いて、関連ページを開いてみてください。高校で世界史を学ばなかったという方々にもわかるように、なるべくわかりやすいかたちで教科書ではつかみにくい「歴史の流れ」を中心にお話ししていきます。

まずはその前提として、

①　世界史はどのようにつくられたのか

②　「文明」と「文化」

③　五つの文化圏で世界を考える

という話から入ってみたいと思います。

本書をお読みいただく前に

さてここで、お話を進めていくにあたり、いくつかお断りをさせていただこうと思います。それは地理的、もしくは時代の区分に関する言葉づかいについてです。まず地理的空間をさす言葉としては、共通の認識がないと困るので、今まで用いられてきたアジア、アフリカ、ヨーロッパ、南北アメリカをここでも使用したいと思います。ただ難しいのは、「文化・文明」についての呼び方です。私も歴史研究の道に入ったばかりの若いころは、「アジア」とか「東洋」というくくりを当たり前のように受け入れ、それでものを考えていました。例えば、「西洋」と「東洋」という対比のしかたです。

ところがよくよく考えてみると、こうした対比は西欧人が好んで用いてきたもので、「非西欧」側の人々も「近代」に入って、西欧人にならって使うようになったという経緯があります。それ以前の「東洋」というのは、「漢字世界」の中心である中国からみて東側の地域をさす言葉で、同じく「西洋」も、中国から見てインド洋あたりまでであったようです。とりわけ「アジアとヨーロッパ」、まして「オキシデント（西洋）とオリエント（東洋、アジア）」などという対比は、西欧の影響が入ってくるまでは、まったく使われなかったものでした。

詳しくは後の章でふれていきますが、「西洋の衝撃」の下で近代西欧に向き合わざるをえなくなってから、非西欧の諸文化世界の人々も、「西洋」に対抗すべく、「東洋」や「アジア」といった西欧起源の言葉を使いはじめます。「アジアはひとつ」と高らかに宣言された、明治期の美術史家・思想家である岡倉天心先生の志の高さは、もちろん私も認めております。

ただ、天心先生には申し訳ありませんが、「ひとつの東洋」とか、「ひとつのアジア」などというものは、そもそも存在しなかったのです。それらは圧倒的な力をもって迫りくる近代西欧に対抗するため、非西欧の人々が状況を共にする異文化世界間の連帯を求めてつくりだした、新しい概念にすぎません。近代西欧が迫りはじめた一九世紀初頭の「非西欧」世界には、少なくとも「アラビア文字世界」と「梵字世界」、そして「漢字世界」という互いにまったく異なる、三つの特色ある文化世界が並び立っていたというのが事実なのです。

　ですから、「文化・文明」を対比するような場合の、「アジア対ヨーロッパ」という使い方は、不正確なためここではしないことにいたします。また、地理的空間上の位置については、東西南北は用いますが、「文化・文明」について「西」と「東」、「西洋」と「東洋」、また西欧で使われる「オキシデント」に対する「オリエント」といった対比も、ここでは基本的にしないようにします。ただ「西欧」と「非西欧」というくくり方はするつもりで、この場合の「非西欧」には、複数のまったく異なる文化世界が含まれていると思っていただければ結構です。

　また時間の区分についても、文化圏を超えた普遍的な時代区分としては、「古代」「中世」「近世」「近代」という表現がおなじみかと思います。でもこれも、もともとは西欧世界の歴史についての時代区分として西欧人が考え出したものを、異文化世界でも流用するようになったという背景があります。

　例えば西欧の「古代」というと「ギリシア・ローマ世界」や「古典古代世界」をさすのが一般的ですが、そうなったのも西欧人の方々の「わが文明のルーツはギリシア・ローマ世界にあり」という強い自意識からきているところが多分にあるのではないでしょうか。でもより客観的な目で歴史をとらえるなら、「ギリシア・ローマ世界」というのは西欧世界と関係が深いことは確かなのですが、本来的には西欧世界とは異なる、「異文化」の世界であろうと思うのです。つまり正確な西欧世界の「古代」とは、かつてのローマ人からゲルマニアやガリアと呼ばれた地域の「古代」であるべきなのではないかと私は考えます。

ですから各文化圏についての時代区分として私が提唱したいのは、「初期」「前期」「中期」「後期」「末期」「近代」という区分です。

例えば、西欧人を原動力としてグローバリゼーションが推し進められていくと、諸文化世界が次第に統合され、唯一のグローバル・システムとしての「近代世界体系」が形成されていきます。そうすると、「西欧世界」も、また近代西欧モデルをグローバル・モデルとして受容しながら変容していく非西欧の諸文化世界も、それまでの自己完結性を失ってグローバル・システムのひとつのサブ・システムと化していきます。

全世界がこのような状況に入るころまでを「末期」とすれば、このような状況に入ってから現代にいたるまでを「近代」と区分したらいいのではないか、というのが私のイメージです。ですから「近代」という言葉は、グローバルな世界の時代区分としても用いたいと思います。

ただこの本を読まれるみなさんが混乱されるといけませんので、ここでは一般的な「古代」「中世」「近世」を使うこととし、場合によってはカギカッコつきで表記したいと思います。

第1章

世界史はどうつくられてきたか

大昔から人類は知りうる限りの世界の歴史を綴ってきました。その動きと、それが現在の世界史にどのような影響を与えているのかを考えてみましょう。

西欧主導のグローバリゼーション

それではまず、世界史というものが歴史のなかでどうつくられてきたかという話からはじめましょう。

まず「世界史」というからには、地球上のあらゆる地域を含んだ人類の歴史でなくてはいけません。それが可能になったのは、やはり今流行《はやり》の「グローバリゼーション」のおかげです。

グローバリゼーションというと、日本的な終身雇用制や年功序列はダメだ、アメリカ式の能力主義といった「グローバル・スタンダード」を導入すべきだといって実行してみたら非正規雇用が増えてしまい、どうも日本ではうまくいかないということがありましたが、ここでは「全地球に人類が広がっていき、その人類の諸社会がひとつのシステムにまとめられて動いていく過程」をグローバリゼーションとしたいと思います。もちろん、その過程には段階がありました。

そのグローバリゼーションが本当に進み出して、全地球が一体化するようになってはじめて全体への見通し、つまり本当の世界史についての興味が出てくるものです。

地球上の三大洋というと、太平洋と大西洋、インド洋ですね。一五世紀の末まで、このうち本格的に利用されていたのはインド洋だけでした。交易ルートはシナ海から東南アジアをへてインドへ、またインドからインド洋を通ってペルシア湾や紅海へ、さらには東アフリカへと続いていました。つまりインド洋がかなり中央部あたりまで使われていただけで、太平洋はアジア寄りの沿岸部、大西洋ではヨーロッパ側とアフリカ大陸西岸に近いところまでしか使われておりませんでした。

余談ですが、アフリカ東岸のインド洋上にマダガスカルという国があります。この島に住むマダガスカル人は太平洋のマレー語に近い言葉を話しているそうです。これは例えば、ポリネシアから船で出かけたマレー人がマダガスカルにまで流れ着いた可能性がありますが、そういうケースはまれで、太平洋と大西洋はほとんど沿岸部だけ

マダガスカル
アフリカ大陸の南東、インド洋上にある世界で四番目に大きい島。一〇世紀以降にマレー系、インドネシア系民族、一五世紀にイスラムのアラブ系民族が移住し、「アフリカのなかのアジア」とも呼ばれた。部族王国のなかから一八世紀にメリナ王国が台頭するが一八八五年にフランスの保護領、九六年にフランス植民地。一九六〇年にマラガシー共和国として独立し、九二年に現国名のマダガスカル共和国となる。

の利用に限られていたのです。

　陸地の利用も、「旧世界」の人間にとっては、南北アメリカ大陸を西欧人が「発見」（実際は「到達」しただけですが）する前は、アジアとアフリカ、ヨーロッパの三大陸に限られていました。ちなみにコロンブス以前にも、北欧のヴァイキングが、実は「新大陸」に渡っていたという説があります。もしヴァイキングが北米に到達していて、そこにコロニーのようなものをつくって船で行き来していたら話は別ですが、そこまでの証拠は出てきていないようです。

　そうしますとやはり、三大陸一大洋に限定されていた世界を一気に押し広げたきっかけは、一五世紀末以降の西欧人による「大航海」時代です。彼らはイスラム世界から圧迫を受けており、でも力がなくて対抗できなかったのです。ところが一一世紀ぐらいになると相当な力がついてきて、一方でイスラムに奪われた聖地イェルサレムを奪還すべく十字軍を派遣したり、もう一方でイベリア半島を取り返そうとレコンキスタ（再征服運動）を本格化しはじめます。

　十字軍は失敗しますが、レコンキスタは順調に進んで、一四九二年までにはイベリア半島からイスラム教徒が支配している土地を取り上げることに成功します。そのやり方はとても徹底しておりまして、はじめのうちはムスリム（イスラム教徒）たちに大人しくしていればいいよといいながら、少しずつ改宗を迫って隠れイスラム教徒が増えていく。彼らが反乱を起こしたりすると徹底的にいぶり出して追い出し、本当に

ヴァイキング
　八〜一一世紀にかけて欧州各地に跋扈したスカンディナヴィア半島出身の海賊たちのこと。同時代の史料ではしばしばノルマン（北方ゲルマン人）を表す「ノルマンヌス」と記される。すぐれた造船・航海技術を有する彼らの襲撃・略奪行為は人々に恐れられた。また欧州諸地域に移住、建国する者も多く、一部は一〇世紀はじめにノルマンディに移住し、ノルマンディ公国を建てた。

十字軍
　7章本文を参照。

レコンキスタ
　7章本文を参照。

キリスト教徒に改宗したものだけが生き残れたのです。

「大航海」時代で一変した世界

一五世紀後半から一六世紀に「大航海」時代が始まるころ、西欧にとって最大の脅威だったのはオスマン帝国でした。一四五三年にはオスマン帝国がビザンツ帝国（東ローマ帝国の後継）の首都だったコンスタンティノープルを征服してビザンツ帝国は消滅します。以降、一六世紀半ばまでにオスマン帝国は、かつてのローマ帝国領の四分の三を支配する大帝国となります。

当時の西欧で最強の勢力だったのはハプスブルク帝国ですが、その牙城だったウィーンをトルコ人の側が包囲するという、世界史の転換点ともいえる状況があったのです。

レコンキスタが片づく少し前ぐらいから、西欧人は次の段階を考えていました。十字軍がうまくいかなかったので、イスラム勢力の背後に味方をつくり、前と後ろで挟み撃ちにしようとしたのです。イスラム勢力圏のど真ん中を通ってそんなことはできませんから、外側をまわって背後に行こうと考えたんですね。そのためにはアフリカ大陸に南端があるはずだから、それをまわって背後に出るか、もしくは大西洋を突っ切るしかありません。

ハプスブルク帝国
　スイスを発祥とするハプスブルク家は、マキシミリアン一世の没後、その孫カール五世が跡を襲って西欧でもっとも権威ある神聖ローマ皇帝となり、オーストリア、南ドイツ、フランドル、スペイン、そしてその属領だったナポリとシチリアをも支配し、一六世紀には西欧世界で最強の王朝となった。これをハプスブルク帝国と呼ぶ。一八〇六年に神聖ローマの帝冠を失い、一八年に第一次世界大戦で敗戦国となり解体消滅。後継国家はオーストリア共和国。

そこでポルトガルの方は早くから、アフリカの南端をまわってインドへ抜ける方法を考えていました。当時は中世でしたから、アフリカの南端に近づくほどどんどん暑くなってしまいには灼熱地獄の世界になり、船が焼けてしまうと恐れられていました。

そんなバカなことがあるかと、西アフリカ探検などを推進して海外進出に積極的だったエンリケ航海王子が先頭に立ち、ついにはポルトガル軍人のヴァスコ・ダ・ガマが一四九八年、大西洋側から南下して喜望峰を回航することに成功し、東アフリカからインド洋を横断するインド航路にたどりつきます。

そこからが早いんですね。キルワなどの東アフリカ沿岸に点在するムスリムの都市を次々に焼き打ち・占領していき、インド航路発見からわずか十数年の一五一一年には東南アジアのマラッカにまで進出してこれも焼き打ち・占領してしまいます。当時のマラッカはシナ海とインド洋をつなぐムスリムの「海のシルクロード」の結節点で、今のシンガポールに相当する要衝でした。

続いてこのマラッカを拠点に、彼らは北上して中国に向かいます。ちなみに中国の海賊船が種子島に漂着して、同乗していたポルトガル人が鉄砲を伝えたのが一五四三年のことでした。極東の島国にわりと文明的な人々がいるぞということになり、それならキリスト教を伝えようと、イエズス会のフランシスコ・ザビエルが日本にやってくるわけですね。

もう一方の海外進出組はスペインです。そちらでは、地球は丸いはずだから大西洋

フランシスコ・ザビエル（一五〇六〜一五五二）

ナバラ王国バスク地方出身。もとは軍人だったがイグナシオ・デ・ロヨラとイエズス会を立ち上げた。布教のため一五四九年に日本に到達し、はじめてカトリックの信仰を日本に伝えた。のちに中国での布教をめざしたが、入国できないまま広東付近の上川島で死去。

を横断してアジアを目指すという壮大なプロジェクトをあちこちに売り込んでいたジェノヴァ生まれのイタリア人コロンブスが、カスティリヤ（今のスペイン）女王イサベル一世とアラゴン王フェルナンドの後援をとりつけます。

もちろん、アジアとの間にアメリカ大陸があるとは知らずに出発しまして、一種の〝けがの功名〟で「新大陸」に到達したんですね。コロンブスという人もなかなか頑固で、最後まで自分が辿り着いたのはインドだと信じて疑いませんでしたから、自身の名を冠した「コロンビア大陸」という名前がつかなかったのです。

アメリカという名称は、その後この地を探検したアメリゴ・ヴェスプッチからとられたものです。アメリゴがまったく新しい大陸を発見したと主張したからでもありますが、気の毒なことにコロンブスの名前がついたのは南アメリカのコロンビア共和国だけになってしまいました。コロンバスという名前の街ならアメリカ合衆国などにもいくつかあるそうですが。

こうして動き出した「大航海」時代ではじめて、五大陸すべてがつながります。それまでほとんど使われていなかった太平洋と大西洋もここで航路となり、五大陸三大洋がひとつの世界となったのです。

一五世紀末から一六世紀のうちは拠点をつくりながら拠点と拠点の間で行き来するネットワークでしたが、一七世紀には次第に定期航路が生まれ、全地球的なグローバル・システムができあがるのが一八、一九世紀前半です。ですから話を元に戻すと、

コロンブス（一四五一〜一五〇六）

ジェノヴァ（イタリア）出身。マルコ＝ポーロの『東方見聞録』を読み、黄金の国ジパング（日本）に行くことを夢見た。のちに地球球体説に基づいて大西洋の横断を試み、アラゴン王フェルナンドとカスティリャ女王イサベル一世の支援をえて、大西洋を横断し未知の地に到達した。その後何回か航海したが、自らは「新大陸」を発見したとは思わず、夢見た黄金もえられずに不遇のうちに没した。

本当の意味での世界史が描けるようになるのがグローバリゼーションのまったくの新段階の到来、すなわち一五世紀末から一六世紀にかけて西欧人が「船」と「大砲」と「冒険心」で主導した「大航海」時代なのです。

当然ながら、その後全世界が一体化する過程においては西欧人に都合のいいかたちで、西欧人が望むようにシステムがつくられます。それが、近代世界体系というものです。

例えば今、世界のどの国も従わなくてはならない国際法といったルールがありますが、これも元々は西欧諸国間でできたものです。最初は身内だけに適用されていて、それ以外の国とは自分たちが有利な不平等条約を結ぶというダブル・スタンダードだったんですね。でも結ばされた方もだんだん知恵がついてきますから（笑）、非西欧人の側が平等な権利を主張することも認められるようになり、それがある程度行き届くようになるのが第一次大戦後ぐらいの話です。

ちなみにイスラム世界では、西欧とは異なるルールの体系を持っていたのです。ところが立場が逆転した結果、西欧ルールに従わざるをえなくなります。国際法の歴史を見ていくとイスラム世界でつくられたルールもなかなかよくできていたのですが、それは別の機会にいたします。

中華文明の世界観

今お話ししたように、全地球上の人類の歴史、ワールド・ヒストリーという観念ができてくるのは一八世紀の末ぐらいからです。ではそれまで「世界史」はまったくなかったのかというと、そうではありません。全世界は網羅できてはいないけど、知りうる限りの世界を叙述した「世界史」というのがあるんですね。

まずはお隣の中国を見てみましょう。中国の場合、ご存じの方も多いと思いますが、すでに漢の時代に司馬遷という人が『史記』を書いておられます。司馬遷は漢の武帝の怒りにふれて去勢された人で、その屈辱の仕返しに、がんばって個人の営みとしてあの『史記』を完成させたといわれます。それがとてもよくまとめられたものだったので、それ以降、必ず王朝ごとに「正史」として記述されるようになった最初のものとなりました。

中国の正史というのは、文明の中心である「中華」世界と、その周辺にあって「中華」化されていない「夷狄」世界とに分けて考える発想がありまして、それでいうと「中華」世界の歴史が正史の中心となります。

その正史も本紀と列伝という二つの柱になっていて、本紀とは歴代の王（のちには皇帝）のご事跡で、列伝はその王朝の時代に特筆すべき重要人物についてまとめたも

司馬遷（前一三五？～前八六頃）　前漢の人。太史公（記録官）の職にあったが、匈奴の捕虜となった李陵を弁護して武帝の怒りを買い、宮刑（去勢される刑）に処された。この屈辱を晴らすべく、中国原初の三皇五帝から漢にいたる中国で最初の本格的通史を完成させた。

のです。重要人物といっても良いことをした人たちばかりではなくて、「悪名も名のうち」ということわざ通り、悪人についても「逆臣列伝」、すこし怪しい人についても「遊侠列伝」などとして書かれています。

中国の正史はもちろん全人類の歴史と豪語してはおりませんが、中国以外の地域の歴史にも必ず言及しているところが特徴です。つまり「知っている限り」の外の世界の歴史が加わるのです。

そのおかげで、日本国内では文字がないため文献史料が存在しない時代についても、例えば『後漢書』に日本についての記述が出てきます。邪馬台国の卑弥呼だって、そのころは文字がありませんから文献としては残りません。考古学で遺跡を発掘してみて文化的な生活をしていた人間集団がいたということまではわかりますが、どんなリーダーがいてどんな社会だったのか、ましてやどんな名前の人がいたのかについては、中国の『魏志』に「倭人伝」があったからわかったのです。

やはり中国というのは世界帝国的なところがあって、自分たちの目の届くところならどんなことでもすべて情報を集めていたんですね。

少々脱線しますが、世界帝国になるためには自分が知っている限りの世界について、全部情報を集めないといけないのです。大英帝国は世界帝国とまではいかない「覇権国家」ですが、手に入れられる限りのモノと知識（本）を集めた結果、それが大英博物館と大英図書館になります。集めだしたらあまりにも膨大になってしまい、

『後漢書』

後漢代を記した紀伝体の歴史書で、正史のひとつ。一二〇巻からなり、うち本紀一〇巻と列伝八〇巻は南宋の范曄がそれまでに書かれた数種類の『後漢書』を参考に撰し、残りの志三〇巻は晋の司馬彪の『続漢書』の志が合本されている。

『魏志』

中国の正史『三国志』（晋の陳寿の著）のうち、魏国について記された部分の通称。この東夷伝にある当時の日本（倭国）について述べた部分は「魏志倭人伝」の俗称でも呼ばれる。

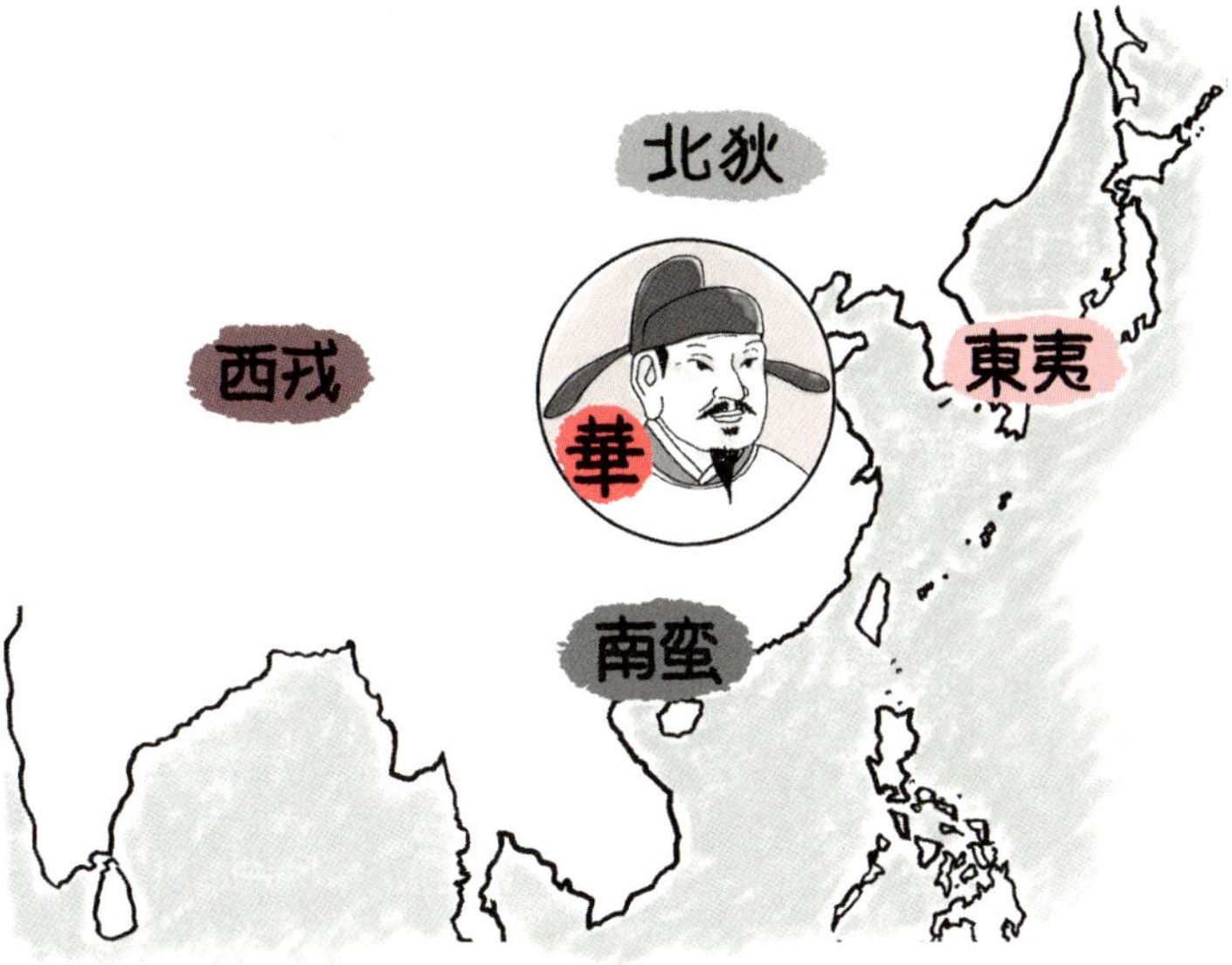

のちに図書館と博物館に分けたのです。かの南方熊楠先生もこの大英博物館の膨大な蔵書に入り浸ったおかげで、大博物学者になられたのです。

第二次世界大戦後に覇権国家に躍り出たアメリカにしても、ウィキリークスでその一端が暴露されましたように、世界中に目配りしてあらゆる情報をかき集めています。やはり大英博物館のようなものがつくれなくては、覇権国家とはいえません。だからアメリカも、全世界から書物を集めて世界最大規模の蔵書数を誇る国立国会（議会）図書館をもっています。

全世界の歴史とまではいかなくとも、中華世界についてだけでなく自らの文明に属さない「野蛮人」についても知っている限りすべて記録しておこうという姿勢でつい最近の清朝まで歴史をまとめてきたのが中国なんですね。これも、ひとつの「世界史」にあたるものです。

中国の歴代王朝に特徴的な世界観というのがあります。

文明の光である中華がその中心に位置しています。その外側に住んでいるのはみな野蛮人で、中華という文明の光に照らされているうちに彼らも次第に感化されて文明化していくのだという考え方です。つまり野蛮人でも、中華の光で文明化して立ち振る舞いや教養が中国人に近づけば、中華の身内に入ることを許されるのです。

例えば長江（揚子江）流域というのは、もともとは中華の外の野蛮人扱いされていた地でしたし、始皇帝の「秦」だってもとは夷狄です。そういう意味では「中華」的になれさえすれば、国籍も民族も問われないところが面白いところです。

日本人と中国人の歴史観の違い

こうした中国人の考え方はわりと徹底されておりまして、周辺の朝鮮半島や日本の人でも、今の上級公務員試験にあたる科挙の試験を受けられたんです。中国人じゃなきゃダメなどという狭い発想じゃないのです。要するに、中国人並みにお行儀がよく

始皇帝（在位前二四七〜前二一〇）

秦の皇帝。名は政。前二二一年、戦国の争乱を制して中国史上最初の統一国家を築き、皇帝を称した。郡県制をしき、中央官制の整備、度量衡や文字、貨幣の統一など事績を残した。

科挙

5章本文を参照。

て、漢文が書けて儒教の勉強をしておれば「野蛮人」であろうがなかろうが、誰でも科挙を受けたいといえば受けさせたのです。

それで合格したら、本当に登用してしまうんですからすごい。日本では阿倍仲麻呂がその一人で、唐の時代に科挙試験に合格して秘書監という、今の日本でいうと国会図書館の館長ともいうべき地位についています。さらには安南（今のベトナム）で節度使、いわば「総督」のようなお仕事もされ、亡くなった後には当時の中国の位階で「従二品」が与えられました。日本の現在の栄典制度にも叙位というのがあって、国家・公共に対して功績のあった方に死後贈られますが、阿倍仲麻呂の「従二品」というのは、今の日本だと衆議院議長クラスに贈られる「従二位」にあたるそうですから、「すごくエラい」人だったのです。

ちなみに明治末期、清朝滅亡直前に行われた最後の科挙試験に、日本人が一人合格した事実があるんだそうです。日清戦争の後にもかかわらず、互いに争った敵国人でも中華の光に恭順を示して試験を受けたいといえばOKなんですから懐が広い。それでその方は本当に合格したものの、数年後に辛亥革命が起こって清朝がなくなってしまったので、お役につくことはできなかったでしょう。朝鮮半島出身者で中国の科挙を受けたケースというのはかなり多かったと思いますが、当時異国から科挙を受けにいく人というのは、今でいうとアメリカのハーバード大学に留学して学位をとるような感覚だったのではと推察いたします。

阿倍仲麻呂
奈良時代に唐に留学。官僚として玄宗に仕え、文人として李白らと交わった。帰国をめざすも果たせず、在唐のまま没した。

このような中華思想に加えまして、中国歴代王朝の正統性というのは天がこの人物なら大丈夫だと地上の治世すべてをおまかせになった、ということになっています。五帝と称される伝説上の堯や舜といった帝王あたりまでは、立派な人を天が一本釣りで選んでいたと。でもそのうちに面倒くさくなって（笑）、治世をうまくやれそうな人物がいる家系を選んで、良い治世が行われる限りはその家系に差配をまかせたという格好になるのです。

それでもし悪政が行われるようになれば、天は別の家系にとって代わらせることができます。これが「易姓革命」という、王朝交代の革命です。

こういう仕組みで中国の歴代王朝は続いてきたことになっていて、易姓革命で天下を取った君主は必ず、前の王朝時代のレポートを書かなければならないというしきたりができます。つまり前王朝時代の行状を天に報告するためのもので、そういう目的で歴史を書き出し、それが「正史」になるわけです。

また余談になりますが、二〇一二年に中国共産党が正史として『中華民国史』を出版するという話がありました。清朝を倒した辛亥革命が一九一一年から一九一二年で、中華人民共和国が成立する一九四九年までを扱い、全三〇巻ほどのボリュームになろうかというものです。中華民国はみなさんご存じの通り、台湾を現在でも実効支配していますが、なんとその「正史」のなかでは滅びたことにしてしまっているそうです（笑）。つまりすでに「滅びた」王朝である中華民国の全履歴を、連綿と続いてきた歴代王朝「正史」の続きにしようということなんですね。もし中華人民共和国が体制崩壊するようなことになれば、また次の政権によって「正史」が編纂されるのかもしれません。

こうした中国の「世界史」的な姿勢に対して、わが日本はどうだったでしょうか。日本の史書というべきものでは、古くは漢文でなく和文による奈良時代の『古事記』があります。続いて、漢文による『日本書紀』がまとめられ、『続日本紀』と続く六国史と呼ばれるものになります。ただ、実際は九世紀までで、その後の編纂は止まってしまっているのです。

それからずいぶんたって明治時代、正史の編纂を続けようと設立されたのが史料編纂所です。もともと宮中直轄の組織だったのがのちに東京帝国大学に入り、現在は東京大学史料編纂所となっています。ただどうしても正史を書くのに扱いが難しい時代があるんです。そう、南北朝の時代ですね。この時代は北朝南朝どっちが正当かというのがとても難しゅうございまして、それなら正史を書くのではなく史料だけ集めることにしようということで刊行されているのが『大日本史料』なのです。

もう少しつけ足しますと、正史編纂が滞っているなかで個人としてがんばったのが「水戸黄門」で知られる徳川光圀です。かの中国ではきちんと正史編纂が続けられてきたのに、この国では『日本三代実録』で止まってしまっていることを嘆きまして、「それならワシがやろう」と言ったかどうかはともかく、明暦三（一六五七）年から

六国史
　奈良・平安時代に勅命により編纂された六つの官撰の歴史書。『日本書紀』『続日本紀』『日本後紀』『続日本後紀』『日本文徳天皇実録』『日本三代実録』をさす。漢文の編年体で記された、神代から八八七年までの国史。

三〇年以上もかけてまとめあげたのが、全四〇〇巻におよぶ『大日本史』でした。

徳川光圀というと助さん、角さんという武術の達人を伴って全国津々浦々、世直しの旅を続けるというテレビ・ドラマのイメージが定着してしまっております。ところが実際は『大日本史』編纂の史料収集のため、各地に派遣された学者さんがいわゆる「助さん・角さん」だったのです。光圀は名君とも称されましたから、全国に学者を派遣したことも重なっていつのまにか、黄門様がお忍びで助さん、格さんを連れて日本中を遍歴し、悪しきをくじいて民を助けるという話に転じたのでしょう。

文字史料が少ないインド

それはともかく、中国の正史と日本のそれを読み比べますと、決定的な違いがあります。日本の正史には、どれも外国のことが書かれていないのです。もちろん海外事情について書かれたものはあるのですが、『六国史』にしろ『大日本史』にしろ、大きな歴史の本はどれも日本のことだけです。つまり日本の「一国史」として編纂されているのです。

日本人というのは島国という特性もあるのでしょうが、中国のように周囲の野蛮人についてもできる限り情報を集めてフォローしようとする意思が見られないんですね。

それでも平安時代の説話集に有名な『今昔物語集』がありまして、これは「本朝」

「震旦」「天竺」の三部構成になっています。本朝は日本、震旦は中国、天竺はインド。つまり日本はもちろん自分たちの国で、その次によく知っているのが人やモノの交流がある海の向こうの中国であり、インドははるか遠いお釈迦様が生まれた世界と、こういう認識が影響しているのでしょう。長いスパンで見てみると、歴史をどう捉えるかというところでも、こんなに違うということがおわかりになるかと思います。

今インドの名が出ましたので、ついでにといったら失礼ですがインドではどう歴史をつむいできたかにも触れておきたいと思います。

インドといえば紀元前二〇〇〇年も前に都市文明であるインダス文明が栄えた地なのですが、不思議なことにインド人の場合、人の世の移ろいにあまり興味がないところがありました。ですから、歴史の本がとても少ないのです。加えましてインドでは文字の誕生がかなり遅かったという事情もあります。梵字（ブラーフミー文字）ができたのは、紀元前四、三世紀ごろのことでした。

しかも、その文字を当時は鉄筆で、椰子の葉に刻んでいたのです。椰子の葉は虫の大好物で、放っておくと食べられてなくなってしまいます。しかもインドは高温多湿の熱帯モンスーン気候ですから、虫やカビにやられて残らない。ですから、残ったのが石や金属に刻まれたものだけになってしまったのです。

有名なものではアショーカ王の碑文などですが、そもそも金物や石に歴史についての長い物語など刻みません。「これを神に寄進します」といった短文を記した銅板な

インダス文明
インダス川流域を中心に、前二六〇〇年頃〜前一八〇〇年頃におこった青銅器文明。おもな都市遺跡にモエンジョ・ダーロやハラッパー、ドーラヴィーラなどがある。都市は城塞に囲まれ、直交街路が通り、排水溝が完備されていた。度量衡が統一され、また河川により都市間の流通が発達、メソポタミア地方との交易も盛んだった。インダス文字が使用されていたが未解読。

アショーカ王（**生没年不詳**）
マウリヤ朝三代王（在位前二六八〜前二三二頃）。南部を除くインドの大部分とアフガニスタン南半を支配し、最大領土を築いた。その統治に、「ダルマ」と呼ばれる倫理の遵守を掲げ、社会の安定を図った。仏教に帰依・布教し、仏教徒に理想的な君主と仰がれた。

どは残ったものの、肝心な歴史の「本典」にあたるものがほとんどないのです。

日本でインド古代中世経済史を研究されている先生に聞いたら、一〇〇〇年間をまとめて守備範囲にしておられるんです。これは驚くべきことで、普通だったら史料が膨大すぎて手に負えません。「よくそんなことできますね」と尋ねましたら、一〇〇〇年間で銅板などの史料が何百枚かしかないのだそうです。つまり、一〇〇年だと数えるほどしか史料がなく研究にならないので、一〇〇〇年という長いスパンで見るしかないということなのです。

ちなみにインドの学者さんたちは、重要なものは文字で残さずに口伝えされてきたとおっしゃいます。つまり人間が神の意に沿って生きる方法などをヴェーダなどの形で一〇〇〇年以上も口承され、その後に書き出されたということになっています。文献史学をやってきた私のような人間からするといささか不思議な話ですが、それをインド人の学者先生方の前でいうとケンカになってしまうそうなので、この話はこの辺にしておきます。

西欧、イスラムの歴史観の背後にあるもの

さて、今度は中国から目を転じまして西欧、キリスト教の世界ではどのような「世界史」だったのかを考えてみたいと思います。

ヴェーダ
もとは「知識」を意味した。インドで編纂された宗教的文献の総称で、バラモン教の聖典。自然現象に神性を認めて祭式において賛歌と供物が捧げられたが、その口伝による賛歌などをまとめたもので四種に分類される。そのヴェーダ文献が成立した時代（前一五〇〇頃〜前六〇〇頃）をヴェーダ時代とも呼ぶ。

そこにもやはり、宗教的な世界観が色濃く反映されておりました。

例えば誰でも知っているダーウィンの進化論がありますね。アメリカの州のなかには、今でもこの進化論を学校で先生が生徒に教えたりしますと、法律で罰せられるところがあるそうです。つまり、現世人類（ホモ・サピエンス・サピエンス）がもとはサルから進化して類人猿と人間の先祖となり、さらに枝分かれした結果であるという事実を否定するのです。

というのも、キリスト教徒のなかでも特に聖書に忠実であろうとする人々にとっては、進化論をどうしても受け入れがたいという「縛り」があるんですね。

それは、キリスト教の聖典である『創世記』です。『創世記』では、この世界というのは神がおつくりになったもので、人間もまずアダムとイブを神が創造したものだということになっています。だから、人間がサルから進化したなんてとんでもない、人間は人間、サルはサルとして神がおつくりになられたのだと、こういう解釈になるのです。

そういう「天地創造」という世界のはじまりがあって、さらには終わりもあります。それがキリスト教の終末論と呼ばれるもので、いつかこの世界に終末がきて、神が信徒であるわれわれを救済してくださる、という考え方ですね。

特に熱心な信者の方々の間では、かなり前から終末は近いと信じられていました。最初の盛り上がりは西暦九九九年で、やれ西暦一〇〇〇年に終末だ、そして一八九九年のときなどもいよいよ世紀がかわって終末だと騒ぎになったそうです。期待半分、怖さ半分といったところでしょうが、さすがに一九九九年、いよいよ二〇〇〇年を迎えるという際に出てきたのが「Y2K」、いわゆる「二〇〇〇年問題」でした。世界中のコンピューターが二〇〇〇年になった瞬間に誤作動するとかいう話でしたが、これもキリスト教終末論の亜種のようなものでしょう。

このように、キリスト教の宗教観には明確な「はじまり」と「終わり」があります。それがまず、彼らの「世界史」観のひとつのポイントとしておぼえておいてください。

この世界観はキリスト教にとどまらず、同じ土壌から生まれたユダヤ教、イスラムにも共通いたします。つまり一神教と呼ばれる宗教ですね。

そもそも、キリスト教というのは最古の一神教であるユダヤ教から枝分かれした、いわばユダヤ教の「改革派」というべきものです。戒律などを緩やかにしたこともあり、結果的にはキリスト教のほうがローマ帝国で広まっていき、多くの信者を得ることになりました。

当のユダヤ教はかたくなに戒律を守ったこともあり、なかなか広がりませんでした。ハザール人など一部の民族でユダヤ教に改宗した例もありますが、どちらかというと小さく固まってしまいます。でもその一方で結束が強まりまして、国を失って世界中に散り散りになってしまったにもかかわらず、二〇〇〇年近くかかって、パレスチナの地にイスラエルを立ち上げたんですね。

ユダヤ教とキリスト教は現在のパレスチナで生まれましたが、もうひとつのイスラムが生まれたのはアラビア半島です。教科書的に解説するなら、紅海に近いメッカという街で商人をやっていたアラブ人のムハンマドという人が、神の命を受けて唱えはじめたのがイスラムです。

イスラムというのは、おそらく日本人にはもっともなじみのない世界宗教ではないかと思います。独特の服装をしていて、とても厳格な戒律があったり、原理主義やら、宗教的な派閥間でいつも抗争が絶えない人々、という漠然としたイメージをお持ちの方も多かろうと察します。

そもそもイスラムとは、キリスト教とユダヤ教の二つの影響を受けるかたちで最後に出てきた一神教なのです。つまりユダヤ教のモーゼ様もキリスト教のイエス様も偉い神の使いだけれど、それはもう古いと（笑）。それらをよりバージョン・アップさせたのがムハンマド様なのだと、こういう図式です。

つまり、モーゼやイエスよりも新しく、全知全能の神から遣わされたのがムハンマドということで、それこそがイスラムの正統性なのです。

神が人間をつくって、入れ物としてこの世界をつくられた、というストーリーは同じです。ところがどうもうまくいかない。イスラム教においてはモーゼもイエスも確かに神の使いだけれど、教えを受けとる側が未熟だったのでうまくいかなかったのだという理解です。それで神も心配して、打ち止めとして最後に遣わされたのがムハンマドということになるのです。どうでしょうか、後発の宗教としてはとても上手な説明ですね。

世界史だった旧約聖書

ですから、この三者はもちろん戒律など細かな部分では大きな違いがありますが、根本の世界観は共通しているのです。つまり、唯一絶対の存在（神）があって、何もないところで天地創造をなさって、いつかそれをとっぱらいなさる、という「はじまり」と「終わり」の概念です。

こういう発想に基づいてみると、世界の歴史ってとても考えやすいんです。もともとこの世界があったわけではなくて、あるとき突然神様がつくられたわけですから。なので、天地創造をスタートにした歴史をわりと早くから考えていますし。

その意味でいえば、旧約聖書はそれ自体が立派な「世界史」なのです。読んだことがないという方も一度手にとっていただくとわかりやすいのですが、ユダヤ民族のことを中心にしながら周囲の世界にもかなり目を配っていて、特にオリエントと呼ばれた地域についてはとても詳しく書かれています。

考古学という学問が確立されて以降も、実はこの旧約聖書が役に立ったというケースが多くあったのです。古代世界のオリエント周辺に存在していたとされる小さな国

オリエント
語源はラテン語の「oriens（日出づるところ。東方）」とされる。一般に中近東、西アジアとアフリカ北東部あたりをさす。メソポタミア、エジプトの二大古代文明が発祥し、その影響下でさまざまな文明がおこった。アケメネス朝ペルシアが滅亡した前四世紀までを古代オリエント時代とも呼ぶ。この地で法治制度やアルファベット系文字、ユダヤ教、キリスト教、イスラム教などが生まれている。

や町、民族で旧約聖書にしか記されていないという場合があり、その後の発掘調査で出土した遺物と照らし合わせたら旧約聖書に出てくる場所だったというのがあって、その意味ではかなり正確な「歴史書」かもしれません。

古代の歴史が好きな方は、旧約聖書を何度も読んでみたら面白いかと思います。もちろん旧約聖書は神話の世界ですが、例えば『古代オリエント事典』（岩波書店）を手元に置いて出てくる地名を見比べたりすると、オリエントの古代史については間違いなく完璧になります。

コーランと新約聖書はちょっと違って神の教えを踏まえた人間の生き方を説いていますが、旧約聖書はそれ自体が人類史なんですね。つまり世界史を記しつつ、その中で教えも伝えているのです。もちろん旧約聖書がまとめられた時代には全地球を覆うようなシステムがありませんでしたから、知っている限りという限定された「世界」に過ぎませんでしたが、これが世界史の一つのもとになったといってもいいでしょう。

新しい時代、つまり「大航海」時代以降に五大陸三大洋がひとつになってから新しい世界史が生まれる際も、それを生み出した原動力となったのは西欧人でした。彼らはキリスト教徒ですから、天地創造から現代までの人類のすべての歴史という観念がベースとなって世界史の記述がはじまるのです。明治以降の近現代に私たち日本人が西欧に学ぶようになった世界史は、そうした西欧人の観念的な歴史観に強く彩られたものだったといってもいいでしょう。

こういう発想は、日本人などはなかなか理解しがたいところがございます。私たちの場合は生々流転、はじめもなければ終わりもない。人間が実はサルから進化したと聞いて西欧人は怒っても、私たちからしたら「そんなもんかいな」と、さほど抵抗がありませんね。とはいっても生物学の進展や化石の発掘に伴って、数千年に過ぎなかった人類の歴史はどんどんスパンが広がっていきます。過去は天地創造以前にさかのぼって人類が誕生した歴史からとなり、特に一九世紀後半から二〇世紀にかけてその時間軸は拡大します。東アフリカの発掘が行われると、出るわ出るわ、サルと人間の中間みたいなものがいっぱい出て、一気に七〇〇万年ぐらいまで伸びたんですね。

西欧中心主義とマルクス史観

こうしてはじめて普遍史としての世界史が可能になりました。ところがどうも西欧的偏見、西欧が世界の中心だという見方がそれらの記述のなかに出てきてしまうのです。その点は中国の正史に似ておりまして、文明史は西欧人の歴史なのだ、西欧の文明が「野蛮人」どものところに広がっていく歴史なのだ、というふうに書いてしまう傾向がありました。

そういう西欧中心史観に基づいた世界史が明治期、日本に入ってまいりまして、日本人もさほど違和感を感じずに受け入れてきた経緯があります。そのころの西欧も世界中を植民地にしてとても景気がいい時代でしたから、まあいってみれば「こうして我々は成功した」という、一種の「出世物語」的な歴史です。ですから都合の悪い話は意識的に考慮しないのか、見えないのか、いずれにせよほとんど記述されません。

また余談ですが、ある日本人歴史学者が、イギリスの名門ケンブリッジ大学のさる先生を訪ねたおりに、イギリスによるインドの植民地支配についての話になったそうです。するとそのケンブリッジの先生は「イギリスはインドに対して良いことはしたが、悪いことなど一切やってない」と言い切るようにおっしゃったといいます。さすがに日本人学者さんのほうがその発言に怒って大激論になったそうですけど、そういう歴史認識がやはり向こうでは今でもあるんですね。

この西欧中心史観がもっと世俗的になると、今度は「神様は人間がつくった、世界をつくっているのは人間なのだ」ということになります。そうです、カール・マルクス先生です。

マルクス先生はこう考えました。人間にはもともと私的な所有権などというものはなく、分相応にみんな仲良く暮らしていたところに「お前のものはオレのもの、オレのものはオレのもの」だという人が出てきた。それで「階級社会」ができて、それが極端に悪くなったのが「資本主義」世界である、と。

「資本主義」世界では、身一つで食べていくしかない労働者階級と、彼らから利益を吸い上げて大金をかせぐ資本家階級に分かれ、ついに労働者階級による革命が起こ

カール・マルクス（一八一八～八三）　ドイツ出身の経済学者、社会主義者。経済学を学び、プロレタリアート（古代ローマの十二表法。マルクスは資本主義におけるブルジョワジーに対立する階級・賃金労働者をさした）の歴史的使命と資本主義の没落、社会主義への移行の必然を説くマルクス主義理論を完成させた。

る。革命によって所有権が撤廃されることにより、古き良き理想の「共産主義」社会が誕生する、というのが、いわゆる「マルクス主義史観」です。

それが実現すれば国同士でいがみ合う必要もなくなるので国家もいらなくなり、国がなければ戦争も軍隊も必要ないと。そういう「地上の楽園」が到来するのだとのんきなことを考えていたのが共産主義なんですが、実はこれ、西欧的な世界観ととてもよく似ているのです。

その理由は、一神教徒の人々に特有の「時」についての考え方にあります。

彼らの「時」の概念は、原初からはじまりもなく、終わりもないが、全知全能の神が存在する、というところから出発します。そして「天地創造」、つまり神が人を創造し、世界や宇宙も創造したというところから、地上の時の流れがはじまると考えます。

また彼らの「時」には、いつか神がこの世界と宇宙を撤収する「終末」が訪れることになっています。要するに、「時」にははじまりがあって終わりがあるという意識がベースにありまして、そして「中仕切り」のような、神の真の教えが伝えられる時点が訪れるわけです。

その神の真の教えが伝えられることを、「啓示」と呼んでいます。この「啓示」をもって、創造から啓示までの歴史、つまり啓示を待つ歴史と、啓示が行われてから終末を待つ時間との、二つの時間に歴史は分かれる、と考えるのです。

このような、創造から終末までの間に「中仕切り」を待つような一方的な時の流れを、「アイオーン」と呼んでいます。

このアイオーンの考え方がもっとも端的にあらわれているのが、私たちの国でも採用している「西暦」です。西暦二〇一九年はイエスが誕生した日から二〇一九年目ということですが、この「イエスが誕生した日」というのが、まさにアイオーンの「中仕切り」にあたるわけです。

このように、はじめがあって終わりがある、そして「中仕切り」として啓示の時があるような時の流れを踏まえて、そこから「神」をとっぱらったものがマルクス主義なのです。

これが二〇世紀前半から中ごろ過ぎまで流行しまして、日本でも戦後、明治維新研究などでそちら側の先生方が主導権を握られていました。マルクス主義的歴史観では人間社会というのはどこでも同じ進み方をすると考えます。まず原始共産制があって、それが古代社会、中世、近代となり、近代の次は共産主義社会になると。

マルクス先生は西欧中心主義的史観に基づく人類史の一般理論をよく勉強して、それをモデルにしながら考えたんだと思います。そうすると中国もインドもどこでもこのパターンで歴史は進んでいくんだという考え方になります。こういうふうな歴史観というのも、やはり歴史の実像をとらえる上ではかなりバランスが悪かろうと思うのです。

第2章

「文明」と「文化」とはなんだろうか

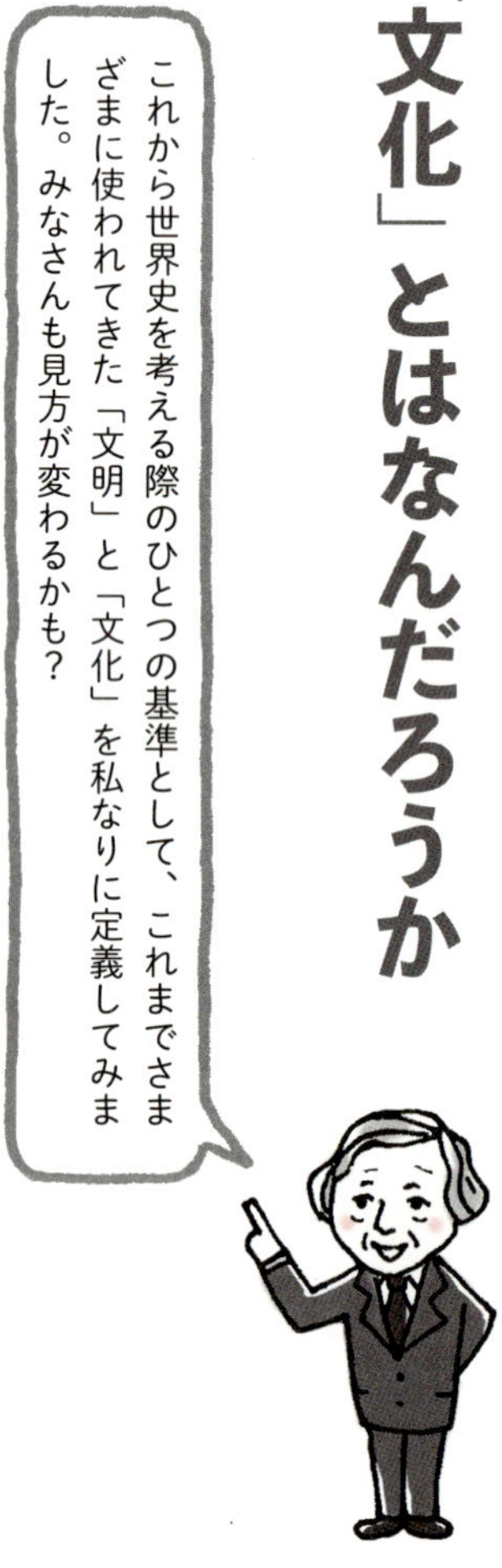
これから世界史を考える際のひとつの基準として、これまでさまざまに使われてきた「文明」と「文化」を私なりに定義してみました。みなさんも見方が変わるかも？

新しい「世界史」観に必要なもの

さて、世界史の記述においては、一神教世界や非一神教の中国などで、それぞれ自分たちの「文明中心主義」的な視点が貫かれてきたというお話しを前章でさせていただきました。

一神教世界では歴史に「はじまり」と「終わり」があり、この世界は神によって動かされているという根源的な考え方があり、中国では歴代王朝が天から治世をまかされ、天から見放されると易姓革命によって王朝交代が起こるという考え方でした。また日本では明治以降に入ってきた西欧中心主義的な考え方に基づく世界史があり、戦後はマルクス主義的なモデルに基づく歴史の捉え方が軸になってきたと。

　では、これから世界史を見直していくのに、どんな視点を用意したらバランスのとれたものになるのか、という話になります。例えば高校生用の世界史の教科書はバランスがとてもとれているのですが、淡々と平坦に事実だけを並べていくと、どうしても歴史のダイナミズム、つまり「動き」がわかりにくくなるという欠点が出てきます。この「動き」がわかりにくいがために、世界史は難解で苦手という方も、少なくないのではないでしょうか。

　ここで私がお話ししようとする世界史は、プロローグで申し上げたとおり受験生のようにひたすら史実を頭に叩き込んでいく、というものではありません。それよりも、世界が長い人類史のなかでどう「動いて」きたのかという点を知っていただきながら、必要な史実や人物名などはできるだけ欄外に解説をほどこす、というスタイルでいこうと考えます。つまり、人類の誕生から現代までの七〇〇万年におよぶ世界史を、新しい視点を用いて「動き」を中心に大づかみにしてみよう、というのが本書の狙いです。

　ここからは普通の世界史の本には書かれていない、バランスある世界史を語る際にどういったものさし、基準を持つべきかという私なりの提案になります。そのうえでまず、「文明」と「文化」という二つの言葉をあらためて定義しなおしまして、それらを使って世界史を考えなおしてみよう、という話から入りたいと思います。

みなさんは、「文明」と「文化」、それぞれどういう意味なのか、パッと答えられますか？　なかなか難しいですよね。困ったときには「辞書」ということで、それぞれの意味はどう解説されているか、まずは一般的な『広辞苑』で見てみましょう。

文明　①文教が進んで人知の明らかなこと。②（civilization）都市化。㋐生産手段の発達によって生活水準が上がり、人権尊重と機会均等などの原則が認められている社会、すなわち近代社会の状態。㋑宗教・道徳・学芸などの精神的所産としての狭義の文化に対し、人間の外的活動による技術的・物質的所産。

文化　①文徳で民を教化すること。②世の中が開けて生活が便利になること。文明開化。③（culture）人間が自然に手を加えて形成してきた物心両面の成果。衣食住をはじめ科学・技術・学問・芸術・道徳・宗教・政治など生活形成の様式と内容とを含む。文明とほぼ同義に用いられることが多いが、西洋では人間の精神的生活にかかわるものを文化と呼び、技術的発展のニュアンスが強い文明と区別する。

こうしてみると、一般的には「文明」も「文化」も同義語のように使われているところがあります。でも「文明的な生活」と「文化的な生活」として比べますと、「文明的」というほうがなんとなく現代的で便利そうな感じがいたします。

国によって異なる「文明」「文化」の定義

人類の歴史で考えると、サルから類人猿と人間の先祖に分かれながらホモ・サピエンス・サピエンス（現世人類）として今に至るまで、確かに一定の方向でずっと能力が拡大してきたことは事実だろうと思うのです。つまり、人間がどんどん進化してきた結果が今の世界であると。ここで問題になってくるのが、一体どこがどう進化したのかということになります。

そんなことを考えておりましたときに、私のなかでふとしたひらめきがあったんです。世界史というものを、今までの西欧中心的な発想ではないかたちでどう説明できるかということについて、そうだ、「文明」と「文化」という言葉をうまく使い分けたらいいじゃないかと、こう考えるようになったのです。

先ほどの『広辞苑』にもあるように、英語だと「文明」は「シヴィリゼーション」（civilization）で、「文化」は「カルチャー」（culture）です。日本語としてはそれらの外国語を明治時代に輸入した際に「文明」「文化」と訳し分けたということです。

ところが当のイギリスでも、「シヴィリゼーション」と「カルチャー」という二つの言葉は、ほとんど同義語として使われてきたところがあります。実はお国によっても、その使い分けはまちまちなのです。そもそも英語の「シヴィリゼーション」の原語はフランス語の「シヴィリザシォン」ですが、フランスにはそもそも「カルチャー」にあたる言葉がありませんでした。

実は、英語で「文化」という意味での「カルチャー」の元になった言葉は、ドイツ語の「クルトゥール」なのです。イギリスやフランスと違って、ドイツでは「文明」（ツィヴィリザシオン）と「文化」（クルトゥール）が、きちんとした対義語として使われてきました。「ツィヴィリザシオン」は普遍的だけど技術的で外面的なもの、「クルトゥール」は精神的で内面的、個性的なものという使い分けです。さらには「ツィヴィリザシオン」よりも「クルトゥール」のほうが、どちらかというと価値が高いというニュアンスを含んでおります。

このあたりの違いにも、西欧世界の歴史が背後に潜んでいるんですね。特に一八世紀から一九世紀のはじめあたりまで、少なくとも「文化」の面で、ヨーロッパでいち早く発達し、総じてリードしていたのはフランスです。その次に、今度は一九世紀になりまして、全世界の覇権国家となったのがイギリス。つまりこれらの国には「我こそが文明」だという意識があって、「文化」という言葉にあまり重きを置かなかったところがあるのです。

一方のドイツは、「中世」以来のヨーロッパのなかではかなり「田舎」で、文化的にはフランスにかなわず、経済ではイギリスにまったくかなわないという状況で、ようやく興隆してきたのが一九世紀の末あたりです。いわば「遅れてきた帝国」で、やっと力もついてきたので覇権争いに参加したら第一次世界大戦で手痛い敗北を味わいます。ですから「我こそが文明」という英仏に多少のやっかみもあってか、彼らのいう「文明」よりも、「文化」（クルトゥール）のほうが上なのだという意識が生まれたのかもしれません。

つけ足しますと、フランス人にはフランス語が世界でもっとも美しい言語だという強い意識があって、一九世紀にヨーロッパでフランス語を話さない上流階級は人間扱いされないほどでした。

でも歴史をさかのぼってみると、フランスのあたりは古代ローマ人から「ガリア」と呼ばれていたケルト人の地で、ケルト語を話していました。でもそれがローマのラテン語の影響を受けながら、次第にかなりなまりのあるラテン語を話すようになり、それがフランス語になったのです。どちらかというとイベリア半島のスペイン語やポルトガル語のほうがラテン語に近くて、その意味でフランス語はラテン語からするともっとも「田舎」っぽいラテン語の子孫にあたるわけです。ただこんなことをフランス人に面と向かっていうと怒り出すかもしれませんから、気をつけてください（笑）。

さまざまな「文明」観

このように使い分けもさまざまな「文明」と「文化」ですが、歴史関係の研究者がそれらをどう使い分けているかというと、これまたさまざまです。

ドイツの文化哲学者にオスヴァルト・シュペングラーという方がおられました。この方が、第一次世界大戦が終わるころに著した『西洋の没落』という有名な本がありますす。膨大な破壊と死傷者を出した大戦が終わり、フランス革命からずっと西欧は「いけいけ、どんどん」でやってきたのに、一体どうしてこんな結果になってしまったのか……。ヨーロッパ全体が虚無感につつまれていましたから、「西欧キリスト教文明はすでに繁栄から没落への道に至っている」とする彼の本は衝撃的に受け止められ、かなりぶ厚い大著にもかかわらず大ベストセラーとなります。今でも比較文化論、比較文明論の古典として読まれ続けている名著です。

シュペングラー先生は、文化というのは生物のようなもので、かたちをもつようになって少しずつ発達しながら大きくなり、最後は生物同様に死んでいくものだと考えます。でも死んでしまう前にとても高度に発達した結果、都市に片寄ったかたちになって、空疎に固化してしまったものが「文明」、すなわち「ツィヴィリザシオン」であると定義しているのです。

オスヴァルト・シュペングラー（一八八〇〜一九三六）

ドイツの歴史哲学者。『西洋の没落』を著し、第一次世界大戦後の西欧人に大きな影響を与えた。また比較文明論の先達のひとり。

つまり、「文明」とは「文化」の発展の延長線上にあるものだけれど、「固まってしまって、あとは滅びるしかない」という状態になったものということです。

文明を文化の延長線上で考えるというのは、今日の考古学や人類学の先生方でも普通のようです。そして、文化が文明といえるようになるのは、都市ができてからだとされることが多いようです。もっとも、シュペングラー先生とは違い、それが「死滅への道」だとは言われませんが。

『文明の生態史観』などの著作で知られる、文化人類学者の梅棹忠夫先生という方がおられます。梅棹先生はカルチャー（文化）をもとにしながら、それが非常に大きくなって体系的に整備された「装置」となったのが「文明」であると述べられています。

つまり両先生とも、「文化」の延長線上に「文明」を位置づけておられるところが似ておりまして、違いは、はじめ小さかった「文化」のなかからうまく育つものが出てきて、他を圧倒するかたちで大木になったものが「文明」だというのが梅棹先生の考え方で、シュペングラー先生はその大木が枯れ木になりかかったものを「文明」だとしている点ぐらいです。「文化」と「文明」の関係について、一理ある考え方だとは私も思います。

では「文化」から抜きん出て大木となった「文明」は世界史においていくつあったのか、ということになりますとこれまた百花繚乱、あまたの研究者によって多くの論が展開されてきました。

梅棹忠夫（一九二〇～二〇一〇）　元来は生態学者。戦前の民族研究所を経て戦後、京都大学人文科学研究所に勤務し、『文明の生態史観』を著した。国立民族学博物館の創設に尽力し初代所長となる。

ちなみに比較文明論者として世界的に知られるお三方がおられます。まずは先ほど紹介したシュペングラーで、もう一人は『歴史の研究』で知られるイギリスの歴史学者アーノルド・トインビー、そしてお二人に比べるとだいぶ小ぶりではありますが、アメリカの政治学者で『文明の衝突』を著して一世を風靡されたサミュエル・ハンチントンです。

ではこの三人がそれぞれの著書で挙げておられる「文明」をざっと紹介いたしますと、左のイラストのようになります。

こうして見てみると、それぞれの先生が「文明」や「文化」をどう定義したかによって、リストアップされてくる「文明」も変わってくるのがよくわかりますね。

本書の「文明」と「文化」の定義

私は以前から、この「文化」と「文明」という言葉をもう少し厳密に定義したら、もっときちんとした使い分けができるのではないかと思っていました。そこでたどり着きましたのが、次のような定義です。まず結論から提示いたします。

アーノルド・トインビー（一八八九〜一九七五）

イギリスの歴史家。ロンドン大学教授を経て王立国際問題研究所主任研究員を務め、両大戦中は政府要員として活躍した。「古代」ギリシアの歴史家トゥキュディテスの『歴史』に触発され、文明の興亡を解き明かすべく著した『歴史の研究』は一二巻におよぶ代表作のひとつ。比較文明論的世界史の大先達。

サミュエル・ハンチントン（一九二七〜二〇〇八）

アメリカの政治学者。アメリカの政治と軍の関係についての著『兵士と国家』で名声を博し、「近代化」論が盛んだったころには『変革期社会の政治秩序』も著した。

「西洋の没落」

シュペングラー

8の高度文明

バビロニア　インド　中華　エジプト
メキシコ(マヤ・アステカ)　アラブ
ギリシア・ローマ　西欧(含アメリカ)

「歴史の研究」

14の独立文明

中央アメリカ　アンデス　エジプト
シュメール・アッカド　エーゲ　中華
インダス　シリア　ギリシア　インド
アフリカ初期　ギリシア正教　西欧　イスラム

17の衛星文明

日本　朝鮮　ヒッタイトなど

トインビー

「文明の衝突」

ハンチントン

8の文明

中華　ヒンドゥー　イスラム　日本　西欧
東方正教会　ラテンアメリカ　アフリカ

文　明

人類の、外的世界（マクロコスモス）と内的世界（ミクロコスモス）に対する利用、制御、開発の能力とその所産の総体、そしてその諸結果についてのフィード・バックの能力とその所産の総体

文　化

人間が集団の成員として後天的に習得し、共有する行動、思考、感性の「クセ」の総体と、その所産の総体

まず文明の定義からご説明させていただきます。「人間の外的世界と内的世界」などというと抽象的で眠くなってくる方もいらっしゃるかもわかりませんが、要するに外的世界とは私たちが普段生活している環境のことで、内的世界は私たちの心のなかの世界、つまり「お腹が減った」とか「彼女とデートしたい」と考える内面の世界のことです。

例えば「お腹が減った」と思えば、私たちはまず「利用」することからはじめます。

あの木の実は食べられるとわかればその木に登って採り、川では魚を捕ります。

ただ「利用」するだけでは食料などの確保にも限界がありますから、人類は次に「制御」することをはじめます。せっかく農耕をはじめても、いつも大水が出たら収穫できません。そこで人類は自然環境に手を加える工夫、つまり洪水を防ぐため、川に堤防をつくったりします。川の流れを「制御」するわけです。

こうした「制御」をより発展させたものが、「開発」です。ダムや運河をつくって大規模に水を管理し、さらには荒れ地を大々的に開墾したり、海を埋め立てたりして農地をつくり出せば、農作物の収穫量も飛躍的にアップします。あるいはエネルギーについても、初めは火をおこし木の枝などをくべて火力を用いていたのが、その後より効率的な木炭や石炭を使うようになり、ついには石油やシェールガス、原子力まで利用するようになりました。このような、まったく新しい技術を生み出したり、社会に蓄積されてきた技術などを使って環境に大がかりな手を加えていくことが、「開発」ということになろうかと思います。

これらの総体を、「文明」と捉えたらいいのではないかと私は考えます。そうしますと、企業や役所、軍隊などの組織、巨大ダムのような建造物、法律や科学といった普遍性があって誰でもが使えるもの、誰もがつくりだせるようなものを、すべてひっくるめて「文明」と考えることができます。

「利用、制御、開発の能力の総体」というときに、忘れてはならないのがフィード・

バックの能力です。累積された高度な技術によってつくられたどんなすばらしいモノでも、それによって大惨事を招いてしまっては元も子もありません。例えば利益を追求しすぎたばかりに、周辺の地域に公害が発生して多くの人々が公害病に苦しめられる、といったケースです。

それはあの東日本大震災で起こった福島の原発事故にもいえます。私たちは利用、制御、開発の能力を駆使して化石燃料に頼らない発電システムをつくれるようになったけど、あのような原子力災害を起こさないためのフィード・バックの能力が少々足りなかったのです。

最近、中国では急速な工業化によりあちこちで公害が発生しているそうですが、日本人は笑えないはずなんです。フィード・バック能力が弱いという点では、日本も中国もあまり差はないかもしれません。一方で、とてもフィード・バック能力が高いと考えられるのは北欧諸国です。文明的に成熟度が高くて余裕がありますから、福祉器具など非常に優れたものをつくっています。

なかでもフィンランドなどは、今の段階で考えうる限り安全に核廃棄物を処理する施設として、オンカロとよばれる核廃棄物処分場を建設しています。元首相の小泉純一郎さんも実際に見学して、それから急に脱原発派になったとか。真偽のほどはわかりませんが、あれをみて「これを日本でつくるのはムリだ」と思ったのかもしれません。

「文明」に欠かせない「心」の制御能力

さて、外的世界についての話はこのくらいにして、もうひとつの内的世界の制御や開発がなぜ「文明」なのか、という点についても少々解説が必要かと存じます。

ドイツに、社会学者のノルベルト・エリアス先生という方がおられました。大学を出て専門の勉強をはじめたころ、ドイツではナチが台頭してきます。エリアス先生は早くにフランス、そしてイギリスに亡命することになり、ドイツに残ったお母さまはナチにつかまってアウシュヴィッツの強制収容所で亡くなったとのことで、大変苦労されたご経験をおもちです。

このエリアス先生が書かれたものに『文明化の過程』という名著があります。そのなかで内的世界、すなわち「心」の制御能力の発展が文明化なのだということを説いています。

人間というのは元来、どこか歯止めのきかないところがあるのだそうです。やりたい放題のことをやってしまうとか、やりたいことができないとカッと頭にきて暴力をふるってしまうような、強い攻撃衝動を人間は本能的に持っていて、逆にそれを抑制する能力に欠けているところがあるわけです。

みんなが自分の欲求のおもむくままにしたら、隣の人が集めた木の実を横取りする

ノルベルト・エリアス（一八九七～一九九〇）
ドイツの社会学者。大学教授資格請求論文として『文明化の過程』を書き上げたものの、亡命先で第二次世界大戦が起こった一九三九年に刊行されたため、評価されたのははるか後のこととなった。

人間が出てきたり、かわいい女性を連れて歩いていたら知らない奴が飛びついてきてその女性をさらっていく、などということが横行して集団社会の秩序が保たれませんから、ものを横取りした人を罰したり、またそういう行為はいけないことだと教育するために、子どもへのしつけなどが生まれるんですね。

この、他人がおいしそうなものを持っているからキャッと飛びついて盗ってしまうようなことは悪いことだと人々が考えるようになること、つまり人間の持つ攻撃衝動を抑制する「自己規制能力」が人々の内面に定着していく過程を、エリアス先生は「文明化の過程」だと説いておられるのです。

例えば中世、日本でもどこでも公開処刑というものがありました。盗賊の石川五右衛門が捕まって今日、どこそこで釜茹での刑だというと、ちょっとした見せ物感覚でみんな見に行く、というのが当時は当たり前の世界でした。今でもこれをやっている国がまだあるようですが、ほとんどの国では処刑を非公開にしてきた歴史的過程があります。あからさまな暴力を表に出さないようにするということも、文明化のひとつでしょう。私が外的世界だけでなく、内的世界の制御、開発の能力を「文明」とするのは、このエリアス先生の影響があります。

ただしそこに問題がありまして、攻撃衝動を抑制するということはそれを澱のようにため込んでいくことになりますから、タガが外れたときにそれが一度に噴出する傾向が、人間にはあります。

ここからはまったくの私論で、専門家の先生方からお叱りを受けるかもしれませんが、かの精神分析学者ジークムント・フロイト先生が打ち立てられたリビドー（性的衝動）という概念が、それにあたるものではないかと私は考えるのです。

フロイト先生が当時生きておられたのは、ハプスブルク朝末期のウィーンです。平和で文化が爛熟し尽くした、クリムトやエゴン・シーレが活躍していたようなとてもトロリとした、極めて特殊な社会状況だったせいもあって、おそらくフロイト先生は人間の攻撃衝動の噴出を、「性的衝動」と見間違えられたのではないかと思うのです。

基本的にセックスは生命を世代を越えてつなげていくための営為であり、それは「性」ではなく根本的には「生」への衝動で、人間も動物も一緒です。ただ人間だけが、「性」を快楽としてもたしなんでいるわけです。

みんながその衝動をため込んで、あちこちでドッカンドッカンと爆発していたら社会秩序が持ちませんから、それもフィード・バックできないといけません。その意味ではフロイト先生が道を開いた精神分析による精神治療というのも、「内的世界」におけるフィード・バックのひとつの手段であろうと思います。

人間だけが「文明」を蓄積していく

脱線はそのくらいにして「文明」の定義に話を戻しますと、そのひとつの大きな特

ジークムント・フロイト（一八五六〜一九三九）

オーストリアの精神病理学者、精神分析学の創始者。ユダヤ人家庭に生まれる。深層心理、性的衝動と自我との葛藤に注目する独自の精神分析学を生んだ。

徴は、「文明は蓄積できる」という点です。そこが、他の動物と決定的に異なる部分であろうと考えます。

人間と動物の違いとは何か、思いつくものを挙げてみてください。いろんな答えが挙がってくると思いますが、昔からよくいわれてきたものに「人間だけが道具を使う」というものがあります。

ところが動物もかなり道具を使っています。チンパンジーは木の枝を折って、それをシロアリの巣穴に突っ込んで引っ掻き回します。すると怒ったシロアリがわらわらと枝にくっついてきますから、それがある程度の量になるのを見計らって口に運ぶのだそうです。縄張り争いともなれば、木の実や石を拾って投げたりもします。

見方によっては、それよりももっと高度な「利用」をやっている動物もいます。例えばアリとアリマキ（アブラムシ）です。アリマキはお尻から甘い液を出すのですが、それがアリの大好物で、そのためにアリはアリマキを天敵から守ってあげているんですね。これなどは一種の「牧畜」に相当する行為です。

「いや、社会をつくれるのは人間だけだ」という声もあるかもしれませんが、アリやハチなどは人間もびっくりの厳しい階級社会をつくります。巣が外敵に襲われれば命がけで一糸乱れぬ集団攻撃をしかけますし。

先日ニュースで拝見したところによると、野生のチンパンジーの子育てを追跡調査していったら、子どもが大人になるまで母親が面倒をみたケースと子どもが大人になる前に母親が死んでしまったケースとでは、その子どもの平均寿命に大きな差が出たそうです。つまり、大人になる前に母親チンパンジーが死んでしまうと、その子どもの平均寿命はかなり短くなってしまうというのです。

つまり、チンパンジーも子どもがかなり大きくなるまで、そばにいてちゃんと面倒をみていることがわかったのだそうです。だから母親が死んでしまうと、子どもチンパンジーの生育状況に大きな影響が出るということなんです。それまでチンパンジーの世界では母親が子どもの世話をするのは主に授乳期までで、それ以降はほったらかされて育っていくというのが定説だったようですが、どうもそうではないということがわかってきたということですね。

「言葉を話せるのは人間だけ」というのもありますが、人間にはわからないだけで、動物だって相当なレベルのコミュニケーションをはかっているのは確かだろうと思います。実は人間は高等で動物は下等、それが当たり前だという観念というのも、多分に西欧人的な発想です。彼らには「神が人間は人間、動物は動物としておつくりになった」というキリスト教的原理があるので、人間と動物の違いを強調する傾向があるようです。

例えば最近、クジラやイルカは実はとても人間に近い高等な動物なのだから、それを食べるなんてけしからん、という主張が欧米で出てくるようになりました。この主張の裏にも、神はクジラやイルカを人間が食べるためにつくられたのではないから、それを殺して食べるのはいけない、という意識が潜んでいるのかもしれません。日本人からすると、そういう西欧人もウシやブタを食べているのだから矛盾しているように聞こえますが、彼らには矛盾しないのです。要するに、神はウシやブタを人間が食べるためにつくられたのだから、それはいいのだという論理なのです。

脱線してしまいましたが、動物による「利用」は一定限度までで、どこかのチンパンジーのグループが自発的に農耕をはじめたとか、土器をつくりだして炊事を行うようになったという話は聞きません。そこはやはり人間だけが違っておりまして、獲得した技術を組み合わせてイノベーションを起こし、人間だけが自らの生活を「革新」していくのです。

イノベーションとはなにか

ですから文明とは「累積的」であるということができます。ただし、元に戻ってしまうようなことがまったくないかというと、そうではないかもしれません。

SF映画の名作に『猿の惑星』というのがあります。人類が核戦争を起こして文明が失われ、その後の人類は大昔の穴居生活に。そこへ知能が進化した類人猿が現れ、人類がゴリラやチンパンジーの奴隷となる、というのが映画の筋書きでしたが、他には現在の人類よりも強力な軍事力を持った宇宙人がやってきて人類文明が破壊されるというようなケースです。もちろん架空の話ではありますが、そういったことが一〇〇パーセント起こらないともいえません。ですからもっと正確にいうと、文明とは累積的ではあるけれども可逆的でもある、ということになります。

例えば宋の時代の中国は、社会経済的にも非常に発達していました。そこに攻め込んだのが、北方の遊牧民であるモンゴル人です。

遊牧民というのは農業にあまり興味がなかったため、宋の特に江南の農業は非常に痛手を受けたといわれます。それがかつての南宋時代の生産水準にまで戻ったのはモンゴルを追い出した後の明の時代に入って以降ですから、大変時間がかかったとされています。このようなケースは、実際にいくつもあります。

しかし全世界として見ると、幸いなことにそういった大逆転を経験することなく、人類の歴史はイノベーションの中心を移動させながら、これまで受け継がれて発展してきました。人間が生活する住居だって元は洞穴で、それが竪穴式住居になり、さらには大がかりなエジプトのピラミッドやローマのコロッセオをつくれるようになって、今では天を見上げるような超高層ビル群が出現しました。こうした建造物がつくれるようになったのも、文明が「蓄積」された結果です。

今イノベーションという言葉を使いました。一般的にいうと「（技術）革新」ですが、日本語で「革新」としますと革新陣営とか革新系無所属を連想させてイメージも狭くなってしまいますので、あえてそのまま使います。

宋
　五代十国時代の混乱を制した太祖による建国（九六〇年）から、一二七九年の元のフビライ（世祖）に滅ぼされるまで存続した中国の王朝。軍事、政治、経済の中央集権が徹底され、文治主義の君主専制が樹立された。開封を都とした北宋（九六〇〜一一二七）と臨安（杭州）を都とする南宋（一一二七〜一二七九）の時代に分かれる。

ここでのイノベーションとは、技術や制度、法律から芸術まで分野を問わず、それまでとまったく異なる新しいものの登場を指します。若者風の言葉でいうなら新しいもののなかでも「チョー新しい」ものの登場のことで、最近では特にインターネットや携帯電話など通信技術の世界で顕著です。

ひとたびイノベーションが起こると、それはシステムそのものの変革も伴います。最近の学生さんなどは、こちらが電話しても、誰もすぐに出てくれません。みんな携帯をマナーモードにしていて、着信を確認すると、後からメールで返事をするのだとか(笑)。年賀のあいさつをメールで済ませる人が増えて年賀状の販売枚数が年々減っているそうですが、このようにイノベーションは、それまで当たり前だった文化まで変容させてしまいます。

イノベーションが多出する場所を歴史的にたどってみると、時代によってはっきり違ってきます。東アジアの世界では、長きにわたってイノベーションの中心は中国でした。文字が生み出され、さらには紙や木版印刷など多くのイノベーションが出てくると、それは周囲の国々にも伝わっていきます。日本も中国で生まれた漢字、漢語を受け入れながら、それらと交ぜ書きできる「かな」を生み出します。これも立派なイノベーションです。

「文明」は比較することができる

私の「文明」の定義についてもうひとつ重要なことがあります。このように定義することで、「文明」とはどちらがより有効性が高いかという観点で、比較することができるという点です。

例えばみなさんが大昔のある部族で、動物を捕まえるのに石器をくりつけた棍棒を使って追い回していたとします。動物もかなりすばしっこいですから、効率のいい捕らえ方とはいえません。ところがお隣の別の部族が、矢を弓で射るという方法でどんどん動物を捕っていたらどうしますか？

おそらくみなさんの部族も、お隣の部族の真似をして弓矢を使うようになるでしょう。つまり、「動物を捕まえる」という目標を達成するためには、棍棒よりも弓矢のほうが効率的で、「比較優位」にあるということになります。そして「比較優位」にある「文明」は、「比較劣位」にある周辺の諸社会がそれを受け入れるかたちで広がっていく特性をもっています。

「文明」のなかでも外的世界のコントロール能力というのは、比較しやすいでしょう。もっとも鮮明に「比較優位」「比較劣位」が明らかになるのは、戦争です。武器を使って戦闘を行うと、どちらが能率がいいのかという意味ではっきりとした「比較優位」

が現れます。青銅器しか持っていない集団は、より硬い鉄器を持った集団にはかないません。「人を殺す」能率においては、鉄器は青銅器にはるかに勝っています。

もちろん武器の優劣だけでなく、兵士の数とその練度や移動手段、情報収集能力や武器の生産力、糧秣の補給システムなど、総合的な能力の差によって戦争の勝敗は決まります。戦争も文明、すなわち「利用、制御、開発及びフィード・バックの総体」のひとつですから、その「比較優位」が勝敗というかたちではっきり出やすいのです。

ただ、世界各地で発達した武器のひとつである刀剣を比べると、形状や装飾などで大きな違いがあります。西欧では両側に刃のついたまっすぐなソードとなり、中国では反りが特徴的な青龍刀、イスラム世界の半月刀、そしてわが国の日本刀など、同じ人を殺すための武器なのに、どうしてこれほど違ってくるのでしょうか。

刀剣による攻撃から身を守るための鎧類もさまざまで、金属製の板を継ぎ合わせてロボットのような格好をした西欧式もあれば、漢代に鉄製鎧が登場する前の皮革でつくられた中国式の鎧もあります。

すこし前に、日本の刀剣や鎧兜を数多く保存していることで知られる、愛媛県今治市の大三島にある大山祇神社へ立ち寄る機会がありました。子どものころから一度は行ってみたいと思っていたところです。日本の場合、刀剣や鎧は中国や朝鮮半島から伝わったものがモデルとなり、それから独自発展していって、平安朝時代にオリジナルな日本式の刀や鎧兜になりました。その発展途中のものが大山祇神社に保存されておりまして、念願もかなってとても感心しながら拝見しました。

こういうものをじっくり観察すると、わかることがあります。人間がつくりだすものには、二つの側面があるということです。例えば刀剣は、「いかに効率的に人を殺せるか」という意味では先ほどの「文明」の一端です。でも、つくりだした諸社会によってその形状や装飾が異なるのは、それが「文化」の刻印を強く受けているからなのです。つまり「文明」は普遍的ですが、「文化」は特殊的ということになります。

人間集団のクセ＝「文化」

それでは次に、「文化」について考えてみたいと思います。

人間それぞれにクセ、すなわち「個性」があるように、人間が集団を形成すると、今度はその人間集団特有のクセが見られるようになります。それで私は「文化」の定義を、「ある集団のなかに生まれて育つ際に後天的に習得して共有する、ものの感じ方や考え方、それから、立ち居振る舞い、行動の仕方のクセとその所産の総体」とすることにしました。

例えば、人がどういう行為によって侮辱されたと感じるかというのも、人間集団によって大きく異なります。イタリア人の前であごを指でこする仕草をすると、それはかなり強烈な侮辱として受け取られるそうで、特にシチリア島などでは決闘になってもおかしくないほどの挑発になってしまうそうですから、要注意です。

また、インドなどで握手をしようとして左手を出すのは大変な御法度です。左手は下の世話をするための「不浄の手」なので、その手を差し出すというのは絶対に許されない行為なのです。

お酒の飲み方ひとつとっても、韓国と日本では大変違っています。目上の人からお酒を注がれた場合、日本では頂戴するときに真正面で飲まなければ失礼ですが、韓国だと正面を向いてお酌を受けたあと、そのまま相手に真正面で飲んだら失礼になります。それでどうするかというと、わざわざ横を向きまして、右手で持ったグラスと自分の口を左手で隠して飲むのです。これは若い方々でもほとんどやります。

要するに、対等に飲めるほどの身分ではないけどお許しください、という仕草なんです。その習慣を知らない日本人が目の前でやられたら、そっぽを向いて隠しながら飲むとは何だと、逆に無礼と受けとる人もいるかもしれません。

グローバル化でもなくならない「文化」

生の魚を好むのは、明らかに日本人の「文化」的所産です。イスラム教徒にお刺身を出せば、ほとんどが拒否反応を示すでしょう。仕事などで日本に長く滞在して日本語もペラペラという方でも、やはりマグロの刺身はちょっと……という人が多いですし、シラウオや活エビの踊り食いなどはもってのほか、ありえない世界です。もっとも、近ごろはイスラム世界の大都市に「スシバー」もあって、多少は変わってきているかもしれません。

ところがあちらはあちらで、ヒツジの生肉のタタキを唐辛子などと練り合わせたものを、チー・キョフテとして食べたりします。要するに生肉のダンゴです。彼らはこれは平気で、逆に日本人はそれに抵抗感があるんですね。私は慣れていますから、その生肉ダンゴをラクというブドウからつくる蒸留酒と一緒に食べるのが好きで、アジのタタキをいただくのと同じ感覚です。生肉というと寄生虫が心配ですけど、いまだに何ともありません（笑）。

「文化」も、ごく小さい集団の「文化」もあれば、とても広い範囲で共有される「文化」もあります。多くの人間集団を包摂するまでに広がった大きなものを、ここでは「大文化圏」と呼びたいと思います。

西欧を原動力とするグローバリゼーションが進んで世界が一つにまとまっていく「近代」以前は、見知った世界だけが自分たちの世界で、そのなかでほとんどのことが処理されていました。よその違った「文化」を持った人たちともつきあいはありましたが、交易など特殊な世界に限られていました。つまり、文化世界ごとに独立した世界があって、それぞれのなかでかなりの程度に、自給自足、自己完結的にやっていた時代があったのです。

グローバリゼーションが進みますと、文化圏どうしの垣根が低くなり、流通の面もよくなって、異文化のものでも次第に受け入れやすくなってきます。それでも文化的な「クセ」はまだ強く残っておりまして、アラブと日本とでは、食生活でも生活様式でもかなり違いがあります。

ですから、これから「世界史」を見直していくときに、「文明」と「文化」は人間集団の異なった側面を示す、違う言葉として使い分けながら、考えてみたいと思います。

第3章

五つの大文化圏で世界史を考える

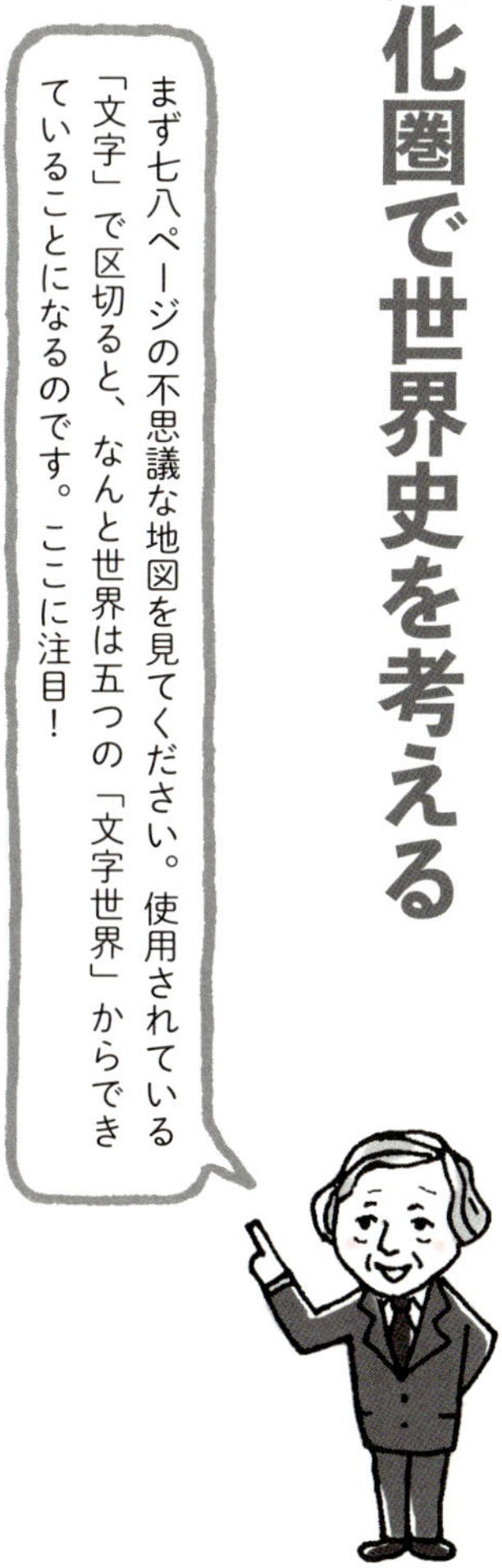
まず七八ページの不思議な地図を見てください。使用されている「文字」で区切ると、なんと世界は五つの「文字世界」からできていることになるのです。ここに注目！

インドとパキスタンはなぜ対立しているのか

さて、ここからが私の本領発揮、今までみなさんが読んでこられたような世界史の本には書かれていない話に入っていきます。心の準備はよろしいですか（笑）？といっても、悶絶するほど驚く話ではないので、心臓の弱い方でも大丈夫です。

さきほど、文化のなかでもとても大きなものを「大文化圏」としました。もっと厳密に定義いたしますと、「極めて広い範囲に拡がり、緊密で持続的な一体性を得るにいたった文化圏」ということになります。この大文化圏は、「エジプト文明」とか「西洋文明」などというときの、いわゆる「文明」とほぼ同義であると思っていただいて構いません。そういたしますと、この大文化圏をどのように線引きするか、ということになります。

大文化圏を「大文化圏」たらしめているものとは何でしょうか。宗教、言語、いろいろな共通点があるかと思いますが、もっとも目に見えるかたちでそれを明らかにしてくれるのは、私は「文字」ではないかと考えています。

日本人の感覚からすると、そもそも話し言葉の日本語と文字（漢字かな交じり文）が一体化していますから、そうでない国の事情がわかりにくいところがあります。つまり、話し言葉は同じなのに、書くときには異なる文字を使うというケースです。

例えば、インドと、そのお隣のパキスタンの関係です。カシミール地方の領有をめぐる三次にわたる印パ戦争を繰り広げ、最近では核開発競争も盛んなこの両国はかなりの対立関係にあります。インドとパキスタンはどうしてそれほど仲が悪いのか、わかりますか？

宗教問題、と答えられた方には、とりあえず合格点を差し上げます。そうです、ご存じのとおりインドはヒンドゥー教、パキスタンはイスラム教がそれぞれ多数派で、イギリス領時代は「英領インド帝国」としてひとつだったものが、宗教的な対立によってインドから分離独立し、東・西パキスタンとなりました。その後、東パキスタ

印パ（インド＝パキスタン）戦争　インドとパキスタンとに分離するかたちで行われた一九四七年の植民地インドの独立以来、インドとパキスタン間には三次の大規模な戦争が起こった。第一次は一九四七年、第二次は一九六五年、第三次の一九七一年の戦争はバングラデシュの独立をもたらした。

ンがバングラデシュとして独立し、現在のパキスタンとなったわけです。
　では、ここで先の話し言葉と文字の関係から見てみると、どうなるか。インドの公用語はヒンディー語で、パキスタンはウルドゥー語です。一見まったく違う言葉のようですが、さにあらず。両者ともインド・ヨーロッパ語族、古代インドの俗語プラクリットに由来する言葉で、ほぼ同一の言語なのです。
　ところが文字に着目すると、明らかになることがあります。ヒンディー語を使うインドでは梵字（ブラーフミー文字）の流れをくむデーヴァナーガリー文字が使われますが、パキスタンで使われるのはアラビア文字なのです。つまり、インドとパキスタンの宗教などを含めた文化の違いが、使われている「文字」の違いから浮かび上がってくるのです。

ボスニア紛争と「文字」の関係

　この文字による方程式を、いろいろな地域にあてはめてみると興味深いです。もうひとつ例を挙げますと、一九九〇年代に起こったボスニア・ヘルツェゴヴィナ紛争があります。ソ連邦の崩壊にともない、ユーゴスラヴィア社会主義連邦共和国にも独立紛争の波が押し寄せました。ユーゴを構成していた六つの共和国のひとつが、ボスニア・ヘルツェゴヴィナです。

プラクリット
　南アジアの雅語であるサンスクリット語に対し、民衆の俗語としての中期インド・アーリヤ語の総称。アショーカ王の碑文や初期ジャイナ教の聖典語などがある。

ユーゴスラヴィア社会主義連邦共和国
　バルカン半島にあった多民族国家。ユーゴスラヴィアとは「南スラヴ人の国」の意。第一次大戦後の一九一八年にセルビア人・クロアチア人・スロヴェニア人王国が建国。その後民族意識による国民統合をめざしてユーゴスラヴィア王国と改称し、四五年に六つの共和国で構成されるユーゴスラヴィア連邦人民共和国が成立。六三年にユーゴスラヴィア社会主義連邦共和国と改称。独自の民族主義的社会主義を推進したが民族間の対立から九一年に解体。

ユーゴというのはもともと多民族共生の地で、ボスニアもそうです。多数派を占めるセルビア人とクロアティア人、そしてイスラム教徒であるムスリムの三集団の間で数年にわたる武力紛争が起こり、死者が二〇万人超、「民族浄化」という大量殺戮が行われたことでも知られていますね。

この三集団とも、母語はほぼ共通のセルボ・クロアティア語です。ところが使っている文字が異なるのです。セルビア人はキリル文字、クロアティア人はラテン文字でそれを表記するのです。つまり、クロアティア人はカトリック教徒が中心なので西欧カトリック世界の普遍的文字であるラテン文字を使用し、一方のセルビア人はビザンツ世界の影響下に発達してきた正教キリスト教徒ですから、ロシア人などと同じくキリル文字を使っているのです。

このように「文字」に着目してみることで、国際紛争や独立運動の背景がくっきり浮かんできます。ちなみにお隣の中国もウイグル、チベットの独立問題という火種を抱えておりますが、これもウイグル人はアラビア文字、チベット人はインドの梵字のルーツをくむチベット文字という具合に、漢字を使ういわゆる中国とは異なる文化に属する人々なのです。

インドとパキスタンの文字

旧ユーゴスラビアの国ぐに

東欧諸国はなぜEUに加盟したのか

ではちょっと視点を変えてみます。まったく別のグループだったような国々が、ピタッとくっつくようなケースです。例えばヨーロッパ連合（EU）に第二次加入したポーランドやチェコ、ハンガリー、リトアニアやラトヴィアといった「東欧」の国々があります。もともと冷戦時は社会主義国としてソ連の東陣営に位置づけられていた国々でしたが、どうしてロシアから離れて、いち早くEUに加盟したのでしょうか。

実はこれらのいずれの国々も、使っている文字はラテン文字です。そうです、EUの中核地域であるドイツやフランス、イタリアと同じ文字なのです。つまりポーランドなど先ほど挙げた国々のほとんどは中世以来、西欧カトリック世界に属して文化を共有してきた地域なのです。このあたりについては11章で詳しくお話しします。

ついでに申しますと、ユダヤの方々も独特です。故郷を追われて長い間世界中に散り散りになっていたのが第二次世界大戦後、パレスティナの地にイスラエルを建国しまして、その結束力の強さは有名ですね。

ユダヤ教徒はもともとヘブライ語を話してヘブライ文字をつづる民族でした。ところがちりぢりになってしまったおかげで、次第に住み着いた現地の言葉に同化していくのです。イベリアに住んだユダヤ教徒はラテン系言語を土台としたラティーノとい

ヘブライ語

アラビア語などと同じセム語族に属し、フェニキア語などとともにカナン語とも呼ばれる。前三世紀ころまでの古代ヘブライ語は、ユダヤ教の聖典である旧約聖書にも用いられた。現代ヘブライ語はイスラエルの公用語のひとつ。

う言葉を話すようになりますし、中央ヨーロッパに移り住んだ人々はドイツ語をもとにしたイディッシュという言葉を生み出します。ところが、話す言葉は変わっていっても、文字はどちらもヘブライ文字を使い続けるんですね。彼らが文化的アイデンティティを失わなかった理由のひとつが、文字を保ち続けたことだったのかもしれません。

画期的イノベーションとしての「文字」

この「文字」こそ、人類が生み出したイノベーションのなかでも決定的に「チョー新しい」ものだったと、私は考えています。

文字を持たない文化ですと、情報は口頭による伝達・伝承となりますが、伝承者がいなくなってしまうと文化そのものが歴史のなかに消えていってしまいます。例えばアイヌは文字を持たず、彼らの世界観を表現する「ユーカラ」（叙事詩）は代々口頭で伝承されてきたものでした。ただ、伝承者がどんどん減っておりまして、後世に伝えていくのが難しくなってきていたんですね。

ところが「文字」があれば、何千年も前の時代でも、廃墟を発掘して文字が刻まれた当時の粘土板でも出てくれれば、当時の人々がどのような「文化」を持っていたのかをうかがい知ることができます。もちろん何か中継ぎになるような文字を我々が知っ

アイヌ
　おもに北海道を中心に居住する民族。独自の言語や北方ユーラシアの狩猟民文化とのつながりの強い文化を有する。かつてはコタンという集落を形成し、狩猟や漁猟、採集、交易などを生業とする暮らしをしていたとされる。明治以降の同化政策で言語や文化、慣習の多くを放棄せざるをえない状況に陥った。

ていて、それを手がかりに解読できれば、の話ですが。

つまり、人類の来歴がわかるのはこうした文字史料のおかげというのが大きいのです。実は羊皮紙やパピルスよりも、不便だった粘土板のほうが後世に記録を残すにはよかったといえるでしょう。パピルスなどだと史料を集積していた城などが敵に攻め込まれて焼き打ちされると、一緒に焼けてなくなってしまいます。ところが粘土板だと焼かれても、かえって焼きが入ってカチカチになるのでより保存状態がよくなるのです。

なまじ羊皮紙を使うようになった後代のササン朝よりも、かえってシュメールやアッカドといった粘土板を使っていたところのほうがよく史料が残っていて、細かなことまでわかるほどです。記録媒体というのは今どんどん進化してCDロムやらハードディスクなどが出てきていますが、これらも焼けたら終わりですから、一番いいのは粘土板です（笑）。もっとも今の時代なら、ネット空間に記録を残すという手もありますね。

文字というのは情報の伝達能力、つまり空間的・時間的伝達能力と、伝達される情報量を決定的に引き上げてくれました。その点はあとでご説明いたしますが、文字のおかげで、人類は文明を大量に累積することができたといっても過言ではないでしょう。動物だっていくらコミュニケーションができたとしても、さすがに文字だけは書けませんから。

「文字」から見えてくる五つの世界

さて、先ほど「大文化圏」の話をしました。大文化圏とは、繰り返しになりますが「極めて広い範囲に拡がり、緊密で持続的な一体性を得るにいたった文化圏」でしたね。実はこの大文化圏というのは、今お話しした「文字」という旗を立てることで、くっきりと見えてまいります。そうすると、ヨーロッパとアジア、アフリカを含めた「旧大陸」には現在、五つの文字圏、すなわち大文化圏が存在していることになります。

①　漢字圏（東アジア。中国、日本、沖縄、朝鮮半島、ベトナム）
②　梵字圏（南アジアから東南アジア大陸部）
③　アラビア文字圏（モロッコから中東、中央アジア、新疆ウイグル自治区。東南アジア沿岸部と島嶼部）
④　ギリシア・キリル文字圏（ロシアから東欧、ギリシア）
⑤　ラテン文字圏（西ヨーロッパ）

大文化圏がどのように成立したのかについてはこのあと説明していくことにして、ここではみなさんにイメージを理解していただくために、文字圏がどのようにこの五

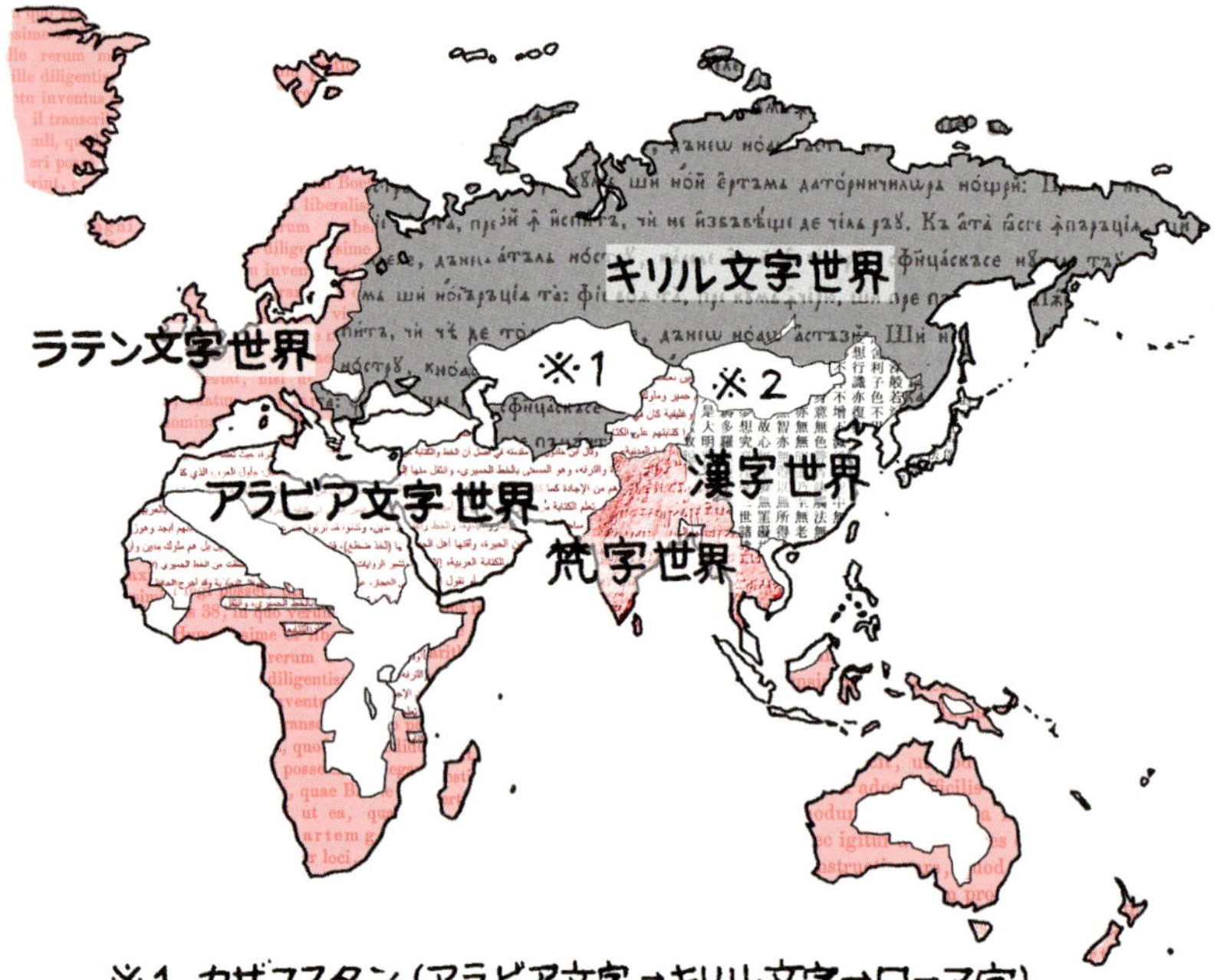

※1 カザフスタン（アラビア文字→キリル文字→ローマ字）
※2 モンゴル（キリル文字→モンゴル文字）

つに収れんされてきたか、その大まかな「流れ」をご確認いただけたらと思います。

文字とはもともとごく限られたところから出てきて、それが少しずつバラエティーを増していきながら整理・統合されてきました。これまでにわかっている範囲では、現存するさまざまな文字の大元になったものは、たった二つです。ひとつは中国の漢字で、もうひとつが古代エジプトのヒエログリフ（神聖文字）です。どちらも絵文字から進化して語の意味を表現するようになった、「象形文字」（表意文字）と呼ばれる文字です。

それが消長を繰り返しながら、だいたい七世紀半ばから八世紀半ばにかけて、旧世界の三大陸で先に挙げた五つの文字圏の大きなかたまりができてまいります。

東アジア「漢字圏」

まず身近なところの漢字圏と、インドから東南アジアにかけて広がる梵字圏から見てみましょう。まず漢字圏というのは中国とその周辺国、つまり日本、沖縄や朝鮮半島、ベトナムという地域です。

若い方だと、朝鮮半島がどうして「漢字圏」なのか、と疑問を持たれるかもしれません。現在の北朝鮮と韓国はハングル文字で、漢字をほとんど使用していませんからね。朝鮮半島でハングルが発明されたのは一五世紀ですが、もともとは漢字を使っていて、語彙の多くは漢語からきておりますし、近代に入っても学術書などで漢語が使われてきた経緯があります。

でも、ベトナムのほうが「漢字圏」と聞いてびっくりされる方が多いようです。なじみがないと、ベトナムも、タイやラオス、ミャンマーといった東南アジア諸国の兄弟国のように思いがちですが、これが違うんですね。

東南アジア大陸部の国々の文字はインドの梵字の流れをくんでいますが、ベトナムだけが中国の影響で漢字を受容し、古典のたぐいはもっぱら漢文でした。一三世紀ころに漢字をもとにした独自のチュノムという文字がつくられて漢字と併用されてきたのですが、フランス統治時代に入ってからチュノムと漢字をやめてローマ字表記に変わりまして、最近ではチュノムを読み書きできる人はほとんどいないそうです。

でも、ベトナム語の語彙も、実は七割近くが漢語からきています。そもそも「ベトナム」が漢字の「越南」から来ていますし、食べ物だと現地で「バン・セオ」と呼ばれる

漢語由来の語彙の例

ベトナム語	発音	日本語
Công an	コンアーン	公安
Chú ý	チューイー	注意
Quốc ca	クォッカー	国歌

韓国語（ハングル）	発音	日本語
약속	ヤクソク	約束
유료	ユリョ	有料
감사	カムサ	感謝

ベトナム風お好み焼きがありますが、この「バン」は中国語の「餅」からきています。

おまけにいいますと、ベトナムとそれ以外の東南アジア諸国の文化で決定的に異なっているものがあります。それは、箸の使用です。ベトナムだけが、私たちと同じように食事で箸を使うのです。それ以外の東南アジア大陸部の国々ではその多くで、最近だと西欧式にフォークやスプーンというのも増えてまいりましたが、右手での指食というのが基本でした。これは、まさにインドと同じなのです。

インド・東南アジアの「梵字圏」

インドから東南アジアへ広がった梵字圏をのぞいてみますと、使用されている文字でみると、これってホントに同じ文字から派生したの？　と驚くほどの違いがあります。でも、文字のルーツはサンスクリットを書くのに使われた梵字（ブラーフミー文字）なのです。

ブラーフミー文字の起源については、研究者の間でも意見が分かれています。

ひとつはフェニキア文字から生まれたアラム文字という、シリアから中央アジア一帯を往来して隊商交易を得意としたアラム人が使っていた、アラム語の表記文字があります。イエス・キリストが話した言葉もこのアラム語だったといわれておりますが、これが南へ伝わってインドへ入り、アラム文字がもとになってブラーフミー文字に

サンスクリット
　サンスクリットとは「完成された」の意。インド＝ヨーロッパ語族に属する。前五～四世紀ころにヴェーダ語をもとに当時の北西インドのバラモンの話し言葉を範に編まれた。インドの伝統的な文化活動のほとんどはサンスクリット語が用いられた。

フェニキア文字
　古代地中海東岸に栄えた商業民族フェニキア人の用いた表音文字。二二の子音からなり、前一一世紀ころに成立した。フェニキア人の海上貿易活動とともに地中海沿岸に伝播し、ギリシア文字やアラム文字のもととなり、それらを通じて現在のアルファベットが生まれたと考えられている。

なったという説です。

これは欧米研究者の見方ですが、一方でインドの研究者の方々は、ブラーフミー文字はあくまでもご先祖による自主開発であるとして譲らないのです。

このアラム文字というのは、「旧世界」の三大陸でもっともメジャーな文字のひとつでした。中央アジアの交易商人にインド・ヨーロッパ系のソグド人がいまして、彼らはもともと文字を持っていなかったのですが、アラム文字をもとにソグド文字をつくりだします。このソグド文字を借りてつくられたのが、六世紀ころにアルタイ山脈西南から今のモンゴルのあたりにおこった古代トルコ民族による国家、突厥の突厥文字です。また、古代ウイグル人もソグド文字をベースにウイグル文字を考案しています。

ほかにも、モンゴル人がウイグル文字をベースにつくったモンゴル文字や、中国東北にあった女真人の後金でモンゴル文字をベースにつくられた満洲文字なども、すべてソグド文字が起源です。あとで解説いたしますが、ブラーフミー文字もアラム文字が起源だとすると、漢字圏以外の四文字世界は、すべての先祖がヒエログリフということになります。

イスラムと「アラビア文字圏」

漢字と並ぶ文字の元祖ヒエログリフのほうは、書き手も読み手もいなくなって滅んでしまいます。いわば「本家」が絶えてしまった格好ですが、シナイ半島のほうでそれを簡略化した、しかも表意文字ではなく表音文字として使えるシナイ文字が「分家」として残ったのです。このシナイ文字がもとになり、いくつかの中継ぎ文字を経てアラビア半島で誕生したのが、アラビア文字です。

このアラビア文字は、西はモロッコやナイジェリア、東は新疆ウイグル自治区、マレーシア、インドネシアまで広がっていきます。近代に入ってから、西欧の植民地になってローマ字を使うようになったところもあります。マレーシアやインドネシアなどがそうです。以前、マレー半島南部のマラッカに行ってみましたら、街中では今でも「ジャウィ文字」というアラビア文字由来の現地文字の看板が出ていました。私はアラビア文字が読めるので、ジャウィ文字で書かれているほうがわかりやすいのです。

というのは、マレー語にはかなりアラビア語の語彙が入っているのですが、話し言葉には訛りがあるため、通常はローマ字表記されるマレー語を読んでも意味がわからないことがあります。ところがジャウィ文字で書かれた看板などをみると、これ何屋さんとすぐわかるケースのほうが多いのです。戦後に日本語でも歌われて知られるようになった『ブンガワン・ソロ』という、インドネシアで大ヒットした有名な歌の歌詞も、その何割かはアラビア語から来ていることばでした。

そもそもイスラムの聖典であるコーランがアラビア語で書かれているものですから、イスラムに改宗した人々の地域には、かならずアラビア語とアラビア文字が入っ

シナイ半島
エジプト北東端、紅海北端のスエズ湾とアカバ湾に挟まれた半島。アジアとアフリカをつなぐ要衝。銅鉱石の産地でもあるため、前三〇〇〇年ころよりエジプト人によって開発された。旧約聖書のモーセの十戒の舞台でもあり、また新約聖書の最古級の写本シナイ文書が発見された地でもある。

ていきます。アラビア語を読めないとコーランが読めないことになりますから。しかも、コーランというのは原則的に他の言語に翻訳させないのです。

ある言語で書かれたものをどんなに正確に他言語に訳そうとしても、言語間の語彙の違いなどから、一〇〇%完全なものにはなりませんよね。つまりイスラムでは、コーランが一〇〇%正確に翻訳されるのでなければ、神の教えを誤って伝えてしまうことになる、という理由から翻訳はダメなのです。どんどん他言語に翻訳して聖書を出しているキリスト教とは、考え方が正反対なんですね。

ですが、アラビア語がわからない人々にもコーランの教えを伝える必要が一方ではあるわけで、そんなときどうするかというと、アラビア語の原典を片側に置き、その横に現地語注釈というかたちで併記するなら、翻訳が許されるのです。つまり現地語で読んでいって、「ここがよくわからない」というときに、原典に当たって確認できるという体裁になっていれば、もし信者が翻訳だけ読んで間違った解釈をしたとしても、原典で確認しなかったアンタが悪い、ということにできますから（笑）。

日本にもイスラムの信徒団体がありまして、そこからアラビア語原典と日本語訳文併記のコーランが刊行されています。これまでに原典のほうの誤植が何度か見つかったことがあって、そうするとそのたびごとに回収です。とにかく一字でも間違うと、神の言葉を誤って伝えたことになり、宗教的な罪に問われるのだそうです。

「ラテン文字世界」と「ギリシア・キリル文字世界」

ラテン文字というのは、英語などで使われるいわゆるローマ字です。日本人にもなじみのある文字で、西欧と南北アメリカ大陸を含めれば世界で最大の使用率を誇る文字ともいえます。これもシナイ文字が北上してフェニキア文字に派生し、それがギリシアに入ってギリシア文字となります。ラテン文字というのは、このギリシア文字とそれから派生したエトルリア文字をもとに、古代ローマ人の間でラテン語を表記する文字として使われるようになったものです。

ローマ帝国は四世紀末に東西に分かれまして、西ローマ帝国と東ローマ帝国になりました。ラテン文字は西ローマ帝国に受け継がれまして、現在のヨーロッパ連合（ＥＵ）の原加盟国となるドイツやフランス、イタリアへという流れです。一方で東ローマ帝国になったほうは、ギリシア人はギリシア語で固まりますが、北方の文字を持たない人々を教化していくためにいろいろな文字がつくられながら、広く定着したのがギリシア文字をベースに考案されたキリル文字でした。

ロシアにキリル文字が入ったのは一〇世紀以降ですが、その後「キリル文字圏」のなかでロシアが大きな力を持つようになり、ロシアが植民地化した国々にも、ソ連時代に入りキリル文字を押しつけた過去があります。それはおもに中央アジアですが、ソ連邦の崩壊後、あちこちでキリル文字表記をやめようという動きが出てきました。かつてソ連邦を構成していたアゼルバイジャンがいい例で、ソ連時代はロシアと同じキリル文字を使っていましたが、ソ連邦が解体して独立すると、ラテン文字表記に変えているのです。

ラテン文字圏についてつけ加えておきたいのは、「新大陸」の南北アメリカ大陸のことです。例えば中央アメリカにはアステカ、マヤといった文明が存在し、どちらにも独自の象形文字がありました。ところが書き手も読み手もいなくなってしまって、今もあちこちの研究者が解読していますが、まだ完全にはできていません。

象形文字の解読というのはかなり難しくて、書き手も読み手もいないとなると、解読できた文字で書かれたものと未解読のものが併記されている遺物が出てこないと無理なんです。エジプトの象形文字の場合、有名なロゼッタストーンが出てきて、理解できるギリシア語と未解読のヒエログリフが併記されていたので、糸口がつかめました。

アステカ、マヤの文字が解読できないのは、この「中継ぎ」になる遺物が出てきていないからなのです。興味のある方はぜひ、最近では人工知能（ＡＩ）なども発展してきているようですから、それを駆使してチャレンジされたらいいかもしれません。もし解読ができたら、間違いなく二一世紀前半の最大の発見になるでしょう。

脱線してしまいましたが、南北アメリカは西欧人がやってきて次々に植民地にされ

アゼルバイジャン
カスピ海西岸の地域名および国名。現在は南部のイラン領と北部のアゼルバイジャン共和国（旧ソ連領）とに分かれる。七世紀、アラブに征服されイスラム化し、一一世紀よりセルジューク朝諸政権に支配されしだいにトルコ化、一六世紀にイラン・サファヴィー朝に支配され、イランに服属。ロシア・イラン戦争により一八一三年にアゼルバイジャン北部はロシア領となり、ロシア革命直後に一時独立するがほどなくソ連に併合。一九九一年のソ連崩壊で共和国として独立を回復した。

ロゼッタストーン
5章本文を参照。

てしまったため、スペイン語やポルトガル語、英語といったラテン文字表記が広まっていきます。アフリカも同様で、イスラムが支配的な北部アフリカ以外の多くの国々は、西欧世界の植民地となった影響からラテン文字表記となっています。

もちろん、西欧人の植民地になってもローマ字表記を受け入れなかったところもあります。例えば香港などは一五〇年以上もイギリス領になっていたのに漢字のまま、しかも中国本土が今は画数の多い文字を簡素化した簡体字になっているのに、香港では正字の繁体字を使っています。むしろ中国本土の人たちのほうが、昔からの正しい漢字を読めなくなっているのです。

実はお隣の朝鮮半島も、かつては難しい繁体字の漢字とハングルを併用していました。ところがまず北朝鮮ができたときに、金日成主席が漢字は全廃だといってハングルだけになりました。韓国は廃止こそしていませんが、朴正熙大統領時代になるべく使わないでいこうということになり、みんなが忖度して本当に使わなくなってしまいました。

文字はなぜ共有されるようになったか

話を元に戻すと、ではどうして、文字の共有ということが広がっていったのでしょうか。

ひとつは、今お話ししたような南北アメリカやサハラ以南のアフリカのように、「比較優位」を持つ「文明」によって植民地支配されたケースです。これは近代以降、西欧人による「大航海」時代から見られるようになった新しい文字の広がりです。

それ以前の文字の共有事例を総じて考えますと、異文化の文字を受け入れるということは、社会エリート層が「比較優位」を持つ異文化世界の文化や技術、学術を受容する際に、その文明語・文化語を表記する文字をも受け入れるにいたった、ということです。それが漢字、梵字、アラビア文字、キリル文字、ラテン文字が、それぞれ異なる言語を持つ社会へ特異に広がっていった、大きな理由であろうと思います。文明語・文化語とその文字の共有は、多くの「語彙」の共有をもたらすことになりますし、「語彙」の共有は思考と表現の媒体の共有を意味しますから、「ものの考え方や感じ方」といった人間集団のクセ、つまり「文化」の共通性がつくられていく上で、決定的な役割を果たしたのではないかと思います。

また文字が広がっていく際に、価値体系の大きな柱である「宗教」が原動力になっていたのがアラビア文字、キリル文字、ラテン文字、梵字の各圏であろうと考えます。

特に宗教によって広がったといえるのは「アラビア文字世界」です。これはすでにお話ししたように、他の言語に翻訳してはいけないという厳格なイスラムの考え方があるため、コーランを読むためにはアラビア語とアラビア文字の読み書きができないとはじまりません。

イスラム世界にも寺子屋があります。イスラムの「お坊さん」にあたるイマームという お祈りの指導をする人が、モスクでアラビア文字の読み書きを教えていたんです。日本の寺子屋は仏教のお坊さんが主に教えていたわけではないので、イスラム版寺子屋は本物の寺子屋です（笑）。ですから当然、読み書きだけでなく信仰も教えてきました。だからアラビア文字は、イスラム教とかなりセットで広がっていくことになったのです。

前身のオスマン帝国時代にアラビア文字が使われていたトルコでは、近代に入って西欧文明を取り入れていくときに、アラビア文字が近代教育の妨げになるということでローマ字を採用し、アラビア文字を徹底して使わせないようにしました。特別な許可がない限り、アラビア文字で書かれた書籍の発行や売買を禁じたり、さらにアラビア文字の読み書きを教えることも御法度になります。実は「近代化の妨げになる」というのは表向きの理由でして、本当は教育現場などからイマームのようなイスラム教関係者を追い出す目的もあったのです。こうして徹底的な文字改革をやってラテン文字表記に変えたのですが、それでも現在のトルコ語には、アラビア語由来の語彙が五割以上残っています。

また、キリル文字の世界ではもともとのビザンツ帝国時代に発展したギリシア正教会の影響があります。これが東方、さらには北方のスラヴ圏へと広がっていくのにあわせて、これらの地にキリル文字が定着していくのです。こちらもキリル文字を正教会が布教に使ったことが、文字の広がりを後押ししたといってもいいでしょう。

■「文字圏」＝「宗教圏」ではない理由

西欧の「ラテン文字世界」については、もちろんキリスト教カトリックの影響がありますが、それ以前にローマ帝国という文明の影響力がとても大きかったと思われます。

カトリックの教会というのは、信仰の拠点であったと同時に、今でいう「コンピュータ・プログラマー」の会社のような役割を果たしていました。どういうことかというと、ラテン語を読み書きできる人間が教会に固まっていたのです。そのため各地の王様はカトリック教会から文字が書ける人を雇って役人にしていました。フランク王国のカール大帝ですら自分の名前ぐらいは書けたそうですが、本を読めたかどうかわからないともいわれているぐらい、昔の識字率は低かったのです。つまり教会というのは、「筆記」が可能な特殊技能者の「人材派遣センター」のような位置づけでもあったわけです。ただ、そのおかげで国家の機密事項をカトリック教会側にしっかり握られてしまうという側面もあったかもしれません。

「梵字世界」についても、やはり宗教の影響があります。バラモン教と、それに民間信仰など土着的な要素が習合しつつ、あらたに生まれたヒンドゥー教です。ヒン

フランク王国
西ローマ帝国滅亡後の四八一年、メロヴィング家のクロヴィスがゲルマン民族の一派フランク人を統一して、北部ガリアを中心に建国。七五一年にカロリング家の小ピピンがのっとってカロリング朝時代に入り、ブルグント王国、ゲルマン諸国を滅ぼし、西ゴートをイベリアに追ってカール大帝の時代に最盛期を迎えたが、八四三年、王国は三分され、のちのドイツ、フランス、イタリアのもととなった。

バラモン教
インドの古代宗教。インド社会の身分階層（カースト）ヴァルナで最上位の祭祀階層バラモンが執行する祭式を中心とする宗教、文化、思想、制度の総称。バラモンとはサンスクリット語でブラーフマナという。ヴェーダを根本聖典とする。仏教やジャイナ教はその改革派。また、ヒンドゥー教のもととなった。

ドゥー教には「ダルマ」と呼ばれる、日常の儀礼・作法から法律まで全部がひっくるめられた戒律があって、この「ダルマ」を守ることが重要な宗教です。宗教的指導者層はカーストのなかでも最上位とされるバラモン階級と呼ばれる人々で、彼らが文字の担い手でもありました。

こうしてみると、「文字圏」イコール「宗教圏」なのだから、宗教圏で分けて考えるのと違いはないじゃないか、という疑問も出てきそうです。ところが、宗教だけではその広がりを捉えられない文化圏があるのです。

それが私たちの属する「漢字世界」で、ここだけは宗教の影響があまりなかった文字圏の広がりの、唯一のケースといえます。「漢字世界」が広がったのは、明らかに中華文明の威力なのです。

一五世紀ころまでのユーラシア東部における主なイノベーションは、北方民族のそれを除けば、ほとんどが中国で起こったものです。つまり東アジアでは圧倒的に高い「比較優位」を持っていた中華文明が徐々に周辺地域に広がっていき、それが各地で消化吸収されながら日本や朝鮮半島、ベトナム、のちには琉球などでそれぞれの文化が発達していったといえるでしょう。

例えば楽器の伝播を見ても、それがよくわかります。日本にある三味線は、まず中国から沖縄に伝わって「サンシン」（三線）となり、それが一六世紀ころに本土に入ってきて「三味線」になったと考えられています。つまり中国の文物が常に周辺を圧倒していて、それを受け入れるには、やはり漢字を知らないと不便だということで広まっていったと考えたらいいのではないでしょうか。

はい、ここまでとても大ざっぱではありますが、七世紀半ばから八世紀半ばにかけて「旧世界」の三大陸に枝葉から大木のようになった五つの文字圏、すなわち大文化圏の概略を見てまいりました。この五大文化圏というのが世界史を動かす大きな軸となり、それが現代世界の基礎になっているともいえると思います。

その後の西欧を原動力とするグローバリゼーションの新段階で世界がひとつに結びつけられると、それまで「独立採算」的にやっていた大文化圏は、グローバル・システムのなかのパーツ（部分）となります。ところがパーツにはなったものの、今でもそれぞれが集団的な「クセ」を持ち続けている文化圏でもあるのです。例えば今ベトナムへ行ってみたら、ベトナム語がわからなければチンプンカンプンで異文化だと感じるでしょうけれど、彼らが箸を使って食事をしている姿を見れば、我々日本人と同じ文化的ルーツを感じることができるのではないでしょうか。

ここまでは、「文明」と「文化」の考え方や、「五大文字圏」という捉え方について、ざっくりとお話ししてみました。

さて次からはいよいよ本論である世界史に入っていきまして、サルから類人猿、そして人間の先祖が分かれるところから、五つの大文化世界が成立するまでの七〇〇万年を、駆け足でたどってみたいと思います。

第4章

人類が「文字」と「組織」を獲得するまで

なぜ、私たち人類だけが高度な「文明」を築くことができたのでしょうか。その理由をここでは二つのキーワードで考えてみたいと思います。それが「文字」と「組織」です。

人類の誕生

さてこれから、今の人類がサルから分かれたとされる、およそ七〇〇万年前から七世紀あたりまでの世界を、一気にたどってみたいと思います。

七〇〇万年の世界の動きを一気にお話しするというのはいささか無謀なようでもあり、シートベルトをしっかりしていないとみんな振り落とされてしまうのではないかと不安な方もいらっしゃるかもしれませんが、その点はご心配なく（笑）。

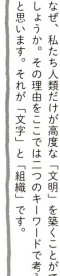

というのも、最初の六八〇〜六九〇万年はサルから猿人、そして原人から現世人類という変化のスピードが大変遅々としていました。最近の情報通信の世界はイノベーションのテンポがものすごく速くて、犬にとっての一年が人間の七年分にあたるということから「ドッグイヤー」などと呼ばれているようですが、おそらく六九〇万年の動きは直近の一〇〇年程度と考えても、あながち間違いではないほどのんびりとしたものでした。

最初の人類の祖先となる猿人が出てきたのは東アフリカとされており、以後、原人になってそれが各地に広がっていくまでは、ほぼアフリカで暮らしていたと考えられています。ただこのあたりは諸説ありまして、例えば現世人類へとつながる「ミトコンドリア・イブ」から人類は広がったのだと主張される研究者もいらっしゃいます。

このような大昔の生態というのは、考古学調査で骨などの遺物が出てくるかどうかで決まります。特にアフリカでの研究が進んでいて、他地域よりも化石人類（化石人骨）がまとまって出てきている状況があり、これまでの調査で猿人から原人まで存在が遡れるのがアフリカだけなのです。それが一体どう世界へ広がっていったのかというのが、現在の人類学上の問題になっております。

といいましても、東アフリカで人間のご先祖の化石がたくさん出土するようになったのは二〇世紀に入ってからのことで、まだまだわからないことだらけです。おそらくアフリカは、そのころの気候変動により、人類の先祖が暮らしやすい環境にあった

ミトコンドリア・イブ
現在の人類の母系祖先をさかのぼってたどりつく、共通するひとりの女性祖先をさす。ただし、人類はミトコンドリア・イブの遺伝子にたどりつくが、人類がその女性からはじまったわけではないことには注意が必要である。ミトコンドリア・イブの時代には多くの男女が存在し、一部の遺伝子は、途中で男系子孫を介しながら、現在に受け継がれている。なお、その女性は一二万〜二〇万年前のアフリカにいたと考えられている。

のでしょう。

さまざまな意見、学説があるものの、これまでの研究成果を概観すると、東アフリカというのがどうも人類発祥の地であり、その地でチンパンジーやゴリラとは異なる猿人の集団が形成されたと思われます。まだ遺物が少なすぎて実証はできませんが、猿人から原人へと進化していく過程においては、集団ごとの「文化」的な違いというのはさほど大きくなかっただろうと推察いたします。

猿人が類人猿と違うところは、直立二足歩行ができるようになって道具を使いだしたことです。すでに申し上げたとおり、単純に道具を使うことは動物でもやっています。ところが猿人は地球上ではじめて、石や木などを加工して道具をつくり出すことができるようになったのです。例えばただの丸い石を武器にするよりも、それを割って鋭い面をつくれば、より殺傷能力の高いナイフのようになります。

カラスというのは頭がよくて、例えば堅い殻に包まれているクルミを線路のレールの上に置いて、電車が通ってクシャッと潰れた中の実を食べるという高等なことをやるそうです。これはある意味で電車を道具として使っているわけですけど、カラスが電車を自分で道具としてつくり出すことはできません。

猿人から原人、旧人へと人類が発達するにつれ、石をただ割って鋭くしていたものを、より硬い石などで研磨してもっと鋭利にするなど、「利用」も工夫されていきます。ここまでくるともう、人類の独壇場になってきます。

さらに原人ぐらいになると、人類は火を使いだします。火の利用というのは道具の利用と並ぶイノベーションでして、食べ物の調理や暖房などを可能にしたので、それまで居住が不可能だった寒冷地での生活もできるようになりますから、人類が各地へと広がっていくことを後押しするようになります。

最初のうちはまだ、「文化」と呼べるほどの集団ごとの違いは小さかったように思います。「文化」の形成にもっとも重要だったのは環境だったと考えられ、それによって対象となる食料も変わってきますし、道具も違ってきます。それが時間を経ながら地域や集団によって、少しずつ差が出てくるということになっていったと考えられます。

■「獲得経済」から「生産経済」へ

遺物から見ますと、ネアンデルタール人に代表される旧人の時代（およそ六〇万年前以降）になって、亡くなった人を埋葬するという儀礼が行われるようになります。その事実からうかがえるのは、旧人たちはすでに「死後の世界」といった超自然的な抽象概念を獲得し、共有していたということです。

現生人類（新人）が登場するはるか昔から、死んだらどうなるのか、死んだ人を野ざらしのまま放りっぱなしにしておけないなど、人間の内面に複雑な世界観のような

ネアンデルタール人
旧人に属する化石人類。ヨーロッパから西アジアにわたって多くの化石人骨が出土。一八五六年、ドイツのネアンデル谷で発見された人骨にちなむ。年代はおよそ四〇万〜四万年前と考えられている。また近年の研究で、ホモ・サピエンスとの交雑の可能性も指摘されている。

ものが生じてきたのです。

そうなってくると、地域や集団ごとで文化の違いがかなり出てきていただろうと思われます。ただ、まんべんなく同じ材料が出てきていないので、どう違っていたかをはっきりさせるのが難しいというのが現状でしょう。

こうしてついにおよそ一〇～二〇万年前、ホモ・サピエンスのなかでも特別な現生人類（新人）、ホモ・サピエンス・サピエンスが現れます。つまり現代人の直接の祖先ですね。もっともごく最近になって、新人は二〇万年前にもう存在したかもしれないともいわれだしています。

新人のクロマニヨン人ともなると、ご承知のように洞窟壁画を残すようになります。そのころになるとすでにかなりの抽象的な世界を持った「人間」になって、文化的にも次第に各地で違いが生じていたはずです。

彼らの暮らし向きのほうは昔のご先祖に近く、狩猟・採集が中心の獲得経済です。いわゆる海の幸、山の幸をとっては食べる世界ですが、九〇〇〇年前あたりから今度は生産経済に移行します。

例えば集団で食料が豊富な地域に居着くようになり、食べるものがなくなれば移動するという具合にやっていたのが、次の段階では身の回りでいつも食料を確保できるように、種をとっておいて蒔いて育てる、いわゆる農業のはじまりです。動物もはじめは追いかけ回していたのが、飼いならして牧畜をすることで、安定して動物性タン

クロマニヨン人
ネアンデルタール人にかわって現れた新人段階の化石人骨。後期旧石器文化をもち、欧州に四万～三万年ほど前に住んでいた、欧州人の直接の祖先と考えられている。フランスのクロマニヨン岩陰遺跡で一八六八年に発見された化石人骨にちなむ。

パクも摂取できるようになります。

獲得経済だとリスが冬ごもりのために木の実を集めておく程度でしか蓄積ができませんが、生産経済に入るとそれが大規模にできるようになります。ただ農作物によって蓄積量の差も出てきます。

例えばタロイモやキャッサバといった「イモ」を主食とする地域の生産経済というのは、比較的に効率が悪いといわれています。というのはイモが腐りやすく保存しにくいため、たくさん蓄積するのが難しいのです。ですから、サハラ以南のアフリカや東南アジアの一部のように、イモ系経済でいったところは大規模な蓄積ができず、大きな「文明」「文化」の発展が遅れたともいえます。

一方で、ムギやコメといった穀物を中心としたほうが、上手にとっておけば長持ちして長期保存ができますから、蓄積には向いていたのです。

都市と古代文明の出現

農産物の蓄積は人口の増加をもたらし、そのおかげで人間がかなりまとまって住めるようになります。集団で生活するほうが何かにつけて安全ですから、集落ができて、それもだんだん大きくなっていく。大集団が小集団を包摂して、さらに大きな集団を形成するという流れのなかで、富が大きく蓄積されて都市が生まれます。

そのなかで、欲張って大量に蓄積する人と、逆にむしられる側との貧富の差が次第に大きくなり、いわゆる社会階層が生じてきます。また一方でそのような定住社会が大きくなると、内部の秩序を保ったり、外部勢力からの侵略などに備えるために「王」のようなリーダーが出てきます。すると今度は、武装して自分たちの社会を守ったり、逆に武力で他の集団を襲ってさらに拡大していくといった「動き」が起こってきます。

小集団ごとに「多様化」していた生活様式などが大集団に組み込まれると、今度はそれが逆に「斉一化」していく動きが生まれます。やはり同じ集団として生活するには、意思の疎通や仲間意識が必要になるため、考え方や生活様式などを次第に共有するようになっていきます。それとは逆に、ケンカ別れみたいにして、大集団のなかから一部が出ていくようなケースも多々あったはずです。

こうした人間集団の「多様化」と「斉一化」という作用は、歴史を通して常に働いていて、それは今も同じです。例えば、ウォール街で株価が暴落すると、その数十秒後には日本でも同じように株が下がるような現象は、世界のグローバル化、すなわち「斉一化」の一端です。

つまり、「多様化」のなかからある地域でかなり大規模な「斉一化」が起こるようになり、それが太い幹のようになっていったものが、古代に特定の地域で生じた「四大文明」であろうと思います。

「ハード」を生み出す「ソフト」としての「組織」

次第に大きなインフラが斉一化してくると、そのなかに異なるものが多く含まれてきますので許容度も高くなっていくのでしょう。これは、おそらく都市ができていったときもそうだったのではないかと思います。

石や木でつくられた都市は滅びてしまっても、遺跡として痕跡が残ります。それを観察すれば、その社会がいかに大型化、複雑化していったのかを後世の私たちは知ることができます。また、都市を築くために使われた道具もしばしば遺物として出土します。それが残ったことで、どういう道具を使ってこんな大きな人工構造物をつくったのかということもわかります。

しかし、そういった遺物からはどうしても見えない、当時の人工構造物をつくる上で欠かせなかったはずの、もうひとつの発達した「道具」ともいえるものがあったはずです。「ハード」と「ソフト」という概念を用いると、発掘して出てくる都市の遺構や道具が「ハード」なら、それを築いた「ソフト」にあたるものです。この「ソフト」とは、人間がつくりだす「組織」(organization)であろうと思います。

アメリカの経営者に、チェスター・バーナードという方がおられました。電話会社の社長からロックフェラー財団の理事長にもなった方で、長いこと企業の経営や組織の運営に携わった経験を踏まえて経営学的な視点から、人間の組織というのはどんなものなのかということを研究し、いくつもの本を書かれた方です。

バーナードさんは、ある目的があって、それを何とか達成するために二人以上の人間が協力してやろうというかたちで動き出したときに、「組織」が誕生したと論じておられます。それをふまえ、本書での「組織」の定義も「目標達成のための協働のシステム」としたいと思います。

実は、原始的な「組織」というのは動物にも見ることができます。例えばセンチコガネ（別名フンコロガシ）という昆虫は、動物のフンを丸めてダンゴ状にし、そこに卵を産んで、孵化した幼虫はそのフンを食べて大きくなるという生態の持ち主です。

彼らはダンゴづくりをオスとメスの二匹でやるそうですから、先のバーナード氏の定義によれば、産卵のためのフンダンゴをつくるという目標を達成するために協同作業を行うという意味においては、これも「組織」です。つまり「組織」とは、意思のある二つの個体がいるところからはじまります。

ただセンチコガネのカップルによる組織づくりは、学習によるものではなく、DNAにくみこまれた本能によるものです。陸のライオンや海のシャチなどが仲間と協力して獲物を仕留めたりできるのも、本能による部分が大きいのでしょう。

本能に基づく組織だから大したことはないかというと、そうでもありません。昆虫のアリやハチなども、それぞれ違った役割をもつメンバー同士が集まって、多数で整然とした組織をどんなときにも当たり前のように組み上げることができます。さて、それがより高等な類人猿ともなると、組織のつくり方も違ってきます。

あるとき、ニホンザルの研究をされている先生がとても面白いことをいっておられました。野生に生きるニホンザルというのは、食べ物の工面や天敵の存在など生存環境がシビアなため、ひとつの群れ全体がしっかりした「組織」になっていて、会社でいう総務部や人事部、営業部のような（笑）、個々が違った役割を担っているそうなんです。つまり、群れのなかに異なる役割を持つグループができて、それをボスザルが上から仕切って調整をしているんですね。

ところが動物園などで飼育され、エサが豊富に与えられる環境に慣れてしまうと、ニホンザルの群れは次第に無精になって、「組織」も大ざっぱになってしまうのだそうです。

この先生のお話では、「組織」のリーダーとなるボスザルを選ぶのはケンカによる力比べではなくて、群れにいるメスザルにどれだけ人気があるかどうかで決まるとのことでした。腕っ節の世界ではなくて、「人望」の世界だと（笑）。サルに「人望」とはちょっと変ですが、サルだからといって、なかなかバカにできない立派な「組織」をつくることができるのです。

このようなサルの世界の組織づくりやリーダー選びというのが、どこまでが本能に基づき、またどこまでが経験と学習によるものなのか、今後の研究が待たれるところです。それが明らかになれば、本能だけでなく経験と学習から組織をつくれるのが、われわれヒトだけなのかどうかもわかるのではないでしょうか。

人間がつくりだす「メガ・マシン」

それはともかく、確かに人間はほかの生物と異なり、臨機応変かつ高度な目標を達成するために、多種多様な組織をつくりあげることができます。そうしますと、やはり人間というのは生物のなかで格段に高い「文明」上の能力をもっているのです。

そう考えますと、人間が巨大な都市をつくれるようになってきたというのは、やはりそこに巨大な組織ができていて、それを維持できていたからなんですね。

もうひとり、ルイス・マンフォードという技術と文明の関係についてや、都市の発達についていくつも本を書かれたアメリカの有名な先生がいらっしゃいます。建築批評を専門にしながら、マサチューセッツ工科大学などで客員教授も務めた、文明評論家です。彼の代表作『技術と文明』や『機械の神話』などを読むと、「文明」というものをどう捉えたらいいのかという点で、とても参考になります。

マンフォード先生は、人間が最初につくりだした「巨大な機械」（メガ・マシン）は、人間を成素とした「巨大な機械」、つまりは巨大な「組織」であるとおっしゃいます。「ハード」としての都市やそれをつくった道具は残るので痕跡を追えるけれども、メガ・マシンとしての「組織」を構成するのは人間ですから、当時の人間たちが消えてしまえば「組織」も同時に消えてしまいます。

つまり、人間が大都市や船、飛行機にしろ、それらをつくる以前にまずつくりだしたのが、「組織」というメガ・マシンだったのだ、という指摘です。私も実際そうであろうと思います。

その視点から考えますと、やはり世界のさまざまな地域で暮らすようになった人間集団が環境にどう適応していくかというところから、それぞれの組織のあり方に地域やグループによってはっきりした相違が出てきたと考えられます。そうして生じた相違こそが、まさに「文化」の相違の基礎となったのでしょう。

人間がつくる組織というのは、他の動物のそれと違って圧倒的に巨大化する傾向があります。しかもその場限りでなく、メンテナンスを繰り返しながら永続的に維持されていくようになり、期待される役割を果たしていくようになったと考えられます。

その場その場で強力な体系となった組織が、永続化してソフトのインフラにまでなったものを、私はここで「組織体」と呼びたいと思います。

とても抽象的な概念ですからイメージしにくいところがあるかと

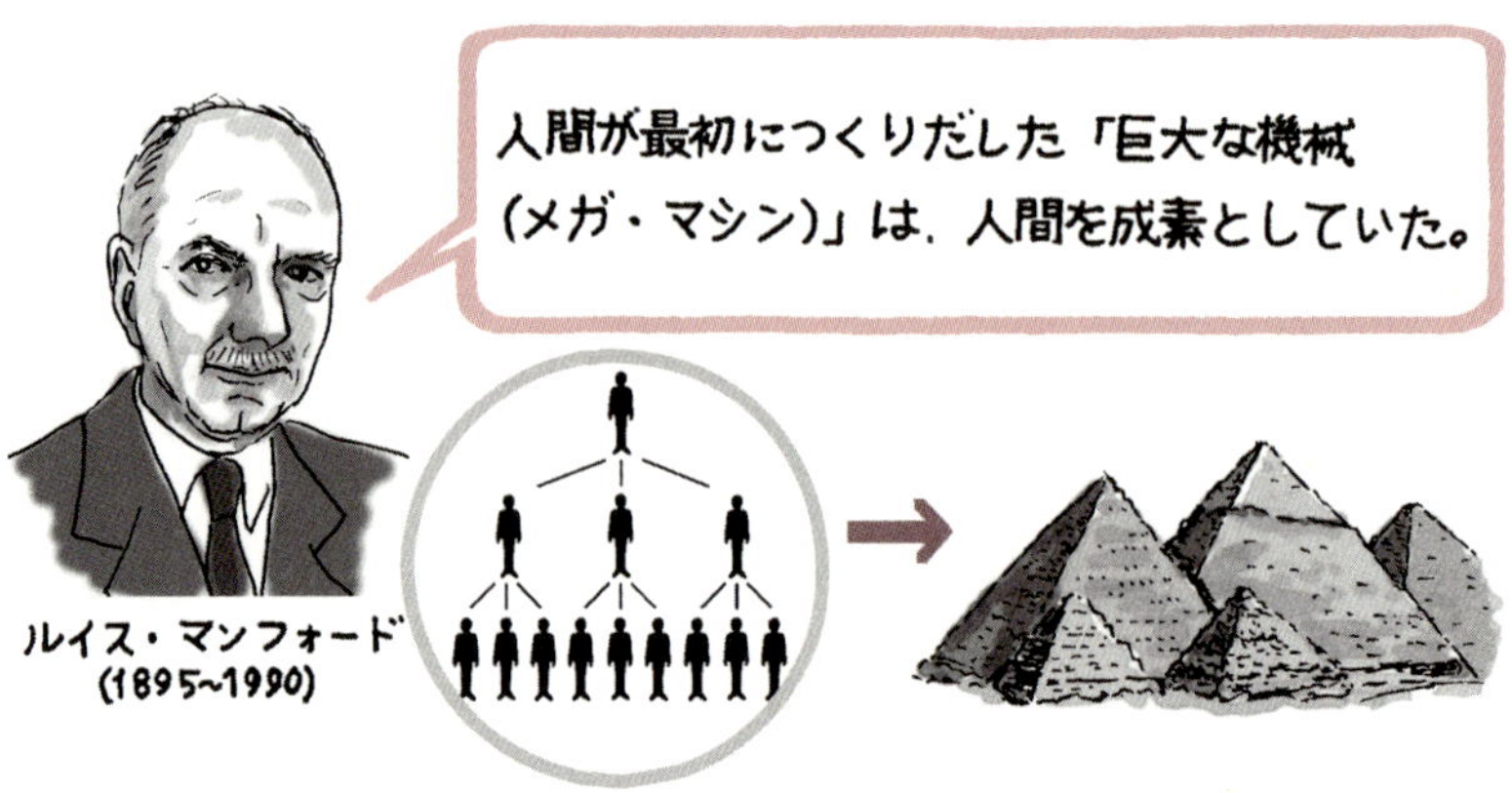
人間が最初につくりだした「巨大な機械(メガ・マシン)」は、人間を成素としていた。
ルイス・マンフォード
(1895~1990)

思いますが、「組織体」といってもいくつか種類がありまして、例えば一定の空間とそこに住む人々を支配し、農業生産者から税を集めたり、領土を防衛するために軍を組織したりするものを「支配組織」と呼びたいと思います。

また、「宗教組織」というのも、歴史的に大規模な組織を形成してきました。世界のカトリック教会とそれを束ねるローマ教皇というカトリックはその代表的な例で、「大航海」時代をきっかけに全世界へと進出しまして、その男子修道会であるイエズス会のフランシスコ・ザビエルが一六世紀中ごろに極東の日本までたどり着いて、キリスト教を伝えたことは有名ですね。

かつてはこうした「宗教組織」が、各地の「政治体」間の垣根を越えてユニバーサルに広がる唯一の巨大組織として存在してきました。ところがその後、それに匹敵する規模のあらたな巨大組織が登場します。なんだかわかりますか？

答えは、「多国籍企業」です。つまり株式会社という制度が西欧で一七世紀に生み出されまして、これにより従来ではできなかったような大規模な事業経営が可能になりました。その後、株式会社制度は世界中に広がっていくことになり、かなり大きな「経営組織」があちこちに生まれます。そのなかから、それこそ世界中に拠点を持つ、より大規模な多国籍企業が出てきて、その資金力が国家の予算額を上回るものまで出てきています。

■「言語」と「文字」はなぜ生まれた?

かなり大きなこの「組織体」をつくりだし、かつそれを維持できるようになるには、複雑なコミュニケーションの能力が必要になります。

そもそも、コミュニケーションも人間だけのものではありません。ほかの生物だって、音や身ぶりでかなり複雑なコミュニケーションを行っていることがわかってきています。でも、やはりこれも人類だけが特異に発達させていき、非常に複雑で精妙なコミュニケーションのための媒体を獲得するにいたったのです。

これをえたことで、私たち人類は今生きている世界以前の過去に何があったのかということ、そして今がどうであるかということを「記録」することができるようになりました。さらには、集団内で込み入ったコミュニケーションをとることができるようになったのです。

要するに時間軸におけるタテとヨコの関係で、過去と現在を記録することをタテの「通時的コミュニケーション」とすれば、ヨコにあたる「共時的コミュニケーション」とは、同じ集団内で生きている仲間同士のコミュニケーションと、別々の集団の間での同時代的なコミュニケーションを指します。

この「通時的・共時的コミュニケーション」を可能にしたものが、まずは「言語」

であり、もうひとつが「文字」であったわけです。

この二つのコミュニケーションを言語だけでやって、巨大な組織体をつくったケースをまず考えてみましょう。いい方をかえるなら、文字を持たずに巨大な建造物や大帝国をつくりだしたケースです。

ひとつは「新大陸」にあったインカ帝国です。インカは一五世紀に南アメリカ大陸のエクアドルからチリにまたがる広大な地域を支配した大帝国で、一〇〇年ほど繁栄したのですが、一六世紀にやってきたスペイン人によって滅ぼされてしまいます。人口も相当な数に及んだといわれているのに、文字を持たずに言葉だけであれだけの帝国を統制、維持していたのです。

さすがに数量だけは頭で覚えるのは大変らしくて、縄を使ったキープと呼ばれる数量表示がありました。縄に結び目をつくり、それを数字の位にして万単位まで表示することができ、それで人口まで計算していたとされています。

ただ、スペイン人に滅ぼされてしまうと、キープの使い方を知る人も次第に減っていき、後世になって王墓などの発掘からキープの遺物が出てきても、誰も解読できないということがあったそうです。ところが奇跡的に、ある地方の牧場で家畜の頭数を数えるのにこのキープを使い続けていた人たちが見つかって、そのおかげで遺物のキープを解読することができた、という逸話があります。

インカ帝国そのものは滅びてしまいますが、インカの時代から使われていたケチュア語は今でも残っています。つまり文字がなくても、「言語」だけで案外にやっていけるものなのかもしれません。

ただし、インカ帝国は「旧大陸」でいうところの新石器時代のレベルにとどまっていたため、鉄を知りませんでした。ですから一見すると巨大な組織体ですが、実態としてはかなり脆弱なところがありました。たった数百人のスペイン人冒険者たちに征服され、帝国のシステム全体が解体してしまったことがその証拠です。

このように小人数の侵入者によってあっという間に征服されたケースとしては、一六〇九年に薩摩の侵攻を受けた琉球もそうです。ただ異なるのはインカと違い、琉球にはしっかりした文字文化、つまり大和（日本）からの平仮名と中国からの漢字があってシステムが強固だったので、薩摩の支配を受け続けても、固有の文化を保つことができたのだと思います。

一方の中央アメリカにあったマヤ、アステカ文明を見ると、インカと違って複雑な象形文字を持っていました。ただ文化程度がやはり新石器時代後期の状態で、競争が少なかったためにそれ以上のイノベーションが起こらずに推移してしまいます。そしてスペイン人らに簡単に滅ぼされてしまうのです。

琉球
現在の沖縄諸島。一四世紀には中山、北山、南山の三国に分かれていたが、一五世紀に中山国王の尚氏が統一。明より冊封を受け、貿易で栄えたが、一六〇九年、薩摩国（現在の鹿児島県）島津氏の侵攻によりその支配下に入った。中国との関係も保っていたため、日中両属体制となった。一八七九年、明治政府より中国との関係断絶を求める派兵を受け、沖縄県となり、以後独立を失った。

「文字」なき文明の弱点

文字を持たなかった大帝国の例として最大、最強のものは、なんといってもモンゴル帝国でしょう。

チンギス＝ハンによって一三世紀に成立したモンゴル帝国には、意外なことに文字が存在しませんでした。記録などについてはどうしていたかというと、例えば漢文やアラビア語、ペルシア語などが書ける人材を外から集めてきて、彼らに仕事をさせていたのです。

ただ、チンギス＝ハンの孫で元朝の初代皇帝となったフビライの時代になると、さすがに文字の必要性を意識するようになり、当時はチベット仏教がモンゴルでも盛んでしたから、チベットから僧侶を招いて顧問とし、パスパ文字をつくります。「パスパ」とは、この文字をつくった僧侶の名前です。

このパスパ文字というのは音を正確に表すものの、どうも使い勝手が不便だったようで、あまり使用されなくなります。それとは別につくられたのが、トルコ系民族のウイグルが使っていたウイグル文字をベースにした蒙古文字（モンゴル文字）です。

これが一四世紀からずっとモンゴルでは使われていたのですが、一九二四年にソ連の影響で外モンゴルが共産化してモンゴル人民共和国になると、モンゴル文字を捨て

モンゴル帝国
7章本文を参照。

てロシアと同じキリル文字に変更してしまいます。

共産主義時代はロシア的な価値観を受け入れて、モンゴル国内でも世界を蹂躙したチンギス＝ハンは侵略者で「悪者」だということになったそうですが、ソ連が崩壊して共産主義を放棄し、国名もモンゴル国とすると、今度は「チンギス＝ハンはやはり民族の大英雄だ」ということになり、文字も元のモンゴル文字に戻そうということになりました。

いずれにしろ、チンギス＝ハンの時代にモンゴル人が文字を持っていなかったのは事実で、そうなると文字を持たなくてもあれだけのシステムを持った大帝国をつくることができた、ということになります。

モンゴル帝国が世界史に与えたインパクトの大きさについては、研究者の間でも見方が分かれるところです。

モンゴル史を専門とされる先生のなかには、それは大変大きなものだったと主張される方もいらっしゃいます。確かに、日本でも元寇が当時の北条執権体制を短命に終わらせた一因だったのは事実で、防衛に動員された武士たちの恩賞への不満が高まったこともあり、それが後醍醐天皇による建武の新政につながっていくわけです。

また、今のトルコがあるアナトリアに当時、ルーム＝セルジューク朝というトルコ系のムスリム（イスラム教徒）王朝がありまして、最盛期を迎えていたところにモンゴルが攻め込んできてその従属下に置かれます。これにより国内が群雄割拠の状態と

建武の新政
鎌倉幕府滅亡後の後醍醐天皇による親政。後醍醐天皇は元号を建武と改め、天皇政治の最盛期といわれた「延喜・天暦の聖代」への回帰をめざした「建武の新政」に着手したが改革は混乱を招き、朝廷に反旗を翻した足利尊氏の反乱により三年たらずで崩壊した。

なったところで、西北地域にイスラム化したトルコ人の戦士集団が出現します。これが台頭していき、後のオスマン帝国になるのです。

その意味では世界史に大きな影響を与えたとも考えられるのですが、モンゴル帝国は誕生してからおよそ二〇〇年で崩壊してしまいます。先のインカ帝国もそうだったように、やはり文字を持たない国家（政治体）というのはシステムの永続性という点で脆弱なところがあったように、私には思われるのです。このあたりについては7章でくわしくお話しするつもりです。

つまり文字を持たないと、過去と現在を記録し、集団内で情報を伝達しあう「通時的・共時的コミュニケーション」を緊密化、巨大化していくことが難しい、という側面があるのかもしれません。都市ができて相当大きな人間集団がひとつの傘の中に入るようになってきたときに文字ができると、記録と情報伝達が飛躍的に高度化し、蓄積される情報量が格段に大きくなっていきます。そうすると、とても強力な「ハード」と「ソフト」のインフラづくりが可能になり、「メガ・マシン」である組織がしっかりして、技術的なイノベーションも生まれるようになるのだと思われます。

さらには周辺に位置する独自の文化を持った集団も、次第に巨大通信の文化を共有するようになり、そのためにとても便利な文字を受け入れていくようになっていく。つまり、言語だけで組織を維持するよりも、文字を持ったほうが滅びにくく、永続しやすいシステムをつくりだすことができる、といえるのではないでしょうか。

第5章

インド「梵字世界」と中国「漢字世界」の展開

ここでは「旧大陸」東側に誕生した、ふたつの「文字世界」の展開をみていきます。中国の「漢字世界」と、インドの「梵字世界」はなぜ周辺に広がっていったのでしょうか？

史上最古の文字世界「楔形文字世界」

さて、人類が生み出したイノベーションのなかでも決定的、画期的といえる「文字」はどのように広がり、五つの巨大な文字圏に分かれていったのかという話に入ってまいりたいと思います。

くりかえしになりますが、今、世界中で使われているメジャーな文字というのは、元をたどると源泉はたった二つです。ひとつは中国、紀元前一六世紀ころに誕生した

殷

前一六世紀ころから前一一世紀ころに、中国の河南省を中心におこった、確認できる中国最古の王朝。甲骨文字では商と記される。伝説では大乙（湯王）が夏王朝を倒して天子となり創始し、三〇代帝辛（紂王）のとき周の武王に滅ぼされたという。殷の都の遺跡、殷墟の発掘によって王朝の実態が明らかにされた。

殷の時代の甲骨文字から発展した「漢字」です。そしてもうひとつが、紀元前三一〇〇年ころ、古代エジプトに生まれた「ヒエログリフ」（神聖文字）でしたね。

ただ一番の老舗は、メソポタミアに生まれた「楔形文字」だと考えられています。これができたのは紀元前三二〇〇年ころ、当時のシュメール人による発明で、文字としては一番古いものです。古代オリエント世界のバビロニアやアッシリア、アケメネス朝でおよそ三〇〇〇年にわたって使われましたが、滅びてしまったので今の文字には子孫が存在しないのです。

楔形文字が文字としての子孫を残せずに消えたのは、不便だったからといわれています。というのも、この文字は粘土板に刻み込むようにして書くもので、保存するには火にも強いので最高ですが、書くときには粘土が柔らかい状態でなくてはならないし、粘土板そのものが重くてかさばるため、持ち運びにも不向きでした。

でも保存性がよかったことで、かなりまとまったものが出土しています。シュメールやアッカド、バビロニア、アッシリアあたりの史料というのは、羊皮紙をなまじ使うようになったその後のパルティア、ササン朝より、ずっと多く残っています。

その理由はこれもすでに触れたとおり、王宮の文書庫などが焼き打ちされても、粘土板だと逆に焼きが入って固くなり、より保存性が高まったから（笑）。羊皮紙だとすぐに焼けて灰になってしまい、発掘で出てくるのはもっぱらお金や碑文だけです。それだと長文で細かいことが書かれたものではないので、意外に当時の状況がわから

アケメネス朝
古代オリエントをほぼ統一したペルシア人の王朝。始祖はアケメネス。前五五〇年、メディア（イラン北部、メディア人による王国）を滅ぼして独立。以後、アナトリア、バビロン、エジプトなどを滅ぼして版図を拡大させた。国王は最高神アフラ・マズダに選ばれたという神権的性格をもち、「諸王の王」と称した。帝国は二〇余州に分けて知事らを置いて統治された。前三三〇年、アレクサンドロス大王に、イッソス、ガウガメラの戦いで敗れ滅亡。

ササン朝
イラン（ペルシア）の王朝。前二二四年、パルティア王国を滅ぼしアルダシール一世が創始。アケメネス朝の後継を称し、ゾロアスター教を国教とする神政政治のもと、パルティアの諸制度を踏襲した。六四二年、アラブ・ムスリムとの戦いに敗退し、六五一年、王が殺害され滅亡。

古代の文字世界

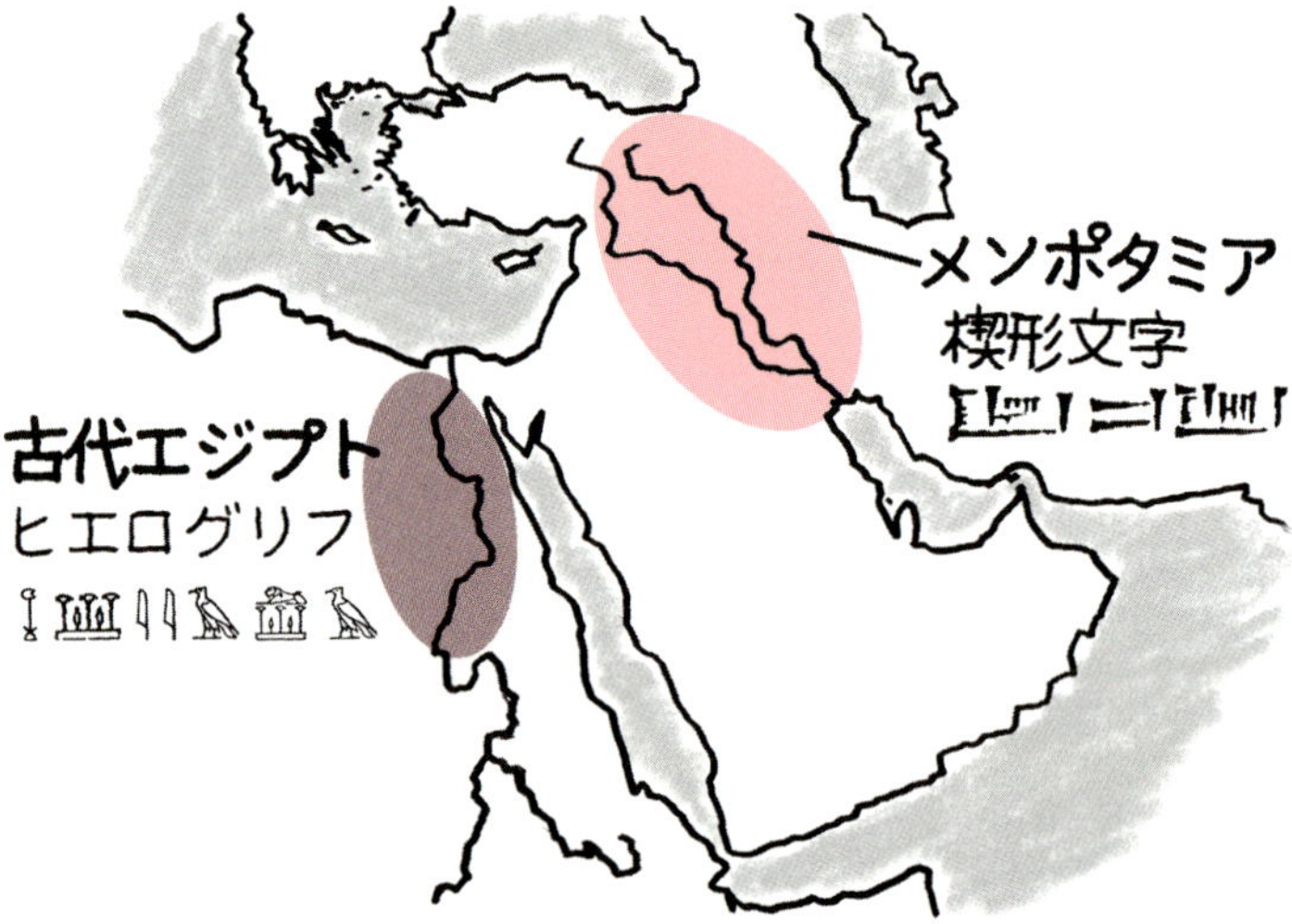

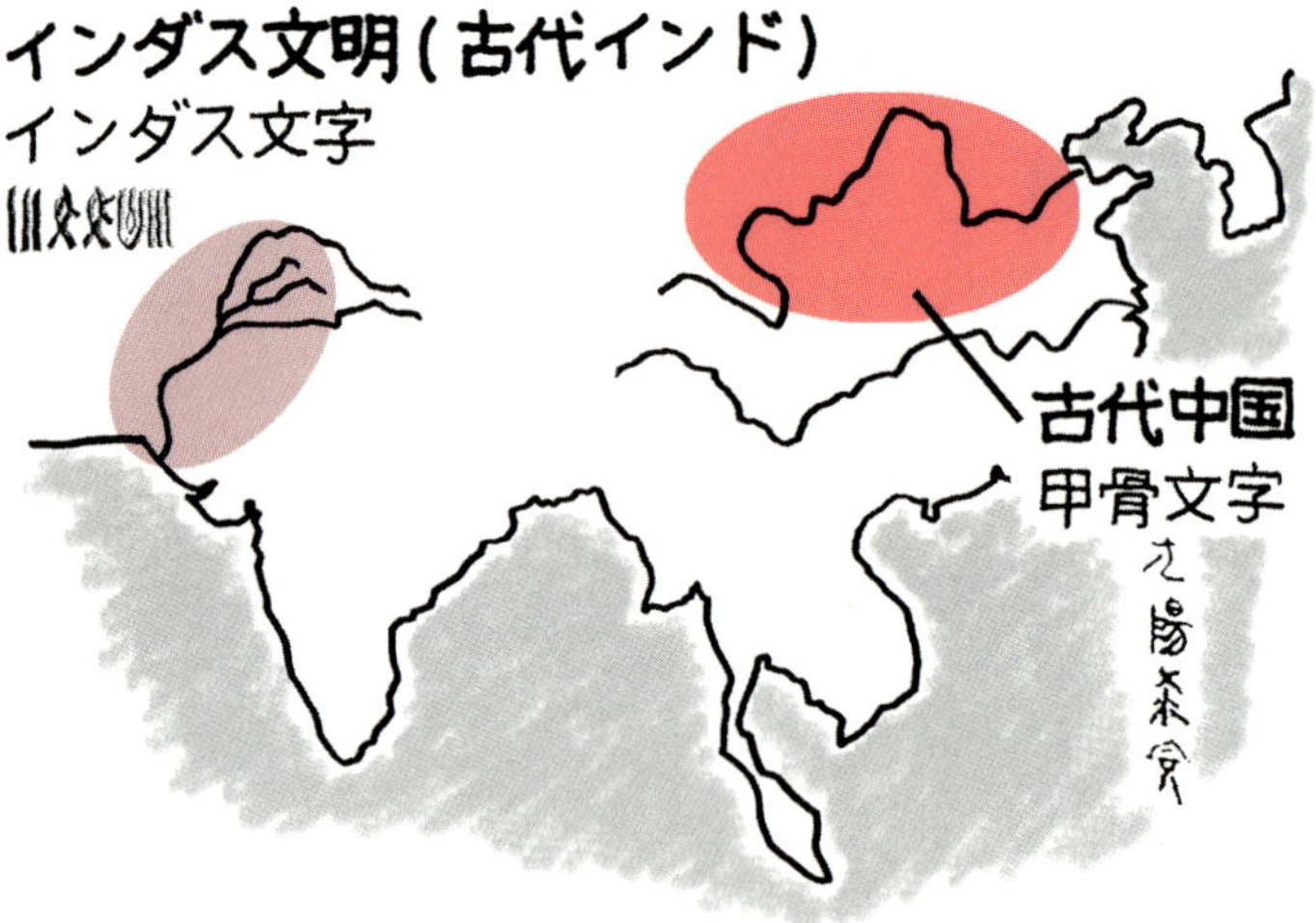

ないものなんです。

例えば、ササン朝ペルシアなどは当時の世界の中心的存在のひとつで、高度な文明を持っていたのは間違いないのですが、残念なことに史料が少なく、くわしい実態が今でもよくわかっていないのです。

多くの文字の子孫を残した「ヒエログリフ」

楔形文字に引き続いて出てきたのが、エジプトのヒエログリフでしたね。「ナイルの恵み」といわれるようにエジプトは植物も豊富で、ナイル川下流域には二メートル以上の背丈になるパピルスというカヤツリグサ科の水草がたくさん自生していました。このパピルスは芯がネバネバしていて、これを畳のように折り重ねて叩くと、サラサラのムシロのようになります。それを乾燥させたものに、文字を書いていくということを考えだしたのです。

楔形文字が生まれたメソポタミアというのはアジア、ヨーロッパとアフリカの三大陸をつなぐ通路に位置しており、交通の要衝ですからいろんなものが入ってきます。おまけにとても物騒なので、モノがそのまま残りにくいところでもありました。

一方のエジプトは、北は地中海、東は紅海が横たわり、西にはリビア砂漠がドーンと広がっていて、南のほうからも簡単に入れるところがないという、天然の要害のような趣がある、地政学的にも安定した地域でした。

しかも比較的乾燥した気候だったことも手伝って、虫に食われることも少なく、パピルスに葦のペンとインクで書かれた多くの文書が、史料として後世に残ったといえます。文字が生み出された理由としては、宗教と天文関係を記録するためだったと考えられ、ヒエログリフを書ける人はかなり限られていたといわれています。

つけ加えますと、ヒエログリフ自体はプトレマイオス朝最後の女王クレオパトラ七世の死後、エジプトがローマ帝国に併合されたあとも使用されていた形跡がありますが、これも書き手と読み手が次第にいなくなり、文字としては絶滅してしまいます。とても難解なヒエログリフの解読に一役買ったのがナポレオンのエジプト遠征時（一七九九年）にアレクサンドリアで見つかったロゼッタストーンで、それを使って解読に成功したのがフランス人学者のシャンポリオンという先生です。さてシャンポリオン先生は、どうやってそれを読み解いたのかご存じですか？

そもそもロゼッタストーンには、ヒエログリフと古代エジプトの民衆文字、それにギリシア文字の三種類で書かれていました。物好きで頭もいいシャンポリオン先生は、エジプトのキリスト教徒が今でも典礼の言葉として使っているコプト語に着目しまして、このコプト語がひょっとしたら古代エジプト、ファラオの時代に使われていた言葉の子孫ではないかと推理します。それでコプト語とギリシア語、ヒエログリフをつきあわせていった結果、ついに解読に成功するのです。

誰も読めなくなった文字でも、何か中継ぎになる言語、ここではコプト語ですが、それを手がかりとして、知っている文字の言語と知らない文字の言語がつながって書かれた文献があると、解読することができるんですね。

楔形文字もヒエログリフも、文字としては滅びてしまいました。ところが決定的に違うのは、ヒエログリフにはたくさんの子孫にあたる文字が生まれて、それが漢字以外の、ほとんどの文字の原型になったという点です。

インドでの「梵字世界」の誕生

もうひとつの文字の源泉を忘れてはいけませんね。それはインドの西北部、今のパキスタンとインドの境に存在した、モエンジョ・ダーロやハラッパーの都市遺構で有名なインダス文明です。紀元前二〇〇〇年ころに最盛期を迎えたこの文明、どうして滅んでしまったのかについては、かつてはアーリヤ人が入り込んできたためといわれてきたのですが、最近ではそれも否定されて理由がはっきりしないということになっているようです。

インダス文明にも「インダス文字」という独自の文字がありました。このインダス文字は印章に彫られたようなものしか出土していないため、残念ながら今でも解読できておりません。

アーリヤ人
「アーリヤ」はサンスクリット語の「高貴」という意。インド＝ヨーロッパ語族の言語を話す、インドやイランに定住した人々。中央アジアで遊牧民として暮らし、一部は前一五〇〇年ごろ北西インドでヴェーダ文献を作成しバラモン文化の基礎を築き、またほかの一部はイランに入って古代イラン文化を形成したと考えられる。

インダス文明を担った人たちの言葉はおそらく、インド南部に今もあるドラヴィダ系言語に近いものだったのではないかと考えられています。ただ、史料としての文字文献があまりに少ないために、解読に至っていないのです。

その後のインドの文明には、ほかの文明と異なる特徴がありまして、それがとても巨大な文明であったにもかかわらず、文字を持つのがかなり遅かったという点です。アーリヤ人がやってきて、アーリヤ人の世界が紀元前千数百年前から存続していたのは確かなのですが、今伝えられている文字は紀元前三〜四世紀になってできたものです。

そのうち梵字（ブラーフミー文字）が定着し、現在のインドの公用語ヒンディー語を書くためのデーヴァナーガリー文字は、梵字の直系の子孫にあたります。インド史研究者は「梵字」という表現を好まれず、きちんと「ブラーフミー文字」と言いなさいとおっしゃいますが、舌をかみそうになるので、お叱りを覚悟の上でここでは「梵字」とさせていただきます。「漢字」とも韻が合いますし。

非常に不思議なのは、ヴェーダという信仰の中心になるバラモン教の教典が、インド学の先生方やヒンドゥー教のお坊さんによると、文字が生まれるまでの千数百年もの間、ずっと口承で伝えられてきたというのです。一〇〇〇年以上も口伝えだけでやれるものかいなと疑ってしまうのですが、それは言ってはいけないことらしくて、そういうことになっているのだと（笑）。

ですからインダス文明は「四大文明」の一角で、滅んでしまったもののその後におこったアーリヤ人中心のインド文明も含めてとても古い歴史があるのに、文字で見ると、ギリシア文字よりはるかに新しいのです。

そしてこの梵字が本当にオリジナルなものなのかどうかについては、現在でも論争があります。インド人の先生方は、これは独自開発だと主張されていて、そうすると今につながる文字の起源は漢字とヒエログリフと合わせて三つあったことになります。でもヨーロッパの研究者からは、ヒエログリフがもとになってできたシナイ文字をルーツとするアラム文字がだんだん北へ上がって、それから東に進み、南に下りていったものが梵字であるという説が主張されており、私もこのほうが筋が合うように思います。ですから、ここではあえて梵字をオリジナルな文字とせず、ヒエログリフと漢字の文字二大源泉説としてお話しすることにします。

ちなみに梵字はどうやって筆記されたかといいますと、干して乾燥させたヤシの葉に、鉄筆を使って刻みつけるように書いていました。ヤシも豊富で、しかもパピルス紙のように面倒な工程もありませんから書かれたものがたくさんあったはずなのに、結果的にまったく史料として残らなかったのには理由があります。インドは湿度の高い熱帯モンスーン性気候だったので、虫やカビにやられてしまったんです。

虫の旺盛な食欲はバカにできません。私の知り合いにタイの歴史研究者がいて、その蔵書の数では日本で右に出る者はいないといわれるほどの蔵書家です。でも日本の自宅に本が入りきらなくなり、バンコクだったら家賃が安いので、現地にアパートを借りてそこに本をドッサリ置いておいたそうです。

ところが、あるときアパートに行ってみたら、ガサガサという変な音がする。おかしいと思って書架を見たら、なんと小さな虫が大量発生していて、貴重な資料が片っ端から食べられて、穴だらけ（笑）。その二カ月前に行ったときは何ともなかったといいますから、ほんの短い期間でそんな状態になってしまうのです。

ですから前章でお話ししたとおり、インドに関する文献史料はかなり限られているというわけです。

東南アジアへ広がった「梵字世界」

話がそれましたが、インドで生まれた梵字を起源とする諸文字が支配的文字となっている空間を、ここでは「梵字世界」と呼びたいと思います、

この「梵字世界」は、北はチベットあたり、東は東南アジア一帯に広がっていきます。この広がり方というのは中国の文明が周辺に拡大していくかたちによく似ておりまして、最初はバラモン教と仏教と梵字が、各地へと伝わっていきました。

中国の高僧だった鑑真和上が八世紀に日本へやってきて奈良に唐招提寺を開き、律宗を広めたように、インドのバラモン教や仏教のお坊さんたちが東南アジアまでやっ

鑑真（六八八〜七六三）

唐の僧で、奈良時代に渡来し、日本律宗の開祖となる。七四二年、日本からの入唐僧に請われて渡日を志すが五度も失敗したうえ失明。七五四年ようやく来日を果たした。東大寺にはじめて戒壇を設け、聖武上皇をはじめ多くに菩薩戒を授け、また唐招提寺を開き戒律研鑽に力を入れた。大僧都となり、大和上の号を授けられ、唐大和上とも称される。

てきて、文字を伝えたんですね。聞くところによると、ジャワ（インドネシア）などの古代遺跡から出土する梵字の碑文は、インドの正当な梵字なのだそうです。つまり、現地人が半解に覚えて書いたものではなく、おそらくインドからの渡来人が書いたものではないかと考えられています。その後、東南アジア大陸部では五世紀ころ、ジャワなどでは八世紀ころから、インドの梵字系の文字をベースにした諸文字ができてきます。

しばらくして東南アジア地域で新しい王朝が固まってきますと、バラモン教では具合が悪かったのか、天下を統一したあとは新しい仏教思想をとりいれるようになります。それが、インドからスリランカ（セイロン島）に入って発達した、古いタイプの上座部仏教です。一昔前までは小乗仏教と表記されていて、ご年配の方はこちらのほうが耳になじみがあるかと思いますが、最近では「小乗」という言い方が大乗仏教側からの差別的表現だということで使われなくなっておりますので、念のため。

一方で中国を経由して日本に入ってきた仏教というのは大乗仏教でして、こちらは紀元前後あたりにおこった新しいタイプの仏教です。元々の仏教というのは出家した人だけが救われるというものでしたが、大乗仏教は出家してない在家の方もみな救われると説く、新しく出てきた一派です。

上座部仏教が東南アジアに入ってくるとき、その仏典はサンスクリット語ではなく、その系統でもう少し後の時代にできたパーリ語という言葉で書かれていました。

これも文字は梵字系統です。すでに梵字をベースにした諸文字が用いられていたところにそれが入ってきて、東南アジアの各地の支配的文字はベトナムを除いて全部が梵字系となります。ビルマ語、タイ語、ラオス語、カンボジア語など、みんなインドの梵字がルーツです。ただ、マレー半島と今のインドネシアにあたる地域には、のちにイスラムが根づいて「アラビア文字世界」に入ってしまいます。

　それから、現在のホーチミン市を中心とした南ベトナムのあたりに二世紀ころ誕生した「チャンパー」という、や

梵字世界の文字

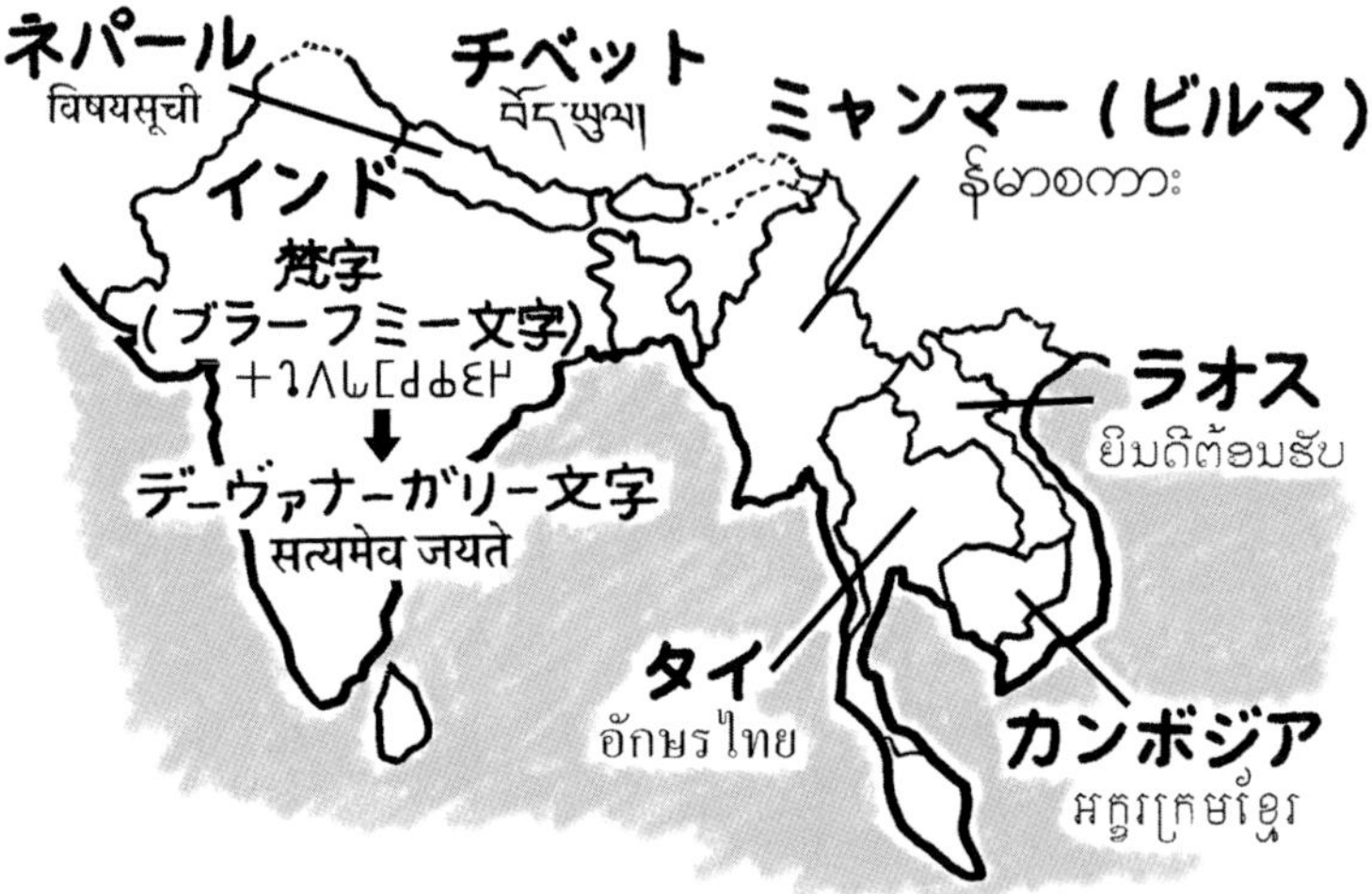

チャンパー
　二世紀末、ベトナム中部にチャム人らによって建てられた王国。中国名は林邑または環王、のち占城。四世紀末よりインド化が進み、チャンパーと称したのは七世紀以後とされる。地方勢力の連合体で、インドと中国南部との中継貿易で繁栄。一七世紀、阮氏による広南王国の属国とされた。

はりインド系の文化を受容した国がありました。中国からは「占城」と呼ばれておりましたが、ここもかなり最近まで梵字を文字としてきた地域です。

しかし次第に、漢から唐の時代まで一〇〇〇年ほど中国による植民地支配を受けて「漢字世界」化（中華文明化）した北ベトナム勢力が強くなり、ジワジワと併合されて最後、チャンパーはすっかり飲み込まれてしまいます。

最後の阮王朝はゆえに中部のフエに首都を置き、北のハノイを中心とする中国化が進んだ地域と、一五世紀ごろまでインド系文化が支配していた南のホーチミンを中心にした地域をひとつにまとめていたのです。この間、北の中国系文化が南部にも浸透していきまして、気候風土からすると完全に東南アジアであるはずのベトナムだけが、東南アジアでは唯一、食事の際に箸を使う国になったのです。

くりかえしになりますが、ヒンドゥー・仏教系で文化を形成した他の東南アジアの国々は、食事は基本的に右手指食です。インドと同じく左手は不浄の手とされ、右手の指でつまんで食べるのです。

インドの歴史的社会構造

東南アジア諸国の文字を並べてご覧になるとよくわかるのですが、とてもルーツが同じとは思えないほど違っていますね。どうしてこうなったかといいますと、大もと

阮王朝

ベトナム最後の王朝。一八〇二年に阮福暎が西山朝を倒して建国。都はフエ（ユエ）、越南国（ベトナム）と称した。中国国境からシャム湾岸までを統一的に支配し、中央集権化を推進。清を宗主国として諸制度を清にならって確立したが、フランスの侵略を受け、その保護国とされ、インドシナ連邦に組み込まれた。一九四五年、最後の皇帝バオダイが退位し滅亡。

のインドに文字をビシッと統一して、それを使わせるような統一王朝がなかったからではないかと考えられます。

チベットは昔から政治的に中国の影響が強くみられますが、文化的には文字も宗教もインドから入ってきて、チベット文字は元々の梵字にかなり似ています。でもインド西部のグジャラーティー語をみると、本当に同じ文字から派生したのかと驚くほど異なっています。南インドや東南アジアの文字ではさらに違いが出てきて、ビルマなどは独特の丸文字ですけど、これも文字としての先祖は一緒です。

要するに、どのタイミングで、どこの地方の文字が入ってきたかという、文字伝播の時代と地域性によって、「梵字世界」は文字にとても大きなバリエーションを持つようになったのです。

それに比べると、漢字は「漢字圏」内ではわりと共通性を保っています。実は漢字も、中国の春秋戦国時代のころは国が分かれていたこともあり、地域によってかなりばらつきがあったのです。ところがその後の秦代で、始皇帝が漢字を統一します。そしてのちの漢の時代にかなり固まって、それが周辺地域に広まっていったという経緯があるため、文字の共通性が維持されたところがあります。

インドの文化として特徴的なのが、その社会システムです。インドにアーリヤ人が入ってくると、アーリヤ人が中心となってヴェーダを正典とするバラモン教文化を生み出します。そこで形成されたのが、現地語でヴァルナ（種姓）・ジャーティ（生まれ）

春秋戦国時代

周の平王が漢中より東の洛陽に都を遷し（周の東遷）即位した前七七〇年から前二二一年、秦が中国を統一するまでの時代。政局は混乱し、周の封建的支配（都市国家体制）は失われ、諸侯間に侵略の戦乱が相次ぎ、初期には二〇〇前後を数えたとされる諸侯はやがて淘汰されて数を減らした。韓、魏、趙の三氏が実権を握った前四五三年、または三氏が正式に諸侯として承認された前四〇三年を期にそれより前を春秋時代、後ろを先述の三氏含む「戦国の七雄」が勢力を競いあった戦国時代とされる。

制と呼ばれる、いわゆるカーストです。

カーストというのは、身分の一番上にバラモンというお坊さん階級があって、その下にクシャトリヤという王族・戦士階級、そして庶民階級ヴァイシャ、奴隷階級のシュードラという、かなり強固な社会階層システムです。有名なのがシュードラのさらに下に置かれる最下層の不可触民という存在で、近代になってガンディーが彼らへの差別撤廃運動を訴え、ハリジャン（神の子。現在はダリトとも称される）と呼ばれるようになりました。

インドというのはクシャトリヤ層が天下をとって統一した時代が少なかったこともあるのでしょうが、どちらかというと村単位の小さなコミュニティーで秩序を保ってきたところがあります。小コミュニティーの秩序維持者は儀式をしきるバラモンで、つまりお坊さん階級が社会秩序のリーダーなのです。

バラモン教、その後のヒンドゥー教でも共通する点ですが、ダルマと呼ばれる宗教的な戒律があって、これを守って人々は生活します。これは単なる戒律だけではなく、法律に該当するものまで含んでいます。村で唯一、文字（梵字）を読むことができるのがバラモンだったりしますから、宗教的リーダーでかつ法律家、知識人でもあるという、身分的にも「村で一番エラい人」ということになります。この存在は、イスラムのイマームという指導者の存在によく似ております。

統一王朝のような強力な中央権力が出てくると、どこの世界でもそうですが必ず中

ガンディー（一八六九〜一九四八）
「インド独立の父」と呼ばれる社会運動家。「マハトマ」（偉大なる魂）とも。英国に留学して法律を学び弁護士となる。二五歳のころより南アフリカに滞在しインド人労働者の権利のために闘うなか、非暴力・不服従運動に奔走した。インドに帰国して一九一九年ごろから独自の非暴力・不服従運動を展開、ヒンドゥー教徒とイスラム教徒の対立や不可触民差別の問題などにも取り組んだ。インド独立後、ヒンドゥー過激派により暗殺された。

間に位置する小権力者が邪魔になるもので、中央権力はその層の力を排除して直接的に人民を支配しようとするものです。ところがインドでは歴史的にみてもそれほどの権力が生まれないのです。どちらかというと村々のコミュニティーがバラモンを頼りにガッチリ固まっておりまして、それが、カーストのような独特の身分階層システムがなくならない理由ではないかと推察いたします。そもそもバラモン階級を基礎に組み上げた社会システムなので、なかなか崩れにくい側面もあるようです。

インドが周辺に与えた影響は文字と宗教ばかりでなく、食生活から価値体系にいたるまでとても大きなものでありまして、それは今でもはっきりと残っているんですね。

中国の古代文明

さて次は文字の二大源泉のひとつ、日本人にとって最も身近である東アジアで広がった「漢字世界」の展開をみてまいりたいと思います。

東アジアでは、最古の文明とされるメソポタミアに比べると、かなり遅れて文明が誕生します。ご年配の方々だと黄河流域に生まれた黄河文明を学校で習った記憶をお持ちかと思いますが、その後かなり発掘が進み、南部の長江周辺でも同じくらい古い遺跡が出るようになり、これを長江文明と呼ぶようになっています。

漢字も、当初は実用的な文字というより、宗教的に使われだします。それが甲骨文字と呼ばれるもので、亀の甲羅あるいは獣骨を焼いて吉凶を占い、そこに文字を彫り込むものでした。この亀甲占いは日本にも入ってきて、歴代天皇が即位した際に行われる儀式「大嘗祭」でも用いられています。お供えする米の産地を決めるのに行われる「亀卜《きぼく》」がそうですね。

さてそれが青銅器の時代に入ると、青銅器に銘として文字を彫り込むようになり、木の板の木簡や竹製の竹簡、さらには竹を短冊状に連ねて巻物にしたものなどに墨で書くようになります。

筆や刷毛に墨のような染色材をつけて書くというのは、中国人の独創です。竹に鉄筆などで彫り込むように書くやり方を続けていたら、インドのヤシの葉やメソポタミアの粘土板と同じで、書くのが面倒であまり広がらなかった可能性があります。筆で文字を書くというのは他の文化圏にはないもので、たいていはインクとペン、特に「旧大陸」西半だと、その西方では鵞ペン（ガチョウの羽根のペン）で、東方では葦ペンが主流でした。でも筆書きは万能で何にでも書けますし、のちに紙が発明されると大量に文献史料が残るようになります。

中国の場合、確認されている最古の王朝が殷です。伝説上ではその前に夏という王朝があって殷がそれを滅ぼしたことになっていますが、夏王朝が実在したのかどうかは、考古学的にまだ決着しておりません。

これらの古代王朝も含め、前漢時代の中国で最初の通史として編纂されたのが、かの有名な司馬遷による『史記』です。すでにお話ししたとおり司馬遷は漢の武帝を諫めたことで怒りを買い、去勢されてしまいます。中国では代々子孫を残すことがもっとも大事でして、子どもをつくれないようにさせられるというのは男性にとって最大の屈辱でもあります。ですから司馬遷は一三〇巻におよぶ膨大な『史記』を正式な歴史書として書いたというより、去勢された屈辱を晴らすべく、知りうる限りの天子たちの行状を書いたといったほうが正確かもしれません。

この『史記』には先ほどの夏と殷、その後に周という順に王朝が続いたと書かれていて、以前は伝説上の話だろうといわれていたんですね。そうしたら一八九九年に河南省安陽市で甲骨文字が出土して、二〇世紀になると遺構が次々に発見され、ここが殷の都（殷墟）だったことがわかったんです。

おそらく殷の時代に、かなりまとまった王朝が成立していたのだと思われます。それが周になると、内部が分裂して春秋戦国時代を迎えます。そこで国々が離合集散しながら、戦国七雄と呼ばれる七つの国に絞られていきます。ここが中国の面白いところなんですが、七つに割れてお互い競い合っていくうちに、自分たちはお前たちと違うぞという意識が高まっていくのです。

ただその意識というのは民族主義的な偏狭なものではなくて、中華的な「文化」水準で競いあうのです。つまり我こそが中華なのだということで、単独で全部押さえきれなくても、実力勝負でみんなから一目を置かれるようになった国が、今度は覇者と

戦国七雄
中国戦国時代（前四〇三〜前二二一）に有力となった七大強国。旧国の秦、楚、燕の三国と、韓、魏、趙、に田氏の斉が加わった四の新興国をさす。各国に王が称され、領土を広げ、争乱が繰り広げられた。

して認められるという構図なのです。いいかえれば、覇を競いながらも殷や周の統一王朝時代の記憶に加え、文字や儀礼文化のシステムといったものをすでに共有しているため、バラバラの状態のまま固まってしまうということにならなかったともいえます。

例えば今の江南の地、当時は楚があった地域ですが、中華文明の中心地だった黄河中流域の中原からすると、そこは「野蛮人の地」という扱いだったのです。ところが次第に中華の影響を受け、漢字や中華式の文化を受け入れてくると仲間として認められるようになります。

春秋戦国時代の後の統一王朝となった秦も同じく野蛮人扱いされていた地で、これも中華化した結果、ついに中華の覇者にまでなってしまうのです。

東アジアに広がった「漢字世界」

もう一度文字の話に戻ると、この間に甲骨文字が発達して字体も大きく変わっていきます。甲骨文字から青銅器や石に刻む金文が生まれますが、春秋戦国時代に国が割れると漢字も国ごとに違ってきます。それから秦になり、文字がバラバラでは困るので、始皇帝が漢字を儀礼用の篆書体の小篆と、お役所用の隷書に統一します。

以来、統一された漢字を後の漢も引き継ぎます。その後に隷書の草書体や、後漢に

中原

中国、東周時代に都洛陽が置かれた河南省を中心とした華北をさすが、古代中国の中心地として、転じて天下を象徴的に表現した語として用いられる。この地を掌握することが中国を制することと考えられ、天下を争う場となった。「中原に鹿を逐う」（天下を争奪する）という成語の由来でもある（「中原の鹿」は天子の位を表す）。

なると楷書が現れ、晋代には書家の王羲之が各書体を完成させて、漢字のかたちが固まってきます。そのうち楷書体が正当な文字とされ、お役所の文書もみな楷書体で書かれるようになったのです。

これが優れているのは誰でも読めるという点です。多くの国の場合、公文書が筆記体で書かれているので読むのに苦労します。日本でいうと、徳川時代に幕府の公用書体とされた「御家流《おいえりゅう》」がそうです。オスマン朝だと財政関係の文書のなかには句読点のない、しかも暗号のような数字を入れて書かれたものもあります。つまり情報が漏れないよう、また偽造されないように読ませない、書かせないという方針からそうなったのでしょう。中国の場合は公明正大で、隠さないでみんなが読める文書を使ったんですね。

こうして中国で巨大な文明ができあがってくると、次第に周辺に対してもその影響が及んでまいります。朝鮮半島、それからベトナム、日本の場合、狩猟採集社会から定住農耕社会に入ったことで中国と似た暮らしをするようになり、中国のほうがだいぶ進んでいて何かと便利なのでつきあうようになっていきます。

現在の「グローバル・スタンダード」はアメリカで、日本もそれにならえといってやれ規制緩和だ、年功序列や終身雇用はやめようとやっているわけですが、当時の東アジアという限定された世界の「ワールド・スタンダード」は中国でした。

それで、中国から周辺地域に漢文が入ります。漢文を読み書きできるというのは当時、とてもプレスティージ（威信）の高い能力だったはずで、変な例えですが一般人には読めないし、難しくて意味もわからないお経をお坊さんが読めるのと一緒です（笑）。朝鮮半島に漢字が入ったのは紀元前二〜一世紀ころ、ベトナムは漢の時代から一〇〇〇年間ほど植民地支配を受けるなかで漢字が定着していきます。海を挟んだ日本には少し遅れて入ってきます。

またちょっと脱線しますが、言語の伝わり方にはとても興味深い特徴がありまして、例えば当の中国では使われなくなった漢字の古い音というのは、漢字が伝わった周辺国である日本や朝鮮半島、ベトナムに残っているケースが多いのです。

中国語の漢字の音韻も、時代を経て変わっていきます。例えば唐の時代の音韻、中国の音韻学で「中古音」と呼ばれる当時の漢音に近いのは、日本の漢字の音です。なぜかといえば、中国から日本に伝わった漢字は飛鳥、奈良時代から平安時代にかけて、中国が隋・唐だった時代のものが多く、そのときの音のまま固まって残っているからなのです。ですから、古い中国の音を再現していこうと思ったら、日本語や韓国朝鮮語、ベトナム語と、中国でしたら広東語などの音を比較しながらやっていくと、かなり正確なものができるのです。

民俗学者の柳田國男先生も、著書の『蝸牛考』で同じようなことを指摘されています。日本の文化の発信地は京都だったので、そこから同心円状に遠くなるほど、京都で使われていた古い言葉が残っているのだそうです。

柳田國男（一八七五〜一九六二）　兵庫県出身の日本民俗学の創始者。農商務省、法制局、宮内省などの官吏を経て朝日新聞社客員となる。島崎藤村や田山花袋らと交わり抒情詩人として期待されたが、国内を旅し民俗学の調査・研究に専念するようになり『遠野物語』などを著した。

統治システムとしての「儒学」

中国で統一王朝ができてくると、度量衡や文字が統一され、それから、道路や都城といった「ハード」に加えて、統治制度とそれを実際に運用するための巨大な組織などの「ソフト」も充実していきます。

そうなると今度は、この大きな帝国をどうやったら支配し続けられるかが、重要になってきます。秦の始皇帝はどちらかというとビジネスライクなところがあって、焚書坑儒をやったようにイデオロギー的なものをあまり重視しませんでした。それよりも法で支配しようと考えたようで、法治を基礎に封建制を廃して郡県制を取り入れるなど以降の歴代王朝も継承したような、かなりしっかりした法治集権体制をつくりあげます。

ところが始皇帝が亡くなると、たちまち混乱が始まって秦は、事実上一代限りで瓦解してしまいます。再び覇権争いが起こって、天下を統一するのが前漢の劉邦です。

それまでの中華の覇者はそれなりの身分の方々でしたが、劉邦は田舎町の中流農家の生まれという、かなり異色の存在です。男気のある親分肌、任侠肌で多くの子分に慕われたという、日本でいうと国定忠次みたいな人物で、混乱に乗じて旗揚げして天下を取ったんですね。劉邦の奥さんである呂后はそれなりの家柄のお嬢さまだったよ

焚書坑儒
秦の始皇帝が実施した思想の統制策。儒者が始皇帝の改革に批判的であるとし、前二一三年、官の記録や医薬、占い、農事などの実用書以外の書物を焼き（焚書）、翌年には儒者ら始皇帝に批判的な数百人を捕らえて咸陽で穴に埋めて殺害した（坑儒）と伝わる事件。

郡県制
秦で行われていた中央集権的な地方統治制度。その萌芽は戦国時代にみられる。始皇帝は全国を三六（のち四八）の郡に分け、郡の下に県を置き、中央から官吏を派遣して民事、軍事、監察の三権を分掌させて治めさせ、統括した。漢の初期にはこれに封建性を併用した郡国制（直轄地には郡県制、遠隔地には王侯国をつくって一族や功臣を封じた）をしいたが、のち事実上の郡県制となった。その後も時世の推移に応じながら、清末まで郡県制的な行政区画を通じての地方統治方式が採用された。

うですが、なかなかの女傑でして、劉邦が亡くなったあと、一時、天下を仕切ったほどでした。

そういう異例の天下統一だったこともあり、やはり礼節もないと国が治まらないということになりまして、儒家を登用します。こうして儒学が広く浸透するようになって、漢の時代には正式に国教とされ、法よりも徳によって治めるという思想が定着して以降、二〇世紀初頭の清朝滅亡まで続くことになります。

孔子大先生からのお叱りを覚悟の上で一言でいうと、儒学の思想というのは「修身斉家治国平天下」、まず自分の行いを正しくして、そして家庭を正しくし、それから国家をきちんと治めることができるのだという考え方なんです。そのために日常生活に関するさまざまな約束事である「礼」を守り、徳目に従って生きなさいという教えです。

インドのダルマという宗教の戒律には、そのなかに法規範も含んでいることは先ほどお話ししました。中国の場合はそうではなく、徳と礼の世界と、法の世界が別ものとして分けられているのです。法の世界は生々しい権力の世界で、徳があれば治まるはずだと考えるので、法はなくてもいいといいますか、法よりも徳を優先します。要するに、国家統治の理論とそれを支える徳目と礼の体系があれば、法はなくとも人で治められるという発想です。

この儒学による「礼」のシステムは、朝鮮半島やベトナムへは漢字と一緒に入っていきます。ところが日本には天下国家の理論と徳目だけで、「礼」が入ってこないのです。多少は入りましたが体系としては入らず、ですから日本人の儒者でさえ、結婚式やお葬式を儒式でやらない人が圧倒的に多いのです。朝鮮半島だったら、有名な韓流ドラマ『冬のソナタ』に出てくる貧しい母子家庭のお母さんだって、ちゃんと儒式の礼に従って祭事を整えたりしています。

そこが日本の面白いところで、仏教にしましても、どう救われるかという話は入ってくるけれど、仏教徒が守るべき細かい戒律である「律」はあまり入ってこなかったんですね。

世界初の能力主義官僚選抜システム「科挙制度」

中国で統一王朝が続くなか、変わっていったのが支配組織のかたちでした。古い時代は世襲の王がいて、諸侯がいて、その下に家臣がいてという身分による組織だったものが、次第に「王様一人支配」、つまり諸侯などの中継ぎを外して王が人民を直接支配しようとする動きがでてきます。

春秋戦国時代ぐらいまでになると、組織が次第に固定してきて貴族階級ができあがってきます。そうすると、枠を超えた人材登用の仕組みも必要になるもので、まず出てきたのが「食客」と呼ばれる人々でした。食客というのは一種の人材プールで、役に立ちそうな人物をそのときのために客分として養っておくものです。一種の居候なんですが、食客から偉くなった人もずいぶんいます。

もうひとつは今でいう「高級コンサルタント」のような存在で、君主にアドバイスする人物です。周の文王、武王に仕えた呂尚（太公望）などもコンサルタントでしたし、あの孔子先生も本来は政治コンサルタントになりたかった方でした。

三世紀に漢が滅んで魏晋南北朝時代に入ると、次第に貴族階級による門閥政治の弊害が出るようになりまして、この貴族連中をなんとかしたいということになり、九品中正という新しい官吏の登用法が生まれます。中央から任命された中正官が地方で優秀なものを九ランクに評定し、各地から推薦させて中央政府に登用するという制度でしたが、才能よりも地方豪族たちの出世争いに使われてしまい、どうもうまくいきませんでした。ただ、中央と地方をつなぐ通路をつくるのに役立ったとはいえるかもしれません。

南北朝時代を経てようやく六世紀に統一王朝の隋が成立すると、思い切って本当の能力主義による人材登用を目指し、貴族の力を押さえるための仕組みが考え出されました。それが、のちに「科挙」と呼ばれる官吏の試験選抜システムです。

科挙の試験というのは儒学の教養と文章能力を試すもので、女性や、俳優業の人とその何世代かまでの子孫といった受験資格を認められない一部の層を除けば、基本的にどんな身分の人々でも受験できるようにしたのがとても画期的でした。当時の世界

魏晋南北朝時代

二二〇年の後漢滅亡から、五八九年に隋によって中国統一されるまでの時代の総称。中国で分裂が続いた時代で、三国時代、西晋、東晋、五胡十六国時代、南北朝時代に分けられる。

隋

五八一年、南北朝に分かれていた中国を統一し創始。北周の功臣であり隋王の楊堅が禅譲の形式で皇帝となり、五八九年に陳を併合し、中国を統一した。国制の整備、門閥制の打破、科挙の推進など国力の充実が図られた。国内において礼制を整え、仏教を奨励。六一八年、反乱により滅亡。

で考えたら、かなり異例ともいえる「能力主義のキャリア官僚選抜システム」だったのです。

科挙試験が日本人や朝鮮人のような「外国人」でも受験できたことはすでに触れましたが、身分階級を問わず個人の自主性に基づいて、全国統一の能力試験でキャリア官僚を採用するようになったのは、中国が世界ではじめてです。かのイギリスでさえ、一九世紀の半ばにようやく東インド会社の役人を試験で公募するようになり、公務員を試験で採用するようになったくらいですから。

唐の時代に入ると、大貴族の子弟と、貧しい庶民の子弟でそれこそ「蛍の光」で猛勉強して科挙に合格した者が、かなり競い合うようになります。大貴族の子弟は放っておいても出世できる世界でしたが、一〇世紀に入って唐が滅亡し、分裂状態になった五代十国時代にこの貴族たちの力が衰えていきます。そして宋の統一王朝ができると、「王様一人支配」の邪魔になるような大貴族はほとんど解体されてしまいます。そうすると、皇帝と士大夫と呼ばれる各地の地主層が結びついて一種の「皇帝・地主連合」のような関係が成立し、やる気と能力のある地主の子弟を「科挙」で中央に吸い上げるかたちで、ついに皇帝が地主・庶民を直接支配する「君主専制」が整うようになったのです。

こうして、宋の時代に科挙の基礎ができあがります。のちのモンゴル帝国による元の時代には、彼らの支配システムと合わないということで一時、科挙が行われなく

五代十国時代
九〇七年の唐の滅亡から九七九年の宋の中国統一までの、多くの国家が乱立していた時代をさす。華北中原に後梁・後唐・後晋・後漢・後周の五つの王朝がたち、華中・華南で呉越・南唐（江南国）など一〇前後の国が興亡した。内乱、政情不安に加えて、契丹など外民族の侵入圧迫を受けた動乱の時代。

なった時期もありましたが、でも元が追い出されて一四世紀に明の時代になると、科挙は本格的に復活して固まっていきます。ちなみに明の後の満州人による清王朝でも、支配層となった満州人に中央の上級ポストや軍事ポストを用意しながら、実質的な業務は科挙官僚にまかせるというかたちで、清朝滅亡直前まで科挙は続くことになりました。

「科挙」がもたらした統治の安定性

科挙というと、勉強させられるのが儒学と詩文ばかりで現実から遊離していたとか、科挙官僚の腐敗といった点でよく批判されますが、そのマイナス面を引いたとしても、中国の支配組織を長年にわたって安定させたという点でとても大きな功績があったのは事実だろうと思われます。

受験勉強というとネガティブな印象を持たれる方もいらっしゃるかと思いますが、試験でいい点をとるお子さんというのはやはり、与えられた問題についての処理能力は高いのです。つまり、限られた時間内で、身につけた知識を駆使して問題の答えを解く能力というのは、ルーティンをこなす官僚のようなポストに向いているんですね。一方ではオリジナリティや個性のほうが大事だという声もあろうかと思いますが、ひとつの会社にスティーブ・ジョブスのような人が二人も三人もいたら、それはそれでうまくいかないような気もいたします（笑）。

もちろん、中国の安定性というのには地形的な理由もありまして、北方以外から侵入しにくいかたちになっていることもあります。西側は天山山脈と崑崙山脈の間にタクラマカン砂漠があって、そこを通らないと中央アジアから入れないんです。それから、南西側もチベット高原とヒマラヤ山脈があって、こちらもチベット高原を抜けていかなくてはなりません。おまけに東と南は海に囲まれています。比較的弱い部分は北方で、「旧満洲」やモンゴル高原を北にするあたりです。ゴビ砂漠があるものの、そちらからたびたび南下してくる遊牧民というのが唯一ともいえる外的脅威だったわけです。

遊牧民というのは、日本人には馴染みがありませんが、暮らし向きは我々定住民と全く異なり、住居や家畜とともに一年がかりで、冬のキャンプから夏のキャンプへ、また夏のキャンプから冬のキャンプへと集団で移動しながら暮らします。そのため団結力や機動力、そして瞬発力は抜群で、特に集団で乗馬しながら弓矢で攻撃されるのが、定住民の軍には大きな脅威でした。鉄砲や火砲が登場するまでは、大規模な遊牧民が暴れだすとなかなか止められないという状況だったのです。

それで中国では秦の時代に有名な「万里の長城」がつくられたほどで、その後も漢のときはモンゴル系とされる匈奴に、また唐もトルコ系の突厥に脅かされます。ただ、それでも中国が比較的安定した世界であり続けてこられたのは、こうした環境的要因

匈奴

モンゴル高原で最も早く形成されたとされる遊牧国家。部族連合国家で一〇を単位とする軍事・社会組織など、後世の遊牧民国家に大きな影響を与えた。言語はトルコ語またはモンゴル語に近いとされる。前二〇九年にモンゴル高原を統一。秦や漢とたびたび争い、前二〇〇年には中国に侵入、漢と和平したが、武帝によりたびたび侵略されて衰え分裂。

に加えて、やはり科挙制度という能力主義に基づく支配組織が確立していったことによるのではないかと思います。

加えて興味深いのは、この科挙制度は「漢字世界」のワールド・スタンダードとなり、朝鮮半島とベトナムにも科挙は取り入れられたのですが、日本にはこれが入らなかったことです。それで日本では世襲的貴族政治の世界がずっと続いて、その次は武家政治になります。また中国の影響を強く受けた琉球にも、やはり科挙は入らず、系図が重要視される社会となりました。つまり漢字世界の島嶼部には、なぜか科挙が受容されなかったということになります。

ここまで、「旧大陸」の東側に成立することになった中華文明を中心とする「漢字世界」と、インドを中心とした「梵字世界」の展開についてお話ししてきました。次はその西側の状況、西アジアに誕生したメソポタミア文明と、アフリカ北東部のナイル川流域からおこったエジプト文明、そして地中海東部のエーゲ文明などが、どのような文字とともに展開していったのかを見てまいりましょう。

突厥
五五二年に建てられたトルコ系の国家で、モンゴル高原から中央アジアを支配した。五八三年に東西に分裂。東突厥はモンゴル平原を支配したが、六三〇年に唐により瓦解。六八二年に復興し再度モンゴル高原を支配したが七四四年、ウイグルが滅ぼす。北アジアの遊牧民族ではじめて文字を用いた。中央アジアを支配した西突厥は六五七年に唐に討たれた。

第6章

メソポタミアとエジプト、エーゲ海の文明

「旧大陸」西側ではメソポタミアの「楔形文字世界」とエジプトの「ヒエログリフ世界」が生まれ、さらにはエーゲ海で「ギリシア・ラテン文字世界」が展開していきます。

メソポタミアの「楔形文字世界」

メソポタミア文明は、現在のトルコ東部を水源としてペルシア湾に注ぎ込む、ティグリス川とユーフラテス川にはさまれた地域で発達しました。二つの大河はとても豊かな水量を誇り、乾燥地帯ではありますが農耕に適した地域です。紀元前六〇〇〇年期に灌漑による農耕が行われるようになり、さらに紀元前三〇〇〇年あたりになるとこの地にやってきたシュメール人が神殿を中心にいただく都市国家を形成し、ようや

く文明としてはっきりとしたかたちを持つようになりました。

シュメール人がどんな民族、語族だったのかはいまだにわかっておりません。ただ言語的には日本語やタミル語のような「膠着語」の特徴をもっていたことはわかっています。シュメール文明では諸王朝が興亡しながら統一的な政治体こそできませんでしたが、彼らは人類最古とされる文字を生み出します。それが先に触れた、尖った棒で粘土板に文字を刻む「楔形文字」でした。

地理的環境で見ると、このメソポタミアという場所はアジア大陸とアフリカ大陸の継ぎ目に位置しておりまして、さまざまな民族が往来します。紀元前二四世紀になると今度はシュメール人に代わってセム系のアッカド人がこの地を支配するようになり、アッカド王朝が全土を統一するに至ります。

さらにメソポタミアではアッカド人と同じセム系のバビロニア、そしてアッシリアといった帝国が成立していきます。アッシリア帝国というのはかなり強力な軍事力を持つようになり、シリアやエジプトにまで支配を広げました。ただ、かなり過酷なやり方だったため、反乱が頻発するようになって紀元前七世紀末に崩壊してしまいます。

ちなみにアッカド人たちの言語というのは、シュメール人のそれとはまったく異なる系統で、文法の構造も違うものなんですが、面白いことにシュメール人が用いていた楔形文字を流用して使うようになります。その後のバビロニア、アッシリアでもこの楔形文字が使われ続けまして、いってみればこの地には「楔形文字世界」が生まれ、

アッカド王朝

メソポタミア北部からおこり、前二四世紀後半、サルゴンがアッカド市を首都として、アッカド王朝を樹立。セム語系のアッカド語を話すアッカド人による王朝。二〇〇年ほどの繁栄ののち異民族の侵入で滅んだとされる。

バビロニア

広義にはシュメールとアッカドを含むメソポタミアの地域(狭義は都市バビロン周辺)。前一九〇〇年ごろにおこったアムル人(セム系)のバビロン第一王朝の六代王ハンムラビがこの地方の再統一を果たしたことから、その首都バビロンにちなみ、バビロニアと称されたという。のちに北部のアッシリアの支配下に組み込まれたが、カルデア人が新バビロニア王国を建国し前六一二年にアッシリアを滅ぼした。ネブカドネザル二世のとき隆盛を誇ったが前五三九年、アケメネス朝ペルシアの侵攻を受け滅亡。

それがさらに北では印欧系の言語を用いる人々が入ってきたイラン高原、そしてアナトリアにまで広がっていたわけです。

ただこの楔形文字はその後、紀元前六世紀にこの地に大帝国を築いたアケメネス朝ペルシアの時代に入ると、次第に下火になってしまいます。そのかわりに、エジプトのヒエログリフを先祖とするアラム文字をとり入れて、これを使うようになるのです。楔形文字はその後も紀元一世紀ころまで細々と使用されていたようですが、最終的に消滅してしまいます。

このメソポタミアにおこった文明というのは、大規模な政治体ないし帝国を形成させたように、とても高度な「ソフト」の文明を持っていたと考えられます。

そのひとつが「法」です。社会が大きくなれば、その秩序や構成員の社会関係を律して、裁判の規範となる「法」が必要になってきますが、バビロニア帝国では「ハンムラビ法典」が紀元前一八世紀ころにつくられます。

また、ティグリス川とユーフラテス川の氾濫が不規則だったことから、年の巡りを知るために「太陰暦」が考案されまして、さらに「六〇進法」もこの地で考え出されました。「太陰暦」というのは月の満ち欠けを基準とする暦で、現在の私たちは太陽暦を使っているのであまりなじみがありませんが、これがのちに誕生するイスラム世界に伝わり、今でも「ヒジュラ暦」として使われています。また「法」や「六〇進法」なども、後世の諸社会に大きな影響を与えたことはいうまでもありません。

アッシリア

前三〇〇〇年ごろ、北部メソポタミア、ティグリス川中流域のアッシュル市を中心におこった王朝。商業国家として繁栄し、前二〇〇〇年紀後半にミタンニがおこるとそれに服属したが、やがて独立。一時混迷するも前八〜前七世紀後半にはエジプトを含む全オリエントを支配する大帝国となった。前六一二年に新バビロニアとメディアの侵攻を受け滅亡。

ハンムラビ法典

実物が完全な形で現存する世界最古の法典。バビロン第一王朝六代王ハンムラビ（在位前一七九二ころ〜前一七五〇ころ）がシュメールの古い法典を集大成して発布し、後世の法典の規範となった。刑法・商法・民法などを含む全二八二条からなり、貴族、平民、奴隷の三身分を厳密に区別している。「強者が弱者を虐げないよう」制定したと記す。「目には目を」などの復讐法を成文化したものとしても知られる。

さらに、メソポタミアが育んだ文明の「ソフト」に当たるのが組織でしょう。巨大な帝国ができてくると、そこには君主専制的・中央集権的な「支配組織」が必要になります。とりわけアケメネス朝ペルシアの時代になると、中央集権的な地方支配の仕組みである「属州制度」を生み、またヒトとモノの移動や情報の伝達を可能にすべく「道路」が整備され、さらには「駅逓制度」も設けられました。こうした数々のすぐれたインフラは、やはり後代にも受け継がれることになるのです。

「ヒエログリフ世界」としてのエジプト文明

さて、次はいわゆる「四大文明」の四つめ、ナイル川流域に誕生したエジプト文明です。

まず環境的な条件から見ると、気候はメソポタミアと同じ乾燥地帯ですが、地形的にはまったく異なる別世界です。メソポタミアが平坦で三大陸のつなぎ目だったことから周辺の人間集団が往来しやすい場所だったのに対し、エジプトは東が紅海、西がリビア砂漠、南にはヌビア砂漠、北は地中海と、いわば「閉ざされた空間」です。

そのなかを南から北へ流れるナイル川を唯一の富の源とする世界で、その長い歴史を見ても、外からたまに侵入を受けながらも比較的平穏な時期が続きまして、ハム系の言語を母語とするエジプトの民が、継続して三〇に及ぶ王朝のほとんどを主として支配するかたちになりました。その意味で、エジプトは中国の江南に似た地域だったといってもいいかもしれません。

古代エジプトではこの「ナイルの恵み」によって、原初は「下エジプト」（ナイル川の下流）のメンフィスを中心とした古王国（紀元前二七〜前二二世紀）が栄えます。みなさんもご存じ、巨大なピラミッドがいくつも築かれたのがこの時代で、エジプト文明の象徴として今に伝えられています。

この地では基本的に農耕を中心にした独自の文化が発達し、王朝が変転しながらも相対的に安定していたことから独自の組織・体制が成立しまして、これが継続していくことになります。

「組織」として見ますと、太陽神の化身としての「王」が頂点に立ち、神官たちが天文と文字の世界を支配します。そして王を助けるものとして書記層が成立し、かなり発達した官僚制的な「支配組織」ができてきて、これが機能していくようになります。ナイル川というのはメソポタミアのティグリス・ユーフラテス川と違い、氾濫が規則的でした。エジプト人はシリウスという星の位置がナイル川の増水と関係があることを見抜いて、そこから一年を三六五日とする「太陽暦」や「一〇進法」を考案します。この「太陽暦」はその後、ローマ帝国に伝わって「ユリウス暦」となり、近世の西欧世界でいわゆる「西暦」（グレゴリウス暦）となりまして、日本をはじめ世界中で使われるようになっています。

さらに重要なのが、古代エジプト人によって独自に生み出された文字です。それが先ほど触れた、ナイル川に自生する豊富なパピルスを料紙として使う象形文字、ヒエログリフ（神聖文字）でした。はじめのうちは神官階級の独占物でしたが、神聖文字が複雑すぎたということもあり、それは碑文などにのみ用いられる書体となっていきます。その代わり神官たちは神聖文字を簡素化した神官文字を使うようになりました、さらにはより簡略なデモティック（民衆文字）が考案されました。

エーゲ文明から「ギリシア文字世界」へ

メソポタミアとエジプトに文明が成立していくなかで、その近隣にあたるエーゲ海周辺でも紀元前三〇〇〇年あたりから青銅器時代に入り、クレタ島では紀元前二〇〇〇年ころに宮殿が築かれるようになります。

エーゲ海というのは地中海の東北にあたり、西は現在のギリシアがあるバルカン半島、東はトルコがあるアナトリア半島に囲まれた海です。二〇〇〇以上もの島が点在し、南部に一番大きなクレタ島が浮かんでいます。

このクレタ島で発達したのがミノア文明で、メソポタミアやエジプトのいわゆる「古代オリエント」文明の影響を受けて誕生します。ただ、その後都市が破壊されて低迷し、今度はそこに印欧系のギリシア語系言語を母語とする人々が入って、紀元前一六五〇年ころにミケーネ文明が発達します。

このミケーネ文明もオリエントの影響下にあったものですが、紀元前一二〇〇年前後になると、北方からギリシア語を母語とする古代ギリシア人の一派ドーリア人が南下してきて、バルカン半島に定住するようになりました。これによりミケーネ文明は崩壊してしまいますが、このドーリア人たちがこの地でいわゆる「ギリシア文明」を立ち上げていくのです。

アテネとスパルタの台頭

古代ギリシア人たちがこの地でつくりだした、特有の政治体があります。それが日本語で「都市国家」と訳されるポリスです。

このポリスというのは、小高い丘に守護神像をまつったアクロポリス（城山）の麓を城壁で囲い、人間たちが集住したものです。「都市国家」というと、なんだか商業も盛んな大都会というイメージを持ってしまいがちですが、そうではなく、集住していたのは農民で、まわりは農地でした。ですからポリスをより正確に訳すなら、「人間共同体」もしくは「政治共同体」としたほうがいいかもしれません。

こうして地中海沿岸に数多くのポリスができていくなかで、強大になったのがバルカン半島南端のアテネと、そこから西に突き出したペロポネソス半島のスパルタです。

ミケーネ文明
前一六五〇～前一二〇〇年ころ、アカイア人がミケーネを中心にペロポネソス半島（ギリシア南部）に築いた文明で、エーゲ文明後期にあたる青銅器文明。ミノア文明の影響が強く、海上交易で繁栄したとされ、また巨石城塞や黄金細工術に特徴がみられる。その滅亡についてはドーリア人または「海の民」の侵攻や、気候変動説など諸説ある。

初期のポリスというのは、市民は貴族と平民で構成されまして、政治は貴族のものですが、貴族と平民は人格的に対等の「自由民」でした。戦争になると、平民も貴族も武装して兵士になる義務を負うのです。

こうした特徴もあって、はじめは王政ですが、そのうち貴族の力が強くなって貴族政となり、アテネの場合は市民の力がさらに強くなった結果、王を排してついに紀元前五〇八年、民主政が誕生します。

もちろん民主政とはいいましても、各家族の家長などの成人男子だけが正式な市民で、今の民主主義と比べれば相当限定的なものでしたが、王政から貴族政、民主政とこれだけ近代の政体のほぼすべてを取り入れた文明というのは、世界のほかに類を見ません。その後の近代西欧世界でも、このアテネの民主政というのは「理想的な政体」として常に顧みられる政治モデルとなったわけです。

一方のスパルタは王政ですが、王の権限はかなり制限されて実質的には貴族政のような政体でした。このスパルタでは、幼少のころから厳しい軍事訓練を施したことから、転じて子どもに厳格な教育を行うことを「スパルタ教育」とか「スパルタ式」などと日本でも呼ぶことがありますね。

でも、それが賞賛に価するものだったのかというと、疑問符がつくかもしれません。というのも、スパルタ市民というのは基本的に生産労働をしたがらなかったのです。労働はスパルタに征服された人々を隷属民（ヘイロタイ）にして彼らに担わせており、全スパルタ市民が幼少時に家族から引き離され、集団生活を送りながら軍事訓練を受けて兵士としての義務を果たしたのは、その隷属民たちの反乱を抑えるためのものだったんですね。

要するに市民はまともに働きたくないばかりに、働かせている隷属民の反乱を鎮圧すべく兵営に入ったというわけで、なんともほめられたシステムとは言いがたいところがあります。それもあってか、確かにスパルタは強大な政治・軍事力を誇りましたが、文化面で見ると、さほど優れたものを残していません。壮大なパルテノン神殿のような建築、またミュロンの『円盤投げ』といった美しい彫刻に代表され、近代以降の世界にも大きな影響を与えたギリシア文化を育んだのは、もっぱら民主政を成し遂げたアテネであったということは、私たちに与えられた歴史の教訓かもしれません。

「米ソ」の関係に近いアテネとスパルタ

ギリシア世界の展開を簡単に振り返っておきますと、まず前六世紀末までに、スパルタがペロポネソス半島の覇権を握り、諸ポリスとペロポネソス同盟を結んでその盟主の座につき、ギリシア世界最強のポリスとして台頭します。一方のアテネは民主政に向かいながら、鎖国体制をとったスパルタとは対照的に対外交易に力を入れまして、強力な海軍を有するようになります。

パルテノン神殿
アテネ（ギリシア）のアクロポリスに建てられたアテネの守護神アテナ・パルテノスを祀る大理石の神殿。ペルシア戦争（前五〇〇～前四九九）で破壊された旧神殿の跡地に前四三二年に落成。

このころ、東のメソポタミアから押し出してきたのが先ほどふれたアケメネス朝ペルシアです。ダレイオス一世の時代にペルシア帝国の基礎ができて最盛期を迎えまして、西はエジプトから東はインダス川に及ぶ、広大な地域を支配下に置くようになります。

これがエーゲ海に面するアナトリアまで進出して、その地にあったギリシア系のポリスをも支配するようになると、ギリシアにとっては大きな外的脅威となります。

ついにペルシア勢力がバルカン半島に侵入すると、これに対しアテネとスパルタは同盟軍を結成して、半世紀に及ぶ大戦争、ペルシア戦争が起こります。紀元前四九〇年の「マラトンの戦い」でギリシア軍に撃破されたペルシア側はさらに侵攻を企てましたが、「サラミスの海戦」と「プラタイアイの戦い」という海と陸の戦いでもギリシア軍に敗れ、ペルシアの遠征は失敗に帰す格好になりました。エーゲ海に面する峠で、ペルシアの大軍をわずか三〇〇人のスパルタ軍が迎え撃って全員戦死した有名な「テルモピュレーの戦い」があったのも、この戦争ですね。

ちなみに、オリンピックなどの花形競技「マラソン」の由来は、この「マラトンの戦い」での勝利を、ひとりの兵士が長距離を駆け抜いて伝えたという後代の伝説からきています。また、このときのスパルタの王の名前が、最近日本でも人気の、ベルギーチョコレートの有名ブランド名としても知られる「レオニダス」です。

アテネ海軍がペルシアを破ったことから、ギリシアではアテネを中心とするデロス

ダレイオス一世（在位前五二二～前四八六）

アケメネス朝ペルシアの第三代王。各地の内乱を平定し、中央集権体制を確立し、兵制や税制、交通、駅逓制度など諸制度を整備、以後のペルシア帝国の礎を築いた。

ペロポネソス戦争

マケドニア
アケメネス朝
ペルシア
アテネ
スパルタ
スパルタとその同盟都市
アテネとデロス同盟都市
その他同盟都市

同盟が結成されます。ところが新興のアテネがその指導力を強めたことにスパルタが反発して、ギリシア世界における覇権をめぐるペロポネソス戦争が紀元前四三一年に勃発いたします。

これも休戦期間をはさみながら三〇年近くにわたって続けられた大戦争で、最初はアテネが優勢でしたが、最終的にはスパルタが勝利します。こうしてスパルタがギリシアの覇権を奪いましたが、のちに有力ポリスのテーベに敗れて以来、衰退していくことになるのです。

アテネというと、かのローマ帝国に比するような帝国だったという意味で「アテネ帝国」と呼ぶ方もいらっしゃいますが、私からすると、それは少々違うだろうと思います。少なくともアテネはローマ帝国や中国の唐帝国のように、ひとつの世界を全部仕切った「世界帝国」ではなく、一方にはペロポネソス半島を中心とするスパルタとその同盟軍が対抗勢力として存在していたわけです。

その意味では、アテネというのは二〇世紀に共産主義世界の雄であるソ連と対峙した自由主義世界の雄、アメリカに似ているのではないかと思うのです。アテネもアメリカも、また一九世紀の大英帝国についても、「世界帝国」というより「覇権国家」と考えるべきでしょう。

軍事戦略の世界では昔から「海を制するものは陸をも制す」といわれており、アメリカはそれを地で行くように海軍力で海を制してソ連を圧倒しました。ところがアテ

テーベ
アイオリス人が建設したギリシアの有力ポリス。神話のオイディプス王の都としても有名。ミケーネ時代には中部ギリシアの中心地のひとつとして栄えた。ペルシア戦争に際してはペルシア側に立つなどアテネと敵対し、ペロポネソス戦争ではアテネ攻撃の旗頭となった。戦後はスパルタと対立し、これを破って覇権を握り、ギリシア第一の勢力となった。勇将エパメイノンダス（前四一〇ごろ～前三六二）の死後衰退し、没落への道を進んだ。

ネはその逆で、海を制したのに「陸のスパルタ」に敗れて没落してしまうのです。

まったく個人的な興味で恐縮ですが、アメリカとアテネという二つの覇権国家を比較論的に研究したらさぞ面白いのではないかと思います。出版社の編集者をしている知人にもそういう本を出したらと勧めたのですが、古代ギリシアと近代のアメリカを両方手がけている学者さんが見つかりませんと言われてしまいました（笑）。そういう荒技は、小・中学生のころからギリシア語とラテン語の読み書きを学んで自在に操れただけでなく、第二次世界大戦中に「大英帝国」外務省の調査部長まで務められたアーノルド・トインビー先生のような方でないとダメかもしれません。

「ギリシア文明」の遺産

歴史的展開はとりあえずここまでにして、ギリシアの「文化」についても簡単にふれたいと思います。

まず文字ですが、ギリシア人が文字、つまりギリシア文字を持つようになったのは比較的遅くて、紀元前八世紀中ごろです。ギリシア文字はヒエログリフを簡素化したシナイ文字がルーツで、このシナイ文字を表音文字化したフェニキア文字がもとになっています。

先にお示しした現代世界の五大文字世界のひとつに「ギリシア・キリル文字世界」

というのがありましたが、その源流のひとつがこの「ギリシア文字世界」なのです。

現在のギリシアを見ますと、二〇〇九年に政権交代をしてみたら巨額の財政赤字が発覚して「ギリシア危機」だと世界的な大騒ぎとなり、その後ＥＵ（ヨーロッパ連合）から公的支援を受けて財政再建の途上にありまして、「ギリシア人は働かない」とか「ＥＵのお荷物」などと言われてあまりパッとしませんが、かつては大変高度な「文明」が栄えたところでした。

建築や彫刻だけでなく、ホメロスに代表される叙事詩や悲喜劇などの文芸、プラトンやアリストテレスらによるギリシア哲学、また自然科学などのいずれもがその後、西方の文明の中心となっていくローマ帝国に受け継がれました。

特にギリシアの自然科学体系はその後七世紀に登場するイスラム世界で盛んに取り入れられ、イスラム科学となって発展します。西欧世界ではだんだんギリシア語が下火になっていったことで、ギリシアの豊穣な文明を忘れかけていくのですが、そのイスラム科学に出会って「これは凄いぞ」ということになり、それをアラビア語からラテン語に翻訳することでギリシアの自然科学を再発見することになりまして、のちの西欧世界での科学に決定的な影響を与えることにもなるのです。

ですから、ギリシア語・ギリシア文字というのは当時のギリシア世界の共通言語だっただけでなく、その後のローマ帝国でも、ラテン語に次ぐ共通語・共通文字として全域で用いられ続けます。何といっても、ローマ帝国で国教化されたキリスト教の

『新約聖書』だって、原典はギリシア語、ギリシア文字で記されたのですから。
西ローマ帝国と分裂し、西ローマ帝国が滅んだあとに生き続けたビザンツ帝国でも、ギリシア語は第一の公用語になりましたし、「近世」以降の西欧でも、ギリシア語はラテン語と並ぶ重要な古典語のひとつになっていくわけです。

ギリシア人たちの世界観についてふれておきますと、彼らは自分たちギリシア人のことを「ヘレネス」、ギリシア人の世界を「ヘラス」と呼んでいました。そして、「ヘレネス」でない人間たちについては「バルバロイ」。この「バルバロイ」は、はじめは「ギリシア語でない言葉を話す人々」という程度の意味だったのが、ペルシア戦争に勝利したあたりから「野蛮人」というニュアンスを含むようになったともいわれます。

そうなると、中国の「華」と「夷」という区分にそっくりなのです。「ヘレネス」が中国の「華」、「バルバロイ」は「夷」なんですね。ただ中国は「華」化した「夷」出身の秦が乱世を統一したあと、「一乱一治」で統一と分裂が繰り返されていくなかで統一が常態となっていったのに対して、ギリシア世界は最後まで、自らによる統一を果たすことができませんでした。

その代わり、アテネとスパルタによるペロポネソス戦争で両雄が疲弊するなか、彼らからするとまさに「バルバロイ」だった北方のマケドニア人が台頭してきて、この地を席巻することになります。そう、アレクサンドロス。一昔前に世界史を習った方であれば、「アレキサンダー大王」といったほうがわかりやすいかもしれません。

マケドニア人
ギリシアの北方に起こった古代マケドニア王国（前七世紀ごろ～前二世紀ごろ）の人々。その祖は前一一〇〇年ころにこの地に入ったとされる。前五世紀ごろより勢力を拡張し、ギリシア人よりバルバロイ（異邦人、夷狄の意）と呼ばれた。アレクサンドロス大王のとき、アケメネス朝ペルシアを降し、最大版図を築いた。

アレクサンドロス（**大王**）（**在位前三三六～前三二三**）
マケドニアの王フィリポス二世の子で、父が暗殺されたのを受け、二〇歳で即位した。ギリシアの反乱を平定し、東方遠征へと出立。ペルシア帝国を滅ぼし、その行軍はインド西北部に達した。三四歳のとき病没。

「ヘレニズム」にひそむ西欧中心史観

このマケドニアというところはギリシアとはちょっと違う世界で、ポリスもつくられなかったといわれます。紀元前四世紀にフィリポス二世が王になって強力な軍が整備されるとマケドニアがギリシアに侵攻し、ギリシアはマケドニアの従属下に置かれます。

さあ次はペルシアを攻めるぞというときに、フィリポス二世が暗殺されてしまいまして、その跡を継いだのがアレクサンドロスでした。

アレクサンドロスはまず近隣の敵を押さえて足場を固めると、アナトリアへと軍を進め、ついに紀元前三三三年、ダレイオス三世率いるペルシア軍と戦火を交えます。これが有名な「イッソスの戦い」で、「小が大を呑む」がごとく、優勢なペルシアの大軍を打ち破ってしまいます。

向かうところ敵なしといったアレクサンドロスはシリア、エジプトを征服し、今度は東へ向かってイラク北西部のガウガメラで再びペルシア軍を大破しまして、これにより強盛を誇ったアケメネス朝ペルシアが滅亡してしまいます。アケメネス領を通過したアレクサンドロス軍は北インドにまで到達しますが、将兵たちの不満が高まったため進軍はそこで止まるんですね。

この「アレクサンドロスの東方大遠征」がもたらしたもののひとつは、地中海からインドへと渡る東西の風通しが良くなって、東西文明の交流が進んだことでしょう。アレクサンドロスもそれを強く意識していたようで、アケメネス朝の王女と自らが婚姻し、アケメネス朝ペルシアの有力者の子女と将軍たちを結婚させるというような、東西文化の融合の試みを行ってもいます。

この「東西文明の融合」を、西欧人は「ヘレニズム」と呼びます。ただこの「ヘレニズム」という言葉にはどこか、高度なギリシア文明がアケメネス朝領からさらに東方まで及んだ、という視点が強調されてきた傾向があります。このあたりも、実は多分に「西欧中心史観」的な見方ではないかという気がいたします。アレクサンドロスの帝国内にはあちこちにギリシア風の都市が建設されていき、少なくとも一部でギリシア語とギリシア文字が使われはじめたことはもちろん事実ですが、それがイラン高原に定着することはなく、のちのパルティアの時代から衰えはじめ、ササン朝の下ではまったく消えてしまいます。ですから一方では同時に東方文明のさまざまな「要素」が西へと伝わり定着していったことも、公平な視点で観察することが、客観的な「世界史」には必要ではないかと思うのです。

また、西欧の方々はこれを「空前の大帝国」だったと表現されたりしますが、158ページの図で比較すればわかるとおり、アケメネス朝ペルシアの版図にマケドニアとギリシアが加わっただけのことなのです。

プトレマイオス朝
古代エジプト王国の王朝。前三〇四年にアレクサンドロス大王の部将だったプトレマイオス一世によって創始。都はアレクサンドリア。三代プトレマイオス三世のときに最大領土を築くが以後衰退。前三〇年にローマ帝国による征服、また一五代クレオパトラ七世とその子カエサリオンの死により断絶した。

セレウコス朝
古代シリア王朝（ギリシア系）。前三一二年ごろ、アレクサンドロス大王の部将だったセレウコス一世（在位前三〇五～前二八一）によって創始。都ははおまけに、このアレクサンドロスの大帝国は長くは続きませんでした。その理由はやはり、確固たる「支配組織」を築けなかったからでしょう。そのためアレクサンドロスが没すると、すぐに有力な武将たちの相争うところとなって分割されてしまいます。

エジプトではプトレマイオスがプトレマイオス朝を立ててヘレニズム文化を継承しながらも、アレキサンドリアを都としながら次第にエジプト化していきました。

シリアからイランにおける広大な地域は、やはり武将のひとりセレウコスによって受け継がれ、セレウコス朝が成立します。しかしセレウコス朝も次第に衰退していき、その虚をつくようにイラン系のパルティアが台頭してパルティア帝国ができます。

こうしたなか、西方に巨大な対抗馬が出現します。それがローマ帝国でした。

ローマはなぜ帝国化した？

伝説上では、ローマ帝国のはじまりというのは紀元前七五三年ということになっています。イタリア半島南部やシチリア島にはその前からギリシア人の植民都市がありましたが、東側のギリシア世界の中心からすれば辺境の地といったところです。この地には、ギリシア文字をベースとするエトルリア文字をもつ、エトルリア人が住んでいました。

じめセレウキア、のちアンティオキア。アケメネス朝の旧領にほぼ匹敵する広大な領土を誇ったが、前三世紀にバクトリアとパルティアが独立、前二世紀よりローマ帝国と対立。前六三年、ローマ帝国に敗北し滅びた。

パルティア帝国
　創始者にちなみアルサケス朝、中国では安息と呼んだ。紀元前二四〇年代にカスピ海東岸でおこり、のちにセレウコス朝に代わりイラン、メソポタミアを支配。遊牧騎馬民族系の王朝で、パルティアン・ショットで有名。ササン朝によって滅亡。

エトルリア人
　イタリア北部、トスカーナ地方を拠点とした民族。ギリシア人との交易などで繁栄した。前七世紀ごろまでに独立し都市を築きローマを支配したが前六世紀に王が玉座を追われ、前三世紀にローマに降り独立性を失った。

アレクサンドロスの大遠征(紀元前４世紀後半)

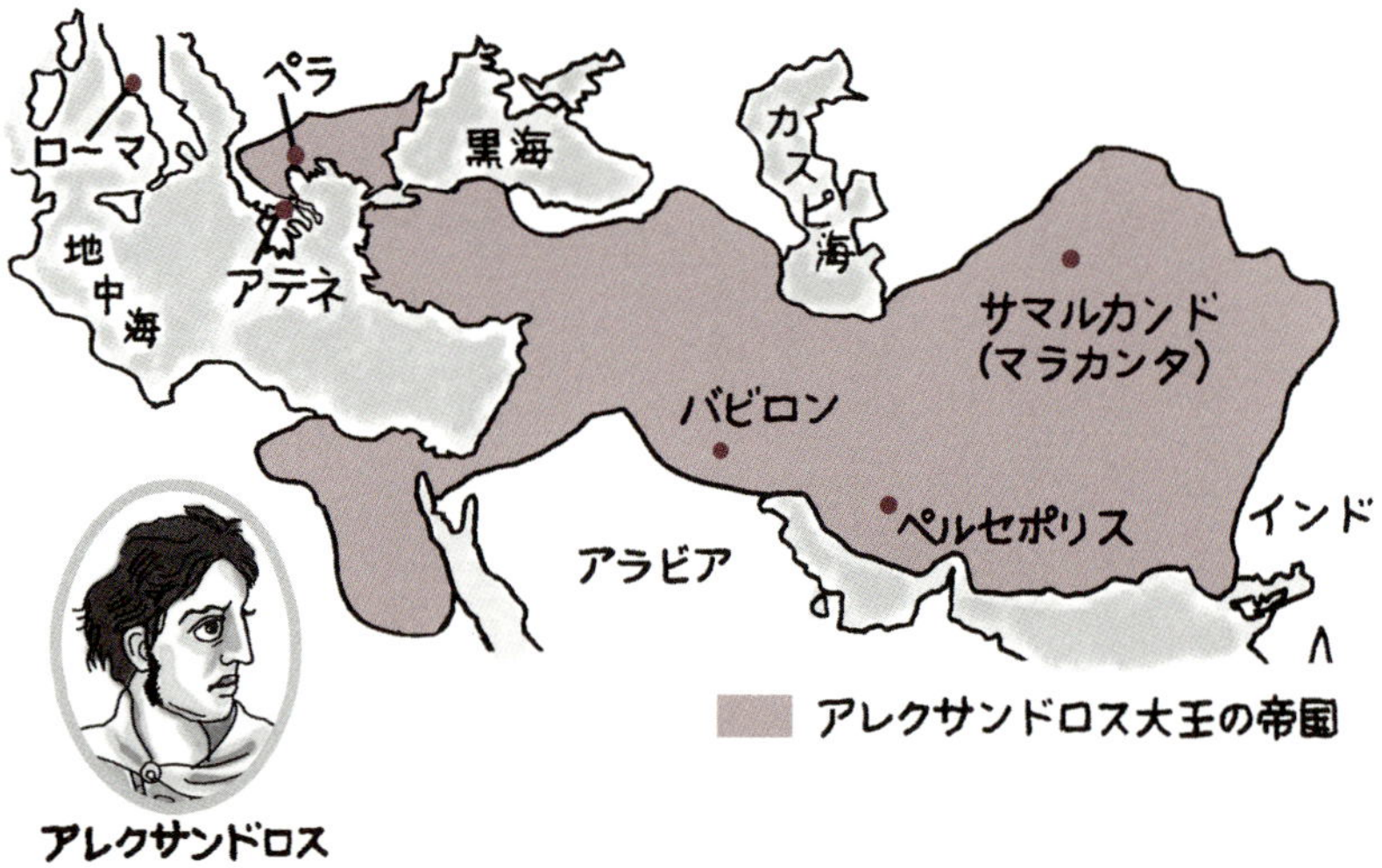

アケメネス朝ペルシアの最大領域

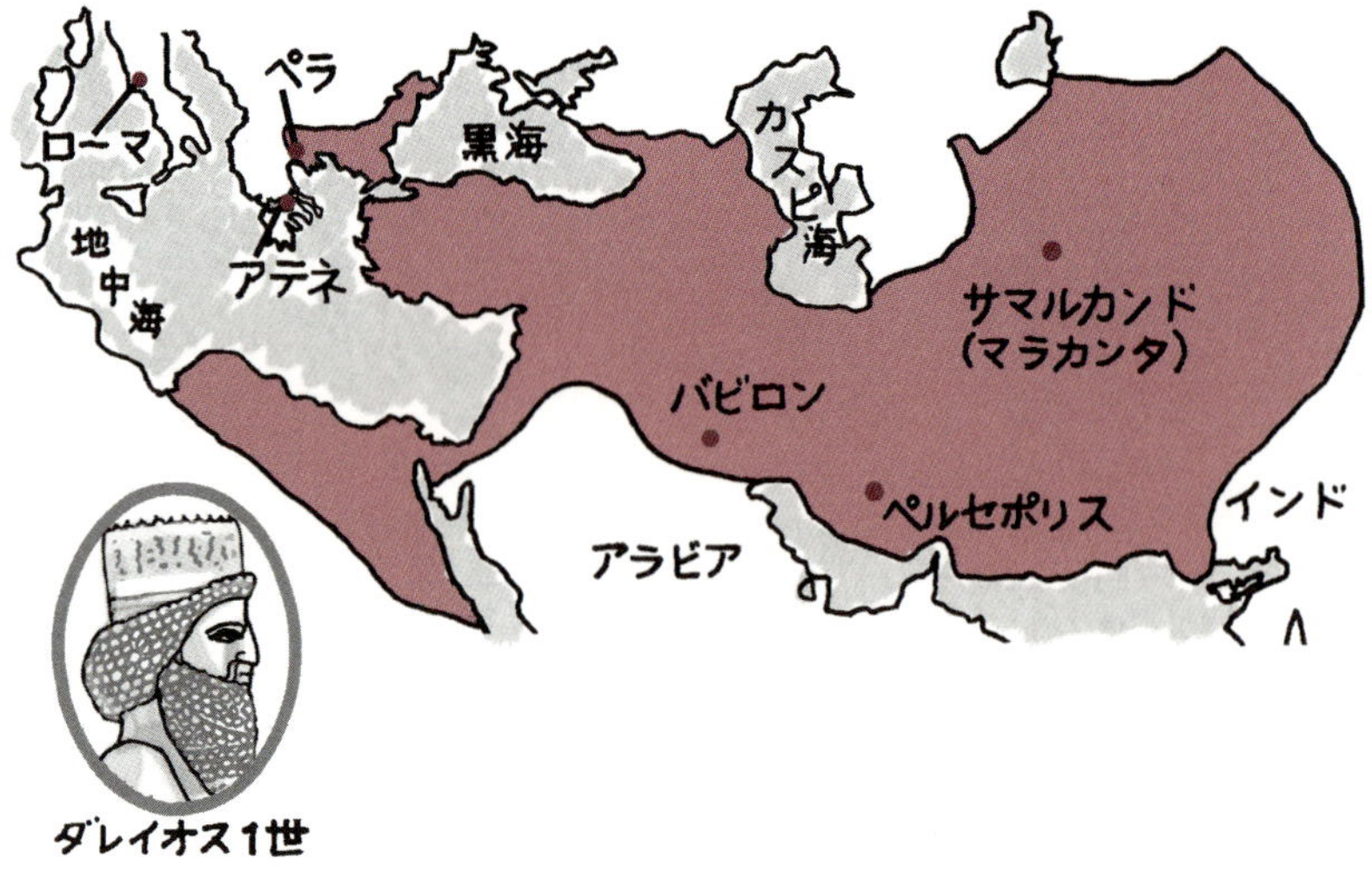

ローマもギリシア文化の影響から、ポリスに似た共同体をつくりはじめます。ただこちらはラテン語ですからポリスではなく、キウィタスと称します。ローマ字でcivitasとつづりますが、ちなみに「市民の」を意味するcivilや、「都市」とか「市」を意味するcity、「文明」（civilization）などの語源となった言葉です。

ギリシアでは政体が王政から民主政へと変遷していったことはふれましたが、ローマでもそれによく似たところがあります。まずは王政としてスタートし、最初の王はエトルリア人だったとされていますが、この王を追い出して貴族による寡頭制になりまして、そこから共和政となります。

共和政といいましても、パトリキ（門閥貴族）とノビレス（貴族）で構成される元老院というのが実質的な支配機関ですから、元老院による寡頭制の下での共和政というかたちです。この貴族の下に位置付けられたのが「平民」と呼ばれた身分

ローマ帝国の最大領域（紀元１世紀ころ）

トラヤヌス帝

層です。最初のころは貴族との結婚も許されないほど差別されていましたが、次第に力を持つようになり、平民会がつくられてその決議を法律として認めさせたり、また平民の権利を守るための護民官という職を置くまでになります。

ローマがどうして巨大な帝国になれたかというと、それは貴族と平民からなる「ローマ市民」でつくる軍隊の力だったといっていいでしょう。「ローマ市民」には軍役義務があって、普段は自営農民でもいざ戦争となれば召集されて重装歩兵になるんです。

この共和政時代にカエサルなどががんばって遠征して、かなり領土を拡大します。ローマには非常時に半年を任期とするディクタトル（独裁官）と呼ばれる役職があり、カエサルは権力基盤を固めてこのディクタトルになるのですが、任期を終身にしてしまうのです。それで共和政主義者たちにより暗殺されてしまいます。ちなみに、このディクタトルというのは、今の英語の「独裁者」（ディクテイター）の語源です。

カエサルから後継者に指名された甥のオクタウィアヌスが政敵を追い落としてアウグストゥス（権威者）の称号を手にし、そこからローマはあらたな「元首政」の時代に入ります。これが、いわゆる「帝政ローマ」、すなわちローマ帝国へと続いていくことになるのです。

カエサル（前一〇〇～前四四）

古代ローマの将軍、政治家。財務官、大神官（終身）を経てプラエトルに就任。ポンペイウスらとともに三頭政治をはじめ、諸改革を行った。ガリア平定後、対立したポンペイウスを破り、のちディクタトル（独裁官）に就任（終身）。共和制擁護者のブルータスらに暗殺された。『ガリア戦記』『内乱記』を著した。

オクタウィアヌス（前六三～後一四）

古代ローマ初代皇帝。母がカエサルの姪で、カエサルの養子となる。養父の暗殺後、アントニウスらと第二回三頭政治を成立させた。のちにアントニウスを破り、権力を掌握。プリンキパトゥス（元首政）がとられたが、名目上は共和制、実質は帝政だった。アウグストゥス（尊厳者を意味するラテン語。ローマ帝国皇帝の称号）を得、内乱に悩まされていた国内秩序の回復や属州政治に尽力、「パクス・ロマーナ（ローマの平和）」の時代をもたらした。

キリスト教流入と東西ローマの分裂

　ローマの支配領域が一挙に大きくなったのは、紀元前三～二世紀のポエニ戦争で北アフリカ地中海西海岸にあったフェニキア人の商業国家カルタゴを破ってからです。これでローマは北アフリカ西部からヒスパニア（イベリア半島）に広がる西地中海の覇権を押さえます。さらにヨーロッパではガリア（フランス）と北部以外のブリタニア（イギリス）、地中海周辺ではマケドニアとギリシア、アナトリアにシリア、しまいにはプトレマイオス朝も滅ぼしてエジプトまでも支配下に置いてしまいます。このプトレマイオス朝最後の女王が有名なクレオパトラ七世で、ローマのオクタウィアヌスに囚われたクレオパトラが自死を選ぶシーンは絵画や映画などによく取り上げられますね。

　こうした領土の拡大が落ち着き、地中海がローマ人の「我らの海」となったのち、二世紀ころの五賢帝の時代にローマ帝国は平和と繁栄を謳歌するようになります。

　宗教的な面でいうと、ローマは基本的にギリシアの多神教を継いでいたんですね。でも異質な文化を包摂しながらこれだけ大きな領土を支配するようになると、人々も精神的な安定をより求めるようになるのでしょう。当時の世界では「旧大陸」の東側のほうが圧倒的に文明の程度も高かったので、東方で生まれたさまざまな宗教がロー

フェニキア人
　古代地中海東岸に海上交易で栄えたセム語系民族。カナーン人のギリシア名。エジプトやバビロニア、クレタの影響下で前一五世紀ごろより都市同盟を形成。地中海沿岸各地に多くの都市国家を建設した。アルファベットの祖型とされるフェニキア文字やオリエント文明を西方へ伝えた。前八世紀ごろよりは衰退して政治的独立を失い、アッシリアやアケメネス朝の海軍主力となった。

五賢帝
　ローマ帝国が安定した繁栄にあった時代を治めた五人の名君。ネルウァ、トラヤヌス、ハドリアヌス、アントニヌス・ピウス、マルクス・アウレリウスを指す。この間は世襲制をとられておらず、貴族のなかからもっとも優秀と思われる者が後継者となり、ローマ最盛期が築かれた。

マに入ってくるようになります。

そうしたもののなかで、競争を勝ち抜いて広まっていったのがキリスト教でした。当時のローマでは皇帝崇拝というのが基本で、キリスト教はそれを脅かす宗教だとされ、最初のうちはかなり迫害・弾圧されたんです。それでもキリスト教信仰が根強く全土に拡大して無視できなくなったことから、コンスタンティヌス帝が四世紀はじめに公認することになります。

このころになると五賢帝時代の最盛期も終わり、支配組織も次第に不安定なものになってきていました。また三世紀には東にイラン系のササン朝ペルシアが台頭してきて、ローマ帝国を脅かすようにもなります。そのなかでローマ帝国の中心がだんだん東側へ傾くようになり、現在のイスタンブル（トルコ）の地にあったビザンティオンの街に中心を移し、これが帝都となってコンスタンティノポリスと呼ばれるようになります。

こうしてついに三八〇年、皇帝のテオドシウスも改宗して、キリスト教が国教化（三九二年）されるんですね。また国家統治もそのままではとても保っていくのが無理だということになりまして、四世紀の末に帝国を東西に分割するかたちで、イタリアのローマを帝都とする西ローマ帝国と、コンスタンティノポリスを帝都とする東ローマ帝国に分かれることになったのです。

ローマと中国、どちらが「組織」として優れていたか

この二つのローマ帝国は、まったく異なる運命をたどることになるんですね。ローマでは、ヨーロッパの北のほうから、一本釣りのようなかたちでゲルマン人を連れてきては傭兵隊として使役するようになっていました。たとえるなら、「北面の武士」のように、京都の朝廷や公家が、一種の暴力装置として武士を関東から連れてきたような感じです。

でも北方のゲルマン人の間にローマの様子が伝わると、「オレも都に行ってみたい」というのが出てくるようになります。それが大規模な動きになって、「そんなにローマがいいところなら、いっそのこと俺たちで押し込んでやろうじゃないか」ということになったのが、いわゆるゲルマン人の民族大移動なのです。

最近ではそれが大規模な気候変動が原因だという新説も出てきているようですが、とにかくゲルマン人の南下を西ローマ帝国の方はもろに受けまして、ついにはゲルマン人傭兵隊長だったオドアケルが皇帝を廃位させ、四七六年に西ローマ帝国は滅亡してしまいます。ただ感心なことに（笑）、オドアケルはローマの帝冠が自分には重すぎますからお返ししますということで、東ローマ皇帝に西ローマの帝冠を返納しています。

ゲルマン人
　北ドイツからスカンディナヴィア半島を原住地とするインド＝ヨーロッパ語族に属する民族で、中世以降、ヨーロッパに住む人々の基幹となる民族。前四世紀ごろよりケルト人を圧迫しながら居住地域を拡大させた。前一世紀ごろより、一部はローマ帝国に移住、一部は離合集散を繰り返すなどゲルマン民族大移動期にいたった。

北面の武士
　白河上皇の院政期以降、院御所の北面に置かれた院警護の武士をさす。院政政権の軍事基盤の一部となり、武士の中央政界進出の足がかりともなった。

これで東ローマ帝国が唯一の「ローマ帝国」となり、ビザンツ帝国として一五世紀にオスマン帝国に滅ぼされるまで続くことになります。

西欧人の歴史家が書いたものを読むと、このローマの組織力をかなり高く評価する傾向がありまして、「組織のローマ」とさえいわれます。もちろん、ローマは西欧の方々の文明的ルーツですから、ローマの文明力が近代西欧の優越性につながっているという意識が背景にあるのでしょう。ただ、これも「西欧中心史観」のひとつです。

私も、例えばギリシアとローマを比べたら、もちろんローマのほうが組織としては圧倒的に優れていただろうと考えます。ギリシアのアテネといっても、やはり言ってしまえば「素人政治」的な民主政で、市民が強く政治に口出しできるようにはなったけど、さほど有能でもないリーダーが選ばれて人気取りでシチリア遠征などをやって大失敗し、しまいにはスパルタに負けて没落してしまうのです。同時代の歴史家トゥキュディテスが看破したように、デマゴーグ（大衆扇動者）が政権をとってしまった結果です。

しかし、おなじ「世界帝国」であった中国とローマを比較してみると、ローマはとりわけ軍事組織の機動力と瞬発力は圧倒的に優れているようにみえますが、「支配組織」全体の耐久力や持続性、またそれを支える人材養成・人員補充のシステム、さらに支配イデオロギーなどにおいて、どう見てもローマのほうが「比較劣位」にあったように思われます。

トゥキュディテス（前四六〇ころ～前四〇〇ころ）

古代ギリシアの歴史家。アテネに生まれ、ペロポネソス戦争中の前四二四年には将軍の地位にあったが、のち追放され、二〇年の亡命生活を余儀なくされた。この戦争を叙した史書八巻を残している。

「ローマ世界」にしろ「中華世界」にしろ、その「世界」を維持していくのにとても重要なのが、「世界」を支えるアイデンティティであり、そしてそれに基づいて人々を統合していく凝集力ではないかと思います。ローマ帝国の場合は何よりも法律を重視して、はじめは当初からのローマ人にしか認められなかった「ローマ市民権」を、まずは全イタリア、さらには帝国内の全自由民に与えるということでまとめようとしましたが、結局、さまざまな人々を帝国につなぎとめることができませんでした。

これに対し、中国のほうは「文化」に重きを置きました。つまり中国風文化を身につけて、漢語を話すようになった人々は「華化」（同化）したのだということで、「華」のなかに取り込んでいくのです。それこそが、強力な凝集力を実現したのではないかと考えられます。

その証拠に、中華帝国はしっかり生き延びて、今も中華人民共和国として「中国の夢」を追っているのに対し、ローマ帝国は消え去ってしまいました。

欧米の研究者はどうしてもアジアの文字を読める方が少ないので、わりとアジアの歴史を正しくとらえられないということもあるのですが、いつまでも「西欧中心史観」じゃいけませんから。

七世紀初頭の「文字世界」

さて、ここまでかなりの駆け足で七〇〇万年の流れを見てまいりましたが、あらためて七世紀初頭の世界がどのような「文字世界」に分かれていたのか、簡単にまとめたいと思います。

まず「旧大陸」の東に形成された「漢字世界」の中心となる中国では、七世紀はじめに隋が滅亡し、次いで唐が成立します。「漢字世界」周辺では漢の時代にその支配下に入ったベトナムは、唐の末期までその状況が続きます。朝鮮半島は高句麗・百済・新羅の三国時代ですが、七世紀に入って高句麗、百済が唐に滅ぼされ、新羅によって統一されると、この統一新羅時代が一〇世紀まで続くことになります。

日本は隋への遣隋使に引き続き、唐代でも遣唐使を送って中国の律令制をモデルに内政を整備していった時期です。六世紀には朝鮮経由で仏教も受容するようになり、それをめぐって積極派の蘇我氏と反対派の物部氏が争って物部氏が滅ぼされます。その後奈良の飛鳥に王宮がつくられ、七世紀はいわゆる飛鳥時代に入ります。

「漢字世界」の南西に接する「梵字世界」では、インド世界ではじめての統一国家だったマウリヤ朝が前二世紀に崩壊し、群雄割拠の時代に入ります。ただバラモン教から変容したヒンドゥー教が全土に浸透していったことで、文化的な統合は保たれたかた

新羅
　四世紀中ごろに朝鮮半島東南部の辰韓が統一されておこった国。都は慶州。七世紀後半に唐と同盟して百済、高句麗を滅ぼし、六七六年には唐を排除して朝鮮半島最初の統一国家となった。八世紀末より王位争いなどで中央の統制力が崩れ、地方勢力が台頭。九世紀末以降、後百済、高麗などが自立して分裂、九三五年新羅王が高麗に降って滅んだ。

ちとなりました。仏教はインドで下火になりますが、スリランカで上座部仏教が体系化され、後にベトナム以外の東南アジア大陸部へと広がっていくのです。

さて、次に「旧大陸」西側から文字世界の状況を見ると、元はギリシア・ローマ世界の「ギリシア・ラテン文字世界」が広がっていましたが、ローマ帝国が東西に分裂して、西ローマ帝国が五世紀末に滅亡したことであらたな展開が生じることになります。

西ヨーロッパの地では西ローマを簒奪したゲルマン人が主役になりまして、ラテン語を文化・文明語とし、ラテン文字を使う「ラテン文字世界」が形成されるようになります。五世紀後半にはゲルマン系諸部族国家をまとめたクローヴィスがメロヴィング朝フランク王国をたてて西ヨーロッパの大部分を支配下におきながら、クローヴィスもカトリックに入信しまして、宗教的にはキリスト教（カトリック）が支配的な、西欧キリスト教世界の母体となっていくのです。

その東側には、東ローマ帝国から西半は失ったものの唯一の「ローマ帝国」となったビザンツ帝国、すなわち「ギリシア文字世界」が広がっていたわけですね。

そして「ギリシア文字世界」の東側では、かつての「楔形文字世界」が消えていき、パフレヴィー文字を使うササン朝ペルシアが三世紀に台頭しまして、この地は「パフレヴィー文字世界」となります。このササン朝は「オリエント」の文明を継承して、宗教はゾロアスター教が国教でした。また地理的に西のビザンツ世界と東のインド、

メロヴィング朝（四八一～七五一）

サリ・フランク人のクローヴィスがガリアを統一しフランク王国をたて創始した王朝。名は伝説上の王祖メロヴェに「イング」（ゲルマン語で子孫の意）が付されてつくられた言葉。クローヴィスの死後、王国は四人の息子たちに分割統治され、以後、部分王国体制となった。七五一年、キルデリク三世がピピン三世（小ピピン）により廃位され、メロヴィング朝は終焉し、カロリング朝がはじまった。

ゾロアスター教

ゾロアスターによって創始された宗教で、イスラム教以前のイランを中心に流布した。『アヴェスター』を経典とし、アフラ・マズダーを最高神とする。また火や光の崇拝を重視し、善悪二元論、最後の審判（応報審判）を特徴とする。アケメネス朝やササン朝では国教とされた。

中国との中継地としての役割を果たすようになり、東の果ての日本にまでその文物が運ばれて、当時では珍しかったであろうガラス製の白瑠璃椀などが奈良の正倉院に宝物として今も残っているわけです。

このように、七世紀初頭には大きな五つの文字世界が存在していました。ところが、この状況に大きな変化をもたらす出来事が起こります。それが、アラビア半島におけるイスラム教の登場です。

第7章

「アラビア文字世界」の登場から「モンゴルの大征服」まで

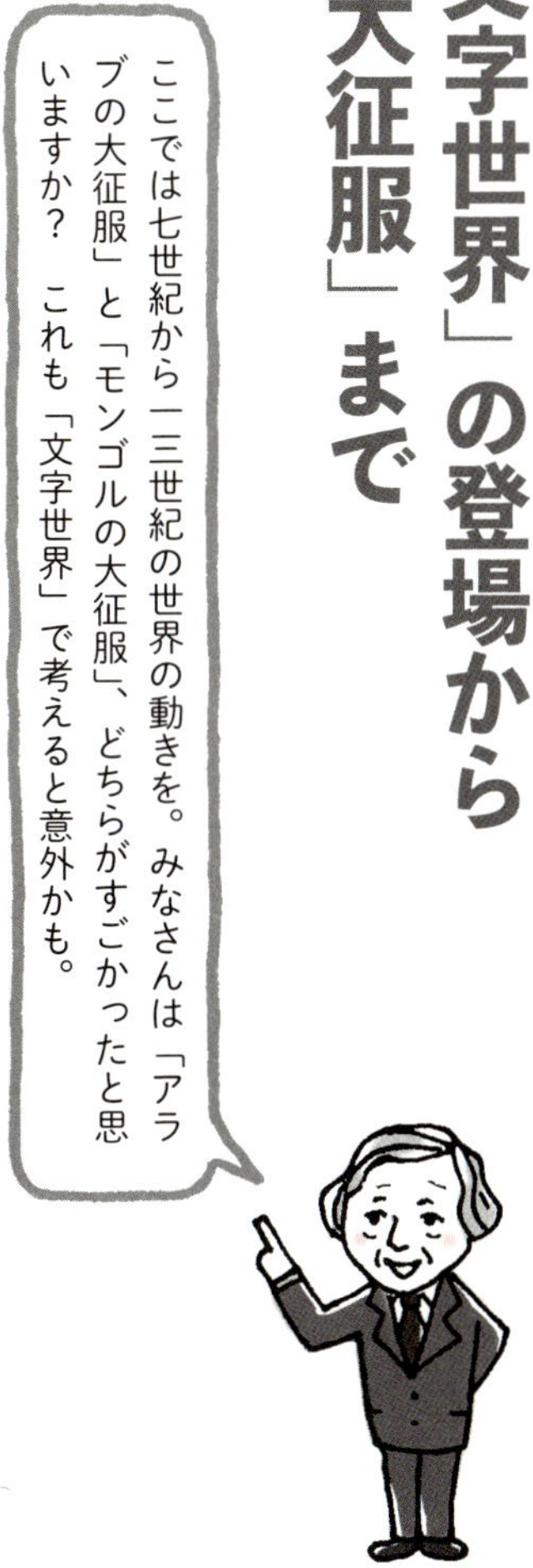
ここでは七世紀から一三世紀の世界の動きを。みなさんは「アラブの大征服」と「モンゴルの大征服」、どちらがすごかったと思いますか？　これも「文字世界」で考えると意外かも。

七世紀の世界とアラビア半島

さて、ここからは七世紀から一三世紀までの「文字世界」の動向を見ていきたいと思います。最初におさらいですが、七世紀初頭の「旧大陸」における「文字世界」とその中心は、東から次のように並んでいました。

東　漢字世界　中国（唐）

梵字世界　インド（ヴァルダナ朝など）
パフレヴィー文字世界（ササン朝）
ギリシア文字世界（ビザンツ帝国）
西　ラテン文字世界（メロヴィング朝フランク王国）

この「文字世界」の当時のあり方を変えてしまう出来事が、七世紀に始まります。それが、イスラムの登場です。イスラムが生まれたのはご存じのとおり、アラビア半島です。今では石油の世界的産地というイメージですね。北のペルシア湾と南の紅海、東のアラビア海、インド洋にはさまれた地域で、ペルシア湾には石油の積み出し港が集まり、紅海は地中海とスエズ運河で結ばれる、ともに海運の重要なルートです。紅海からインド洋に抜けるところがアデン湾で、ここは少し前にソマリアの海賊が暴れたところですね。

七世紀までのアラビア半島はもちろん石油の値うちも知られておらず、世界史的にもさほど重要な場所として登場することはありませんでした。ここにはセム系のアラビア

7世紀前半の文字世界

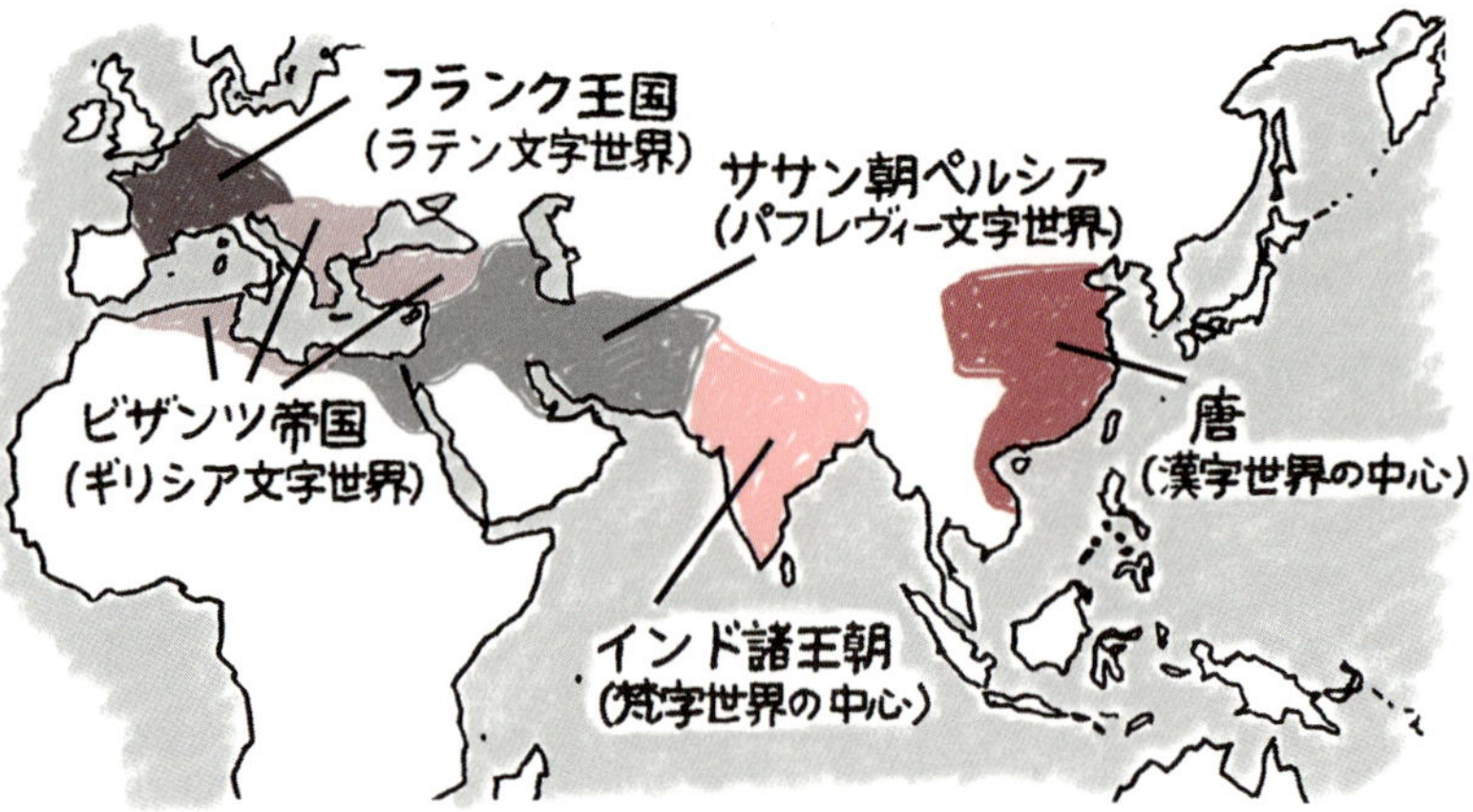

語を話すアラブ人が住みついて、点在するオアシスには農耕を行う定住民が集落をつくり、遊牧民と物々交換をするような生活だったようです。文字としては六世紀ころにシナイ文字をベースにいくつかの文字をへてアラビア文字ができ、これを使うようになります。

アラビア半島というところは、地理的に西のビザンツ帝国と北のササン朝ペルシアにはさまれた格好で、二つの大国の抗争にずっと翻弄されてきた場所です。北のペルシア湾周辺はそのあおりで受けて衰えてしまいますが、紅海沿岸のほうが次第に商業的に栄えるようになります。ササン朝とビザンツの抗争が続いたことで権力の空白のような状況がアラビア半島に生まれまして、いろんな宗教運動なども出てきたところで、紅海に近いメッカという都市で、イスラムが産声をあげることになったのです。

ムハンマドの誕生

ここで五七〇年ころ、有力部族クライシュ族のひとりとしてムハンマドが生まれます。日本ではかの聖徳太子（厩戸皇子）が五七四年に生まれていますから、ムハンマドと同時代に生きた人なんですね。

商人として成功したムハンマドが四〇代にさしかかったころ、啓示を受けて唯一神アッラーの最後の預言者として自分が選ばれた、という自覚から、新宗教運動をはじ

アラブ人

一般的にはアラビア半島を原住地とする、セム語系のアラビア語を話す人々。「アラブ」という言葉が最初に現れるのは、紀元前八五三年のアッシリアの碑文とされる。イスラム教の成立、発展とともに西アジアや北アフリカへと進出した。

めるようになります。

といっても当時のアラビア半島は多神教の偶像崇拝が盛んなところで、メッカはカーバ神殿など多くの神を祀っていた、いわばその「門前町」ですから、例えるなら京都の有名なお寺の前でキリスト教を布教するようなものでした。信者は増えていったものの、ムハンマドは身の危険を感じてメディナという街に逃れます。

ちなみにイスラムの暦である太陰暦を「ヒジュラ暦」と呼びますが、これはムハンマドがメディナに移った六二二年が「元年」です。ヒジュラ暦は一年が三五五日で、閏月でズレを修正しない純粋太陰暦のため、季節がずれていって三〇数年で一巡します。例えば断食で知られるラマダンは毎年の九カ月目ですが、これも夏になったり冬になったりするのです。

この太陰暦というのはメソポタミアで生まれた暦で、というのはティグリス・ユーフラテス川の氾濫が非常に不定期だったため、太陽よりも月の満ち欠けのほうが信用できるということではじまったんですね。ただ、メソポタミアでは農業をやるために、これに修正を加えた太陰太陽暦というのを使っていました。一方の太陽暦というのはまさに「農耕民向け」という暦です。でもアラビア半島は農業よりも遊牧と商業が盛んなところですから、季節の移り変わりをあまり気にしないところがあって、純粋な太陰暦になったようです。

メディナでムハンマドは多くの信者を獲得してその権力までも掌握し、まず故郷

カーバ神殿
イスラム教の聖地メッカの大モスクのほぼ中央にあるイスラム教の聖堂。はじめはアラブ人の多神教の神殿だったが、ムハンマドによってイスラム教の聖殿とされた。イスラム教徒はカーバへの巡礼（ハッジ）を義務づけられている。

メディナ
メッカの北、アラビア半島のヒジャース地方にある都市。六二二年にムハンマドがメッカからこの地に移住したことから、ムハンマドのモスクと墓があり、ムスリムにとって第二の聖地とされる。

メッカを屈服させ、六三二年にムハンマドが亡くなるころにはアラビア半島の大部分がイスラム勢力の支配下に置かれます。

イスラムという宗教

イスラムというと、過激派原理主義者による自爆テロや無差別テロといったニュースから、どこか怖い人たちというイメージをお持ちの方も多かろうと思います。最近では自分たちで国家を樹立しようとした「イスラム国」（ＩＳ）、その前には二〇〇一年の九・一一テロ（アメリカ同時多発テロ）を起こしたアル・カーイダも世間を騒がせました。

イスラムについてあまりご存じない方のためにここで簡潔にまとめますと、唯一絶対の神アッラーに帰依することがイスラム（アラビア語ではイスラーム）で、その信徒たちのことをムスリムと呼びます。アッラーは全知全能で、人間と天地を創造して、いつか終末をもたらします。

「それって、キリスト教の神と同じじゃないか」と思った方はするどい。そう、同じなんです。

同じ「神」が、これまでユダヤ教の創始者であるモーゼ（アラビア語ではムーサ）、次いでキリスト教のイエス（アラビア語でイーサ）という「預言者」を遣わされたけど、神の教えが人間たちにきちんと伝わらないので、「最大にして最後の預言者」として遣わされたのが預言者ムハンマドである、というのがイスラムなのです。

そしてイスラムの聖典となるのは、預言者ムハンマドの口からアラビア語で伝えられたアッラーの言葉の集成である『コーラン』（アラビア語でクルアーン）です。

ムスリムは、その『コーラン』に書かれているアッラーの教えに従って生活するわけです。例えばキリスト教カトリックだと各地に教会があって、神と信徒を仲立ちする聖職者の司祭がいます。イスラムでは、神と信徒が聖典『コーラン』を介して直接向かい合うことになっているので、カトリック教会の神父のような聖職者もいないし、教会もありません。どちらかというと、キリスト教プロテスタントの無教会派に近いでしょう。

イスラムのモスク（礼拝所）というのもカトリックの教会とは異なり、あくまで信徒がお祈りをするための共同礼拝所なのです。日本の代表的なモスクといえば東京の渋谷区代々木上原にある「東京ジャーミィ」が有名ですが、最近では日本で暮らすムスリムも増えてきたので、こうしたモスクは全国あちこちにあります。

スンナ派とシーア派は何が違う？

テレビや新聞でよく「イスラム教スンナ（スンニ）派」「イスラム教シーア派」と

いう用語が出てきます。このスンナ派とシーア派の違い、わかりますか？

ムハンマドが亡くなると、もうアッラーの言葉を伝えてくれる預言者は存在しません。でも、信徒たちにとってはどうしても指導者的な人がいてくれないと困るわけです。それである条件を満たした者が、ムハンマドの代理人・後継者になれるという仕組みをつくります。それがカリフ（アラビア語でハリーファ）と呼ばれる存在で、カリフは信徒の指導者としての役割を担う人です。

まずムハンマドの死後に信者たちの推戴で四人のカリフが生まれ、彼らは「四大正統カリフ」と呼ばれます。その四人目がアリーという方ですが、このアリーが暗殺されてしまい、その混乱に乗じてウマイヤ家のムアーウィアという人物が実力でカリフを称して、そこからウマイヤ朝がはじまります。それ以降、カリフは世襲制になっていくのです。

ちなみに、あのイスラム国（ＩＳ）のリーダーとしてカリフを自称したバグダーディーが名前をイブラヒムからアブー・バクルにあらためたのも、この四大正統カリフの「初代」アブー・バクルにちなんだといわれているそうです。

その後、七五〇年にはウマイヤ朝を倒してアッバース朝がたてられますが、そこではムハンマドの叔父にあたるアッバース家の子孫がカリフを世襲していきます。つまりこれらの、先の四大正統カリフとウマイヤ朝、アッバース朝のカリフたちをすべて「正しいカリフ」とするのがスンナ派です。

アリー（在位六五六〜六六一）　第四代正統カリフ。ムハンマドの従弟で、娘ファーティマの夫となった。シリア総督ムアーウィアと争うなか、ハワーリジュ派の刺客に暗殺された。シーア派の初代イマーム。

ウマイヤ朝（六六一〜七五〇）　史上初のムスリム世襲王朝。首都はダマスクス。最盛期は八世紀はじめごろで、東方やイベリア半島へと勢力を拡大、またアラビア語の公用語化や新貨幣の鋳造など中央集権化政策をとった。アラブ遊牧民族間の対立や、異民族の改宗者の不満が高じ、政権をアッバース朝に奪われた。

アッバース朝（七五〇〜一二五八）　アラブのイスラム王朝。七六六年に新都として完成されて以来、バグダードがサーマッラーに遷都していた八三六〜八九二年を除き首都。ウマイヤ朝に不満を持つ人々の支持を得て七四一方で、アリーの後にカリフを称したウマイヤ家のムアーウィアやアッバース家のカリフたちを認めず、預言者ムハンマドの後継たる「正しいカリフ」は、アリーとその子孫であるべきだとした一派「アリー派」がいまして、これが宗派化していったのが今のシーア派です。ただ、歴史的にもスンナ派がほぼ常に多数派で、シーア派は少数派にとどまり、シーア派が多数を占めるのは現在だとイラン、イラクです。

「アラブの大征服」

またイスラムの展開に話を戻しますと、ムハンマドの死後に全アラビア半島がイスラム勢力下に入り、四大正統カリフの二代目ウマルのときに、信徒たちと遊牧民のベドウィンなどからなるアラブ・ムスリム戦士団が結成されまして、これが東西に押し出していく「アラブの大征服」がスタートします。

とにかく、アラビア半島でイスラムが一気に盛り上がり、こりゃ面白いことになりそうだと集まってきてムスリムになった者の多くは、この砂漠に暮らす遊牧民ベドウィンだったのだろうと思います。おそらくモンゴルの遊牧民が大征服に動き出したのと似た状況があって、遊牧民の機動力で一気に押し出していくんですね。

まず東ではササン朝軍を撃破してササン朝を滅亡させ、さらに中央アジアを東に進んで、アッバース朝の下で七五一年には現在のキルギス共和国にあるタラス湖畔で唐

九年にアブー＝アルアッバースが初代カリフとなり、翌年ウマイヤ朝を倒した。君主専制・中央集権的支配体制を確立し、八世紀後半から九世紀初頭に黄金時代を築いたが以後衰退し、一二五八年、モンゴル軍により滅ぼされた。

ベドウィン
アラビア語の「バドゥ」（砂漠や荒野など町ではないところに住む人々の意）がなまった言葉で、アラブ系遊牧民をさす。アラビア半島を故地とし、北アフリカやエジプト、スーダン、シリア、イラク、イランなど広範に分布している。

の軍勢と会戦し、唐軍を破ります。東への進軍はここでストップしますが、この会戦の後、唐軍の捕虜に紙すき工がおり、中国が発明した製紙法がイスラム世界に伝わり、後にそれが西方へと伝わっていくことになったといわれております。

西のほうでも、アラブ・ムスリム戦士団はビザンツ帝国を襲ってシリア、エジプトを押さえ、七世紀中にアルジェリア、モロッコに至る北アフリカ一帯を征服してしまいます。八世紀に入ると、さらにジブラルタル海峡を越えてヨーロッパ大陸へと侵入し、イベリア半島の西ゴート王国を滅ぼしてフランス平原にまで進軍しますが、メロヴィング朝フランク王国軍の抵抗を受け、ピレネー山脈をはさんでにらみ合う格好となります。

なんと一世紀ほどで、東は広大なササン朝ペルシア領から中央アジアまで、西はかつてのローマ帝国の南半分に加えてイベリアまでも飲み込んでしまったのが、この「アラブの大征服」なのです。

「文字世界」論的にみても、この「アラブの大征服」によりササン朝の「パフレヴィー文字世界」が消滅し、この征服地ではイスラムの浸透とともにアラビア語、アラビア文字が定着し、特にその南半では母語までがアラビア語になり、今日の「アラブ圏」となるのです。北半のイランとトルコ系の人々の間では従来のペルシア語、トルコ語が母語として使われ続けますが、文字としてはこのアラビア文字が受容されていきます。こうして、新たな文字世界「アラビア文字世界」がこの一帯に確立されていくこ

西ゴート王国
東ゲルマン人の一派西ゴート族が四一八年、ローマ領アクイタニア（ガリア三属州のひとつ）に建てた王国。六世紀はじめにクローヴィス率いるフランク王国に攻められると、王国の中心はトレドに移され、七一一年にウマイヤ朝軍によって滅ぼされるまでイベリア半島を支配した。

アラブの大征服

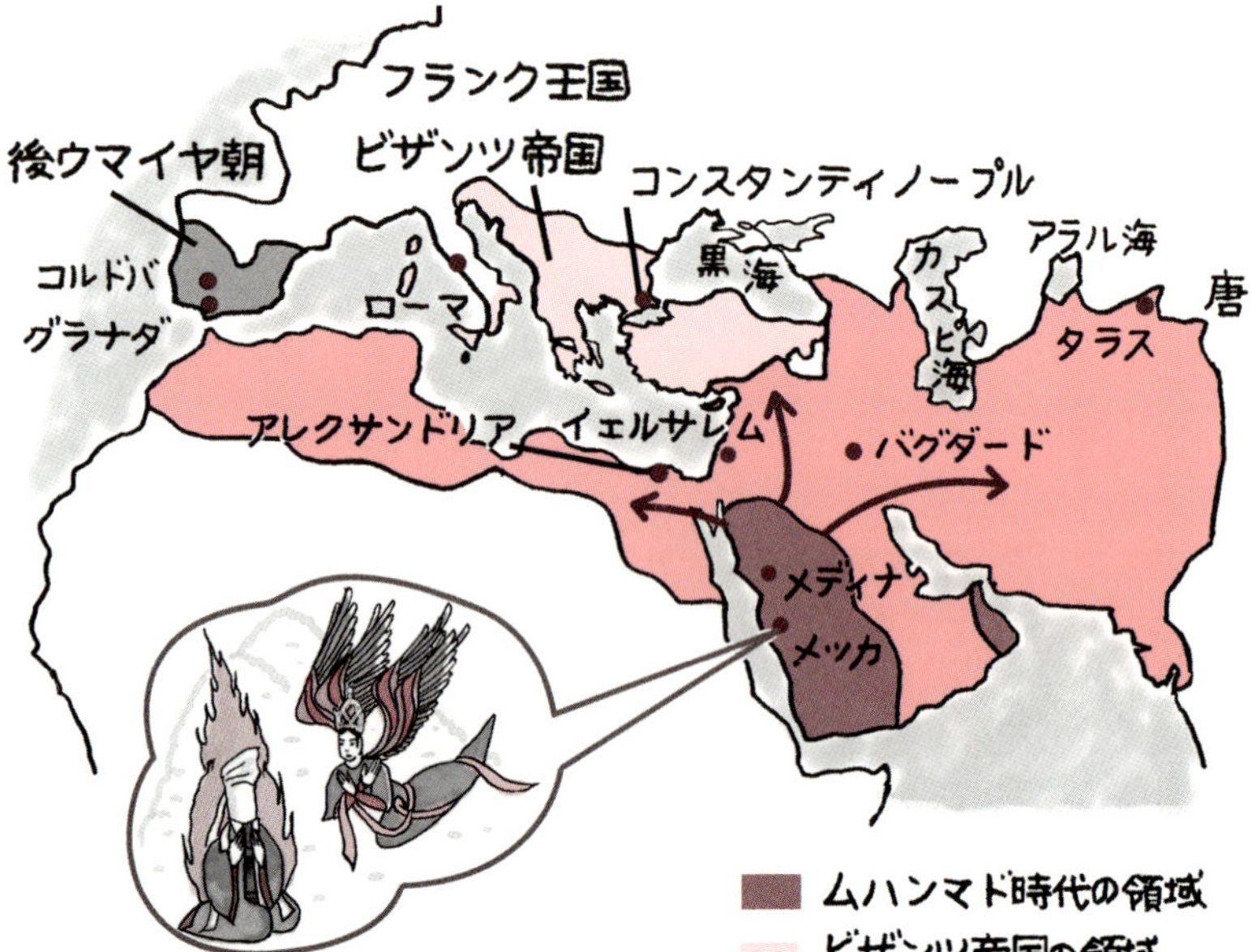

ムハンマドがメッカのヒラー山で、
天使ガブリエルからアッラーの啓示
をうける様子

となったのです。

イスラム的共存のシステム

このイスラムの拡大は、八世紀中ごろでいったん止まります。イスラムというと「コーランか剣か」という、異教徒を皆殺しにしてしまうかのようなイメージを持たれがちですが、歴史的に見てもそれはまったく違います。わりと賢明で無理はしない主義で、ユダヤ教やキリスト教などの一神教徒も、不平等の下ではあるけれどおとなしくしていて税金（人頭税）をちゃんと払えば特別の「保護」（ズィンマ）を与えられた「被保護民」（ズィンミー）という扱いをうけ、イスラムの秩序に反しない限り改宗せずに今までどおり信仰を続けていいよ、というシステムだったのです。

イスラム世界ではウラマーと呼ばれる戒律学者層ができてきて、九世紀までにムスリムの行為規範の体系であるシャリーアがまとめられます。これは「戒律」ですが、そのなかに社会関係のルールである「法律」も含まれています。新聞などで「宗教裁判で誰それがムチ打ち刑」といったニュースを見たことありませんか？　それがそうで、つまり戒律で裁判もやるのです。このシャリーアを日本語で「イスラム法」と訳すケースがありますが、厳密には法律というより、法律として使われる面もある、あくまでも宗教上の戒律というべきものなのです。

つまりイスラムだと、宗教の戒律と法が一体になっているのが「当たり前」なので、異教徒の世界も似たものだろうという意識があるんですね。だから「被保護民」（ズィンミー）も、イスラム世界の秩序に反しない程度なら、お宅ら異教徒の法律も自由に仲間内でやっていいよ、言葉も宗教行事も勝手にどうぞ、ということなんです。

日本も明治になって西欧列強の真似をして朝鮮半島や台湾を植民地支配しますが、日本語を使えとか神社を拝みなさいという日本人のやり方とはまったく反対で、とてもアバウトです。大きな帝国をつくってひとつの世界を仕切るには、こういうアバウトさがないとダメなんです。

「大英帝国」のイギリス人は日本人よりもっと賢くて、インドを支配するときに、ムスリムとヒンドゥー教徒の仲がよくないことを利用して分割統治をやります。そうすることで、逆に彼らが団結してイギリスに抵抗するのを防いでいるわけです。イギリス人にそのことを問うと、そうじゃない、これはインド人のことを考えたブリティッシュ・トレランス（イギリス的寛容さ）だとおっしゃります。

完成したイスラム世界のロール・モデル

また話をイスラム世界の展開に戻しますと、「アラブ帝国」とも称されるウマイヤ朝では、先ほど説明したアリー派の反感に加え、次第に貧富の差が拡大していったことで不満を持つ層が大きくなっていきます。また、この時代では、アラブ人以外からムスリムになった新改宗者はマワーリーと呼ばれて差別されていました。マワーリーの中心はゾロアスター教徒から改宗したイラン人で、彼らの不満がものすごく高まったところで、それらを吸収するかたちで革命運動を起こしたのがアッバース家です。それでこのアッバース家が七五〇年にウマイヤ朝を倒して、イラクを拠点とするアッバース朝を開きます。まもなくその都として建設されたのがバグダードでした。

このアッバース朝は大変栄えまして、人種・民族を超えて広がるイスラム世界の「世界帝国」となります。それだけでなく、このときに「支配組織」やイスラムの仕組みの原型ができて、イスラム世界がその後も引き継いでいく「ワールド・スタンダード」がほぼ確立されたといっていいでしょう。

官僚組織の形成で重要な役割を担ったのが、先ほどのイラン人の新改宗者たちで、彼らがアラビア語を身につけて「書記」(カーティブ)と呼ばれる実務官僚になります。イスラムは急に拡大したので、征服地にもともとあった支配組織を温存する傾向があって、帝国中央の組織もかつてのササン朝時代のものがかなりモデルとされた格好でした。イラン人にはアケメネス朝以来の統治の経験がありますから、それをうまく使い、大きな帝国をまとめる行政組織ができてきます。

また軍事面でも、アラブ・ムスリム戦士団というのはどちらかというと自律性の高い組織なので、専制君主となっていくカリフにしてみると、もっと自分のいうことを聞く専属の軍事組織を求めるようになります。それで考えだしたのが、奴隷を軍人にするというやり方です。君主直属の軍事力となる、マムルークと呼ばれる奴隷軍人制度ですね。

このマムルークはイスラム世界のロール・モデルになりまして、その後、王朝が代わっても継承されていきます。アッバース朝以来、マムルークは騎兵が中心でしたが、のちのオスマン帝国の歩兵軍団「イェニチェリ」も、まさにマムルークのオスマン版なのです。

シャリーアとウラマー

また一方のイスラムの仕組みについては、先ほどふれた戒律の体系シャリーアが完成します。それと、コーランに書かれていない新しい事象などにムスリムがどうすべきかも考える、イスラムの戒律と教学を専門的に担うウラマーと呼ばれる学者層が、ひとつの社会層をつくるようになります。例えばイスラムでは豚は不浄な動物なので食べてはいけませんが、科学が発達してくると、豚から抽出したタンパク質を使った化粧品や食品などが出てきて、こういうものを使ったり食べたりするのはいいのかどうかを、このウラマーたちが中心になって決めたりもします。ちなみに動物のタンパク質や酵素を使用した食品や化粧品も、豚由来だとダメということになっています。

マムルーク
アラビア語で奴隷をさす。アッバース朝の九世紀はじめころより軍人として重用されるようになり、その後のイスラム圏の王朝はマムルークの軍団をもつようになった。おもにトルコ人やチェルケス人など。騎兵中心で、オスマン帝国のイェニチェリ（歩兵軍団）は例外的。マムルーク朝では少年奴隷を訓練学校で養育し、軍事技術だけでなくアラビア語、イスラム諸学を教育した。

イェニチェリ
一四世紀末に創設されたオスマン帝国の常備歩兵軍団。当初はバルカン半島などのキリスト教徒の少年を強制的に徴集して特殊訓練を施したスルタン直属の精鋭部隊で、ヨーロッパの脅威となった。

このウラマーは「神のご命令をもっともよく知る人」としてムスリムから頼りにされるようになり、その後、教育や司法の担い手にもなります。ご年配の方なら覚えているかもしれませんが、一九七九年のイラン革命で指導者となったホメイニー師もシーア派のウラマーで、しかもイランに数人しかいない「アヤトッラー」という称号を得た大学者さんです。

征服地にイスラムが根づいてくると、このシャリーアがほぼ入ります。そしてシャリーアが入ると、必ず戒律の解釈に詳しいウラマーが必要になるので、ウラマーがやってきて現地に学塾を開き、地元の人をお弟子さんにするのです。

そうすると今度は地元出身のウラマーが生まれて、そこにまた地方から「学ばせてください」というお弟子さんがやってきて……という流れで、イスラム本来のシステムが広がっていくことになります。イスラムというのは教会もなく、教皇もいませんが、シャリーアとウラマーがセットで入っていくことで、統一が保たれるのです。

分裂していくイスラム世界

また話を戻すと、アッバース朝は倒したウマイヤ家の残党が復活するのを恐れて徹底的に弾圧します。ウマイヤ家の主な王族が集められて宴会が行われ、宴たけなわになったところで伏兵が出てきて皆殺しにされたという有名な逸話があります。しかも

イラン革命
経済格差の拡大、また近代化を強引に進めたパフレヴィー朝第二代ムハンマド・レザー・シャーへの不満が激化し、反国王勢力が亡命中のホメイニー（イラン、シーア派の指導者）を核に結集。一九七八年一二月、国王は国外に亡命を余儀なくされ、翌年二月、革命政府が全権を掌握。イラン・イスラーム共和国が樹立された。

まだ絶命せずに大勢がうめいているところに絨毯を敷いて、その上で宴会を続けたといわれますから、すごい光景ですね（笑）。

ただひとり、アブドゥル・ラフマーンという人だけが片目を失いながら命からがら逃げのびて、イベリアにわたってそこで旗揚げするのです。なんだか伊豆で旗揚げした源頼朝みたいですが、このアブドゥル・ラフマーンが立ち上げたのがコルドバを都にした後ウマイヤ朝（七五六～一〇三一年）となります。これにより、アッバース朝が体現していたイスラム世界の政治的統一が、ついに破られる格好になりました。

それで九世紀に入ると、アッバース朝の支配体制も弱ってきまして、群雄割拠的な状況が生じてきます。一〇世紀初頭には北アフリカのマグリブに、ムハンマドの娘ファーティマとアリー（第四代カリフ）の子孫だといって旗揚げし、カリフを称するシーア派のファーティマ朝が出現します。後ウマイヤ朝も最初は遠慮してカリフを名乗らずアミール（大守）といっていたのが、八代目からカリフと称するようになったので、イスラム世界は三人のカリフが並び立つような状況になってしまいます。

さらに一〇世紀にはイランに起こったシーア派のブワイフ朝がバグダードを押さえ、スンナ派のアッバース朝カリフを奉りながらも、実権はブワイフ朝の大アミール（大将軍）が握ってしまいます。また西のファーティマ朝もエジプト、シリアに勢力を伸ばして、一時はシーア派が優勢になりました。ところが、一一世紀に入ってからトルコ人による新しい動きが出てきます。

ブワイフ朝
九三二年、カスピ海西南の山地におこったイラン系のシーア派王朝。九四六年にアッバース朝の混乱に乗じてバグダードに入城。カリフを奉じ、大アミール（大将軍）として実権を握った。現在のイラン、イラク地域を支配するも、王家内の抗争、セルジューク集団の進出により一〇六二年に滅亡。

トルコ人というのはもともとモンゴル高原の北方にいた遊牧民で、次第に南西の中央アジアに移ってきます。アッバース朝が強固だったころはそれ以上進めなかったのですが、九世紀以降にアッバース朝が地方政権に割れていくなか、一一世紀はじめにトルコ系でスンナ派のセルジューク集団がどっとイラン・イラクに入り、ブワイフ朝を倒してしまいます。

アッバース朝のカリフはブワイフ朝のシーア派政権に押さえられていたので、このトルコ人のスンナ派勢力を歓迎し、スルタンを名のることを許してここに大セルジューク朝が誕生します。一一世紀末にはこの大セルジューク朝が西へと押し出して、西隣のビザンツ帝国が押さえていたアナトリアに入ります。また東のインドへもアフガニスタンのトルコ系イスラム王朝のゴール朝が進出しまして、そのマムルーク（奴隷軍人）アイバクが北インドのデリーを拠点とする奴隷王朝をおこします。

西欧が驚いたイスラムの科学力

この一一世紀は、イスラム世界が再び拡大した時期でもありました。アフリカでは西部のサハラ以南へとジハード（聖戦）が進み、アフリカ東部のインド洋岸と、東南アジアでは今日のマレーシアやインドネシアといった沿岸部、島嶼部に交易などを通じて広がっていきます。

大セルジューク朝
トルコ系遊牧民の一派がイスラム教に改宗し樹立したセルジューク朝の本家（一〇三八〜一一五七）。一〇五五年にバグダードに入城してアッバース朝カリフによりスルタンの称号を受けている。この大セルジューク朝から分裂した小王朝のひとつがアナトリアのルーム・セルジューク朝（一〇七七〜一三〇八）。

奴隷王朝
一二〇六年、トルコ系奴隷出身でゴール朝の武将であったアイバク（?〜一二一〇）がデリーでおこしたインド最初のイスラム王朝。北インドを支配した。奴隷王朝の名はスルタンや有力者に宮廷奴隷出身者が多いことに由来する。一二九〇年、反乱によりトルコ系部族のハルジー朝に倒された。

アフリカ東部のケニアやタンザニアなどでは公用語とされ、話者は数千万人にもなるスワヒリ語という言葉があります。これは現地語がアラビア語の影響を受けてできた言葉で、西欧の植民地支配のなかでローマ字表記が定着しますが、その前はアラビア文字で綴っていたのです。そもそも「スワヒリ」というのが、アラビア語で「沿岸」を意味する「サワーヒル」という言葉からきているのです。

このようにイスラム世界は政治体として見ると分裂が常態化していきますが、一方の社会・経済・文化の面ではかなり充実していきます。そもそも地理的に三大陸のつなぎ目に広がったため、陸では東西をつなぐ大動脈だった「オアシスの道」、つまりシルク・ロードの大半がイスラム世界を通過していましたし、先ほどふれたようにインド洋から三つに分かれる「海の大動脈」の西のターミナルを、イスラム世界が押さえたかたちになったからです。

イスラム世界は東西の文明の中継地として、特に東方の文物を西へ伝える主動力になります。例えば「漢字世界」の中国で発明された「火薬」や「羅針盤」「紙」、そして「梵字世界」のインドで発明された「インド数字」「ゼロの概念」などが、イスラム世界に伝わり、それが「ギリシア文字世界」と「ラテン文字世界」へと伝えられたのです。

現代の私たち日本人も数字を1・2・3……と表記しますね。これらは西欧で「アラビア数字」と呼ばれます。もともとはインドで生まれた「インド数字」ですが、それがイスラム世界に伝わって変容し、それを今度は西欧世界が受容したので、この名称になったんですね。

それから学問もイスラム世界で充実していきます。ギリシア・ヘレニズムの古典などを、ギリシア語の原典やシリア語訳からどんどんアラビア語に翻訳し、オリエントの知識とあわせて独自の発展をとげるようになりまして、九～一二世紀あたりはイスラム世界が人文・社会・自然科学などの分野で、もっとも活発にいろんなものを発明するようになるのです。

それらの成果が、今度は十字軍の最中に西欧に入っていきます。例えば、「アルコール」とか「アルカリ」「アルジェブラ」（代数）といった科学用語はアラビア語から西欧に入ったものです。英語で「化学」を「ケミストリー」といいますが、これもアラビア語の「アル・キミヤー」（錬金術）から転じたものなんです。

一一世紀に、イブン・スィーナーというイラン系ムスリムの学者さんがまとめた『医学典範』という医学の本がありまして、これなどはラテン語に訳されると中世ヨーロッパでもっとも優れた医学書と称されまして、一七世紀あたりまでヨーロッパの大学医学部の基本教科書として使用されていたほどです。

■「ギリシア・キリル文字世界」の登場

さて、次は「アラビア文字世界」の西のお隣にあたる、ビザンツ帝国を中心とした「ギリシア文字世界」の展開をざっと見てみましょう。

七世紀前半はササン朝ペルシアとの間でシリアやエジプトをめぐり抗争を続けていたビザンツ帝国ですが、やっとエジプトを取り返したところで、今度は「アラブの大征服」の大波をもろに受けまして、シリアとエジプトなどへのアラブ・ムスリム戦士団の侵攻を許し、帝国の南半を失ってしまいます。帝都コンスタンティノポリス（コンスタンティノープル）までが数度にわたって包囲されながらもなんとか持ちこたえたのは、アラブ海軍を液状焼夷兵器「ギリシアの火」で撃退できたからと伝えられます。

一方では、バルカン半島に印欧系のスラヴ人やトルコ系のブルガール人が入ってくるようになります。スラヴ人やブルガール人は文字を持っておらず、それだとキリスト教の布教に差し支えるということで、ビザンツの聖職者たちによってギリシア文字をもとにグラゴール文字がつくられ、それが一〇世紀にキリル文字になります。

今キリスト教と申しましたが、その宗教世界にも、この時期にとても大きな変化が起こりました。そもそもローマ帝国が四世紀末に東西に分割されてから何百年もたつうちに、双方の教会同士の関係が薄くなり、教義の解釈や教会組織のあり方などでかなり大きな違いが出てくるようになります。それで西はローマ教会、東はコンスタンティノーブル教会で固まっていき、ついに双方が破門しあって東西教会が分裂するのが一〇五四年のことです。

これで、西欧世界はローマ・カトリック、そしてビザンツ帝国から北方のスラヴ圏には東方正教が広まっていくことになります。西欧世界ではその後カトリックからプロテスタントが分派したりするので、ここで西欧世界を宗教的には「キリスト教世界」と呼びたいと思います。

一方で「ギリシア文字世界」は、九世紀後半になると黒海の北にスラヴ系のキエフ公国ができて、現在のロシア南部とウクライナにあたる地域が統一されます。ここに東方正教が広まりはじめ、一〇世紀には国教となります。つまり「ギリシア文字世界」の東方正教と、ギリシア文字をルーツとするキリル文字の世界が北方へと広がっていくのです。これらの地域をあわせて「ギリシア・キリル文字世界」と呼びたいと思います。

■「封建制」下の西欧世界

今度は七世紀以降の、西欧世界の展開です。

キエフ公国
九～一三世紀にロシアのキエフを中心におこった東スラヴ族最初の国。東ローマ帝国（ビザンツ帝国）との関係が深くギリシア正教を受容した。一三世紀にモンゴル人の侵攻を受け崩壊。

ヨーロッパでは西ローマ帝国の滅亡後にゲルマン系諸部族のなかからメロヴィング朝フランク王国ができて、これがその中心となります。そして八世紀前半には「アラブの大征服」がイベリア半島まで押し寄せて、アラブ・ムスリムの支配下に置かれてしまいます。おまけに地中海の制海権もムスリムに奪われてしまい、商業も衰退して一〇世紀ころまで経済的にも停滞した状況が続きます。

このフランク王国は八世紀半ばにカロリング家が王位を奪ってカロリング朝フランク王国となりますが、ローマ・カトリック教会側も庇護してくれる有力な君主が欲しかったので、カロリング朝第二代のカール大帝にローマ皇帝の帝冠を授けます。

ただカール大帝が亡くなるとフランク王国はその三人の息子によって東フランクと中部フランク、西フランクに三分割されてしまいます。これが固まって、東フランクがドイツ、中部フランクがイタリア、そして西フランクがフランスの原型になっていきます。

西欧世界はかつての西ローマ帝国の衣鉢を継ぐ「ラテン文字世界」なのですが、西ローマ帝国が滅んで以降、その世界を覆うような「世界帝国」は現れません。むしろ、政治的には分裂した状態がずっと続いていくのです。

そうなった背景には、西欧独特の支配システムである封建制が定着したこともあると思います。この封建制というのは、主君が臣下に封土を与える代わりに臣下は軍役などで奉仕するという仕組みで、王は諸侯と、諸侯は騎士たちとこうした授封契約を

カロリング朝
七五一年、メロヴィング朝アウストラシア分王国の宮宰ピピン（三世、小ピピン）が王権を掌握し、フランスでは九八七年まで、ドイツでは九一一年まで存続したフランク王国の王朝。

結びます。つまり王があらゆる権限を持つ専制君主とは明確に異なる、非常に分権的な政治システムでした。

それでも農業では、農地を集団管理して、輪作しながらいったんは放牧地にして土地が痩せるのを防ぐ三圃制が一〇世紀ころから広まって農業生産が増えるようになり、商業と都市も復活するようになります。そして一一世紀に入ると、西欧世界も活気を取り戻すのです。

イスラムに対するレコンキスタと十字軍

こうした活気が、西欧世界が外へと進出する動きを生じさせることになります。

その動きの一例が、宗教騎士団のひとつであるドイツ騎士団による「北の十字軍」運動です。これは当時まだ異教徒だったリトアニア人が住むヨーロッパ東北地域にキリスト教の布教を行うものでしたが、その動きはスラヴ人の地にも及び、それがのちのブランデンブルク辺境伯領となります。つまり一八世紀にできる、プロイセン王国の源流です。

そして外へと向かう動きのなかで最大のものが、イベリア半島を支配するようになっていたイスラム勢力への反攻ともいうべきレコンキスタ（再征服）運動と、十字軍でした。

ブランデンブルク辺境伯領
　ドイツ東北部のブランデンブルクを有する辺境伯（封建諸侯の称号のひとつ。フランク王国、神聖ローマ帝国が国境防備上、設置した辺境地区の君主）の領土。一四一五年以降、ホーエンツォルレン家が辺境伯を世襲することとなり、ベルリンに宮廷を営んだ。

レコンキスタはイベリア北部に追い上げられたキリスト教勢力が八世紀から開始し、のち一一世紀から本格化します。それでもムスリムによる抵抗は強く、最後のムスリム王朝の首都だったグラナダを陥落させるのはだいぶ後の一五世紀末、一四九二年になります。

一方の十字軍運動がはじまるのは一一世紀末、トルコ系ムスリムの大セルジューク朝がビザンツ帝国の支配していたアナトリアを占領したころのことです。それでビザンツ帝国がローマ教皇に援助を乞い、またキリスト教の聖地であるイエルサレムを巡礼中のキリスト教徒がムスリムに迫害されたという知らせも入ったことから、こうなったらムスリムの手から聖地を奪還するぞということになり、十字軍の遠征がはじまるのです。いわば「アラビア文字世界」と「ラテン文字世界」のガチンコの戦いです。

一三世紀に終結するまで何度も遠征が繰り返されたこの十字軍運動は、イスラム・西欧の両世界にとても大きな変革をもたらしました。イスラム世界ではこの十字軍運動の際に、援軍の指揮官として大活躍したスンナ派でクルド系のサラーフ・アッディーン、西欧世界でも寛容さを兼ね備えた勇将サラディンとして知られる人物ですが、シーア派のファーティマ朝をひっくり返してアイユーブ朝を建て、エジプトをスンナ派の国としたことにより、後世に続くスンナ派のシーア派に対する優位が決定づけられました。

一方の西欧世界のほうも、この運動に乗じてビザンツ領内に支配地を持つようになり、結果的に中間のビザンツ帝国をはさまずにイスラム世界との交易を開くきっかけにもなるのです。

イスラムに対する「聖戦」といいつつも、実際のところはビザンツ帝国が仕切っていた東西交易の利に西欧世界がありつこうとした部分も大きかったと思われます。特にイタリア人商人がこの東西貿易に乗り出すようになり、ヴェネツィアやジェノヴァがその富を蓄積するようになっておおいに繁栄します。

あわせて重要なことは、十字軍運動とレコンキスタにより、西欧世界がアラビアの文明・文化に直接ふれる機会を得たという点だと思います。彼らがアラビア語にふれるようになると、なかからアラビア文字が読める人間も増えていきます。当時の西欧世界ではギリシア語がすでに忘れられギリシア文字も読めなくなっていたので、アラビア文字の文献を読んでみたら「これはすごいぞ」ということになったのです。それでアリストテレスやプラトン、プトレマイオスからユークリッドまで、アラビア語になっていたそれらの著作を西欧人がアラビア語からラテン語に翻訳して読むようになります。

このラテン語翻訳運動が、その後の西欧世界で起こる知の復興運動「一二世紀ルネッサンス」として発展していくのです。

一二世紀ルネッサンス
一二世紀におけるヨーロッパで起こった文化の復興運動。ローマ法学や教会法学、神学が発展し、またギリシア語やアラビア語の文献のラテン語翻訳の流入によりさらに大きく飛躍した。

「梵字世界」とイスラムの影響

さて、次は新たな「アラビア文字世界」の東側に位置する「梵字世界」の状況についてです。

その中心であるインドでは、仏教が下火になる一方で、バラモン教をもとにしたヒンドゥー教が多数派を占めるようになります。これにあわせて、のちに西欧人が「カースト制」と呼ぶようになったヴァルナ（身分）・ジャーティ（職業）制が体系化されながら、インド全域に浸透していきます。政治体として見ますと、グプタ朝やハルシャ・ヴァルダナ朝が北部インドを統一した時期もありますが、基本的には分裂した王朝割拠の状態が続いていきます。

イスラムの登場後はこちらもかなり影響を受けることになりまして、一一～一二世紀にはアフガニスタンに拠点を置くムスリムのガズナ朝やゴール朝が北インドに進出してくるようになります。一三世紀初頭になると、ゴール朝のトルコ系マムルーク（奴隷軍人）出身であるアイバクがデリーを占領し、奴隷王朝を開きます。この奴隷王朝を皮切りに、デリーを首都にして五王朝続いたムスリム王朝はデリー・スルタン朝と総称されます。これによりインド北部ではイスラム化・ムスリム化が進んでいくのです。

グプタ朝
古代インドの王朝。三二〇年ごろ、マガダの小地域の支配者であったチャンドラグプタ一世がガンジス川中流域の覇権を握って「大王たちの王」を称し、三代チャンドラグプタ二世の時代に北インド、中央インドを掌握した。バラモンを重用し、公用語はサンスクリット語、のちのヒンドゥー教発展の基礎が築かれた。従属する王たちの独立などにより五五〇年ごろ滅びた。

デリー・スルタン朝
インドのデリーを首都とする五つのイスラム王朝の総称。トルコ系の奴隷王朝（一二〇六～九〇）、ハルジー朝（一二九〇～一三二〇）、トゥグルク朝（一三二〇～一四一三）、サイイド朝（一四一四～五一）、アフガン系のローディー（一四五一～一五二六）の五王朝をさす。ローディー朝ののち、ムガル帝国が成立した。

一方でインドでは仏教が下火になっていくものの、それがスリランカで「正典」を確立しながら、上座部仏教が発展します。その正典はサンスクリットではなく、梵字系文字で綴られるパーリ語になりますが、これが一一世紀ころに東南アジアのビルマに入り、また各地へと広まっていきます。このころにビルマではパガン朝、そして一三世紀に入るとタイ中央部にスコータイ朝が成立して、タイでは梵字をルーツとするクメール文字をベースにタイ文字がつくられます。

唐から宋へ

次に「漢字世界」の七世紀以降の動きですが、中心部の中国では隋が滅亡して六一八年に唐が建国されます。その第六代皇帝・玄宗の開元年間（七一三〜七四一年）は「開元の治」と呼ばれ、唐の時代では第二代太宗の「貞観の治」とあわせて称えられる、平和と繁栄の治世を迎えます。

玄宗が寵愛した楊貴妃についてはご説明するまでもありませんが、美女にかまけていたかはともかくとして、「開元の治」の陰で内政にはほころびも出はじめるようになり、地方の軍事勢力が台頭してくるようになっていました。

その筆頭格だったのが、華北で三つの節度使（辺境部の藩鎮の長官）を兼ねた、ソグド系の父とトルコ系の母を持つ武将の安禄山でした。この安禄山が宰相の陽国柱との対立から反乱を起こし、帝都長安を占領すると、玄宗は退位して四川に逃れる事態となります。この「安史の乱」（七五五〜七六三年）は、西北にあったトルコ系の回鶻（ウイグル）による助力でなんとか内乱を鎮圧したものの、帝国の繁栄に終わりをもたらすきっかけになりました。

ちなみに「安史の乱」の直前ともいえる七五一年に、唐は西方のイスラム世界からアッバース朝軍の侵攻を受け、「タラス河畔の戦い」で迎え撃った唐軍が敗れています。もしそれが帝国全土を揺るがした「安史の乱」の最中に起こっていたら、おそらくもっと大変なことになっていたでしょう。唐にとっては運が良かったということかもしれませんが、その後も内政で主導権をめぐる抗争が続き、国政がどんどん不安定になっていきます。

さらに農民の反乱も頻発するようになり、その最大のものである「黄巣の乱」では再び長安が占領されます。武人勢力による覇権争いの状況となり、ついにそのひとり、朱全忠が九〇七年に国号を梁としてその皇帝になってしまいます。ここから中国は、地方の節度使系の武人たちが覇を競う五代十国の争乱に入ります。この一世紀余りの争乱の時代は、南北朝以来の開発で農業と産業が発展しつつあった江南を押さえて九七九年に再統一を果たした宋（北宋）により、終止符が打たれることになりました。

宋は久しぶりの純漢人系王朝で、開祖の趙匡胤も軍人で「軍閥王朝」の性格も持ち合わせていましたが、地方の軍人が大きな軍事力を蓄えて崩壊した唐時代の反省から、皇帝への権力集中と文治主義が徹底されるようになります。

宗代の特徴のひとつは、隋唐時代を通じて原型ができてきた科挙がこの宋の時代に確立したことです。隋唐時代にはまだ残っていた門閥貴族層が五代十国の争乱で没落してしまい、科挙の受験者はほぼ大・中地主層になるんです。つまり、宋代で皇帝と地方地主層の連合関係ができて、これが君主の専制化、中央集権化の一層の進展を可能にしたのです。

また経済面でも江南が華北を凌ぐようになり、科学面では中国で生まれたイノベーションである火薬と羅針盤が実用段階に入り、特に羅針盤は実際に海上交通に用いられるようになりました。また文化面でも、宋画や山水画、青磁や白磁といった陶磁器などが、とても高い水準に達するようになります。

ただ宋の時代も、北方の遊牧民・狩猟民勢力が最大の脅威であり続けました。特に五代十国時代、契丹系の遼が後晋建国の際に援助したことから長城内の燕雲十六州(現在の河北・山東省北部)を割譲されたため、北方の異民族が中原に侵入しやすくなったのです。それで一二世紀になると、トゥングース系の女真人がたてた金が南下してきて宋の首都だった開封を占領してしまいます。

このときに皇帝欽宗と、画人としても有名な前皇帝の徽宗が金の捕虜になってしまい、華北を失って逃れた宋の王族が江南で宋を再興します。これがいわゆる南宋のはじまりです。

トゥングース
アルタイ語族のうち、トゥングース語を話す諸民族総称。東北アジアに分布する。

「漢字世界」周辺部の動き

ここで「漢字世界」周辺の朝鮮半島と日本についてもふれたいと思います。

朝鮮半島ではこの時期、高句麗・百済・新羅の三国時代から新羅による統一時代を迎え、一〇世紀に入ってから高句麗の後継と称する高麗が新羅に代わり、朝鮮半島を統一します。

一方の日本は隋唐の刺激を受けつつ、八世紀初頭に大宝律令が完成して、隋唐モデルの律令制国家の骨格を整えながら奈良・平安時代に入ります。ただ平安時代の八九四年に遣唐使が廃止されたのを機に内向きになり、文化の「国風化」が進むようになります。その後一二世紀になると武士層が台頭してきて京都の中央政治に介入するようになり、ついには源頼朝による鎌倉幕府、つまり武家政権の誕生です。そしてベトナムでは、ようやく一〇世紀に中国の支配から脱して独自の王朝ができてきます。

すでにお話ししたことですが、この三つの周辺部を比較したときに特徴的なのは、科挙の受容です。それぞれの地域には歴史を通じて、中国から漢字・漢文や仏教、律令制、儒教など「漢字世界」のワールド・スタンダードが入って定着していきます。食事で箸を使うという作法もそうです。ところが、科挙については朝鮮半島とベトナムには入り、どちらも近代まで存続したにもかかわらず、日本には入りませんでした。

高麗

九一八年に新羅や後百済を併合した王建がたてた朝鮮の国。都は開城（開京）。はじめ新羅の諸制度を受け継いだが、のち唐の制度にならって改編し、黄金時代を築いた。一三世紀に入るとモンゴルの侵攻を受けるようになり、同世紀後半、降伏して服属。国力が衰退し、一三九二年、李成桂によって国王が廃され滅んだ。

また中国では隋唐の時代に儒教が仏教よりも重んじられるようになっていくのですが、日本へは教義はともかく、儒教の行動規範である礼が体系的に入らないのです。先進文化の周辺部での受容にあたってなぜこのような差異が生じたのか、とても興味深いところでもあります。余談ですが、例えば箸の作法でも、本家の中国と、日本、ベトナムではご飯茶碗を手で持ち上げて箸で食べますが、韓国だけはテーブルに置いたまま、さじで食べます。手で持ち上げるのは行儀が悪いそうです。ちなみにさじは日本にも伝わったのに、使用されなくなってしまいます。日本以外の中国、朝鮮半島やベトナムはどこもさじを使います。箸の置き方も、中国と韓国はタテに置きますが、日本とベトナムではヨコ向きに置きます。箸ひとつとっても、伝わった地域によってこれだけの違いがあるんですね。

あと、日本で武家政権が誕生したように、朝鮮半島でも高麗時代の一一七〇年に日本とよく似た武臣政権が誕生しています。朝鮮の場合は一〇世紀に科挙が導入され、制度的に文臣が武臣に優越するかたちになったことに武臣が反発したことがきっかけです。

この朝鮮半島の武臣政権はその後のモンゴルの侵攻で瓦解してしまい、王政復古したものの高麗王がモンゴルの属国の王となってしまいますが、この朝鮮の武臣政権には私、大変興味があるのです。歴史に「もしも」はないことを承知で申しますと、モンゴルが侵攻してこないでもしあのまま武臣政権が続いていたら、朝鮮半島はもしかしたらその後の中国の宋、明とはまったく違った権力構造になっていたのではないかと思うのです。むしろ、日本で成立した武家政権に近い体制ができたのではないかとすら思うんですね。これも余談ですが。

■「モンゴルの大征服」始まる

さて、ここまで各「文字世界」の一三世紀までをざっと概観いたしました。そしてこの一三世紀には、「旧世界」すべての「文字世界」に影響を与える大きな出来事がありました。それが「モンゴルの大征服」です。

中国では江南に南宋、華北には金が押し出しながら、金も次第に「華」化しつつあった一三世紀初頭に、北方の遊牧民モンゴルで新たな動きが起こります。一大勢力を率いるテムジンが一二〇六年にモンゴル高原の諸部族を統一して「大ハン」(統治者)に即位し、チンギス＝ハンとなったのです。そして翌年から東西への征服に乗り出しまして、瞬く間に西方の西ウイグル王国、東南の金に侵攻し、黄河以北を支配下に置いてしまいます。

このころ、中央アジアからイラン、イラク、シリアのあたりを支配していたのは、大セルジューク朝が滅んであらたにたてられた、トルコ系ムスリムのホラズム・シャー朝でした。チンギス＝ハンは西へと大遠征を開始してこのホラズム・シャー朝を打ち破り、中央アジア一帯を飲み込みます。

ウイグル王国
モンゴル高原を中心に支配したトルコ系騎馬遊牧民族の王国。はじめ東突厥に支配されていたが、七四四年に自立して建国し(東ウイグル可汗国)、これを滅ぼした。強勢を誇るも八世紀末より内紛が激化し、それに乗じたトルコ系キルギスの侵攻を受けて八四〇年に滅亡。のち、逃げ延びた一派は天山方面に西ウイグル王国を、また河西地方には甘州ウイグル王国をたてた。

ホラズム・シャー朝
中央アジア、アム川下流域のホラズム地方に成立したイスラム王朝。同地の総督に任命されていたセルジューク朝のトルコ人マムルークが一〇七七年にセルジューク朝より独立。同朝を倒してイランに進出、ゴール朝を滅ぼしてアフガニスタンも掌中に収めた。一二三一年にモンゴルの侵攻を受けてのち、滅んだ。

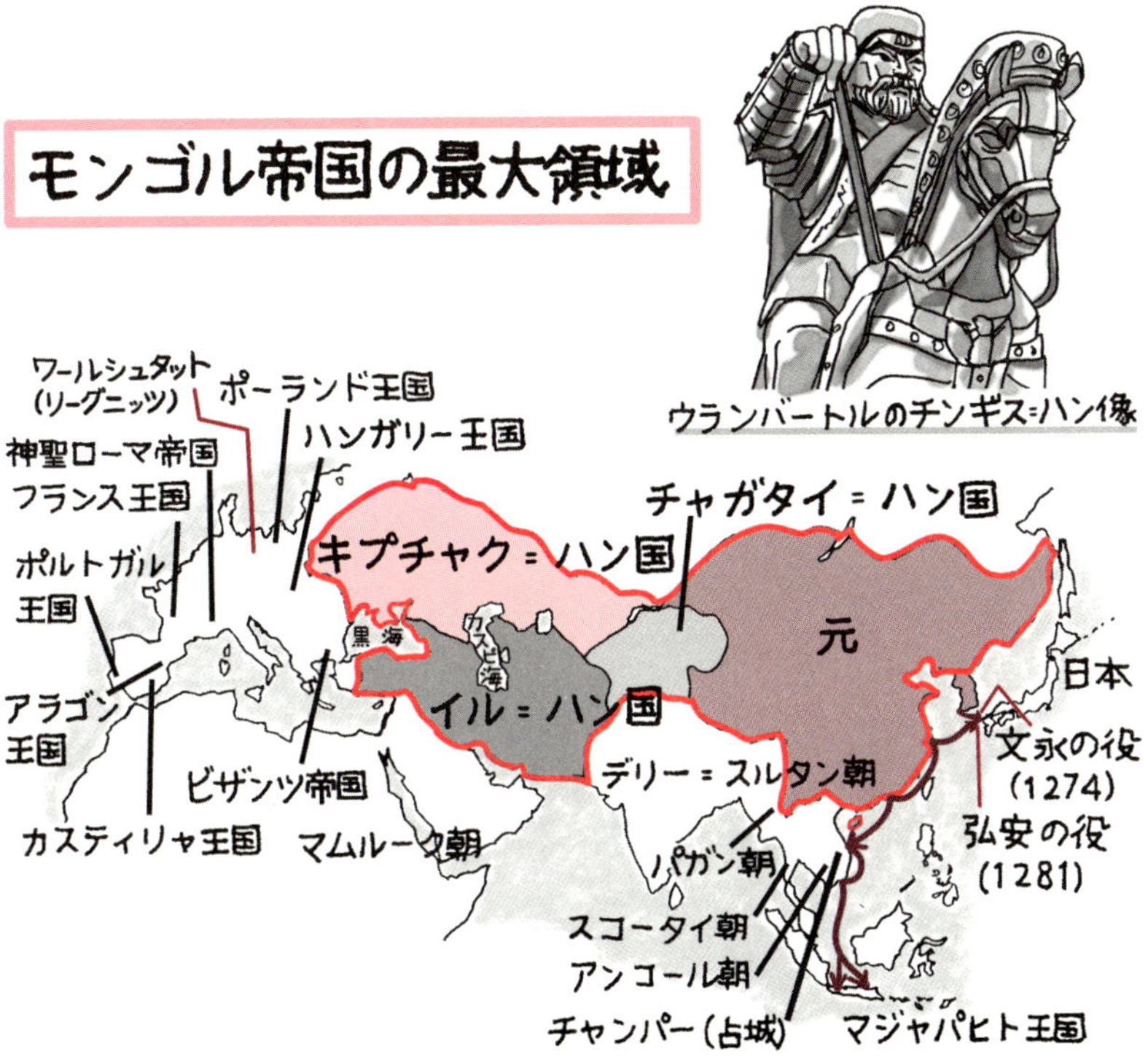
モンゴル帝国の最大領域
ウランバートルのチンギス＝ハン像
ワールシュタット
(リーグニッツ)
ポーランド王国
ハンガリー王国
神聖ローマ帝国
フランス王国
ポルトガル王国
アラゴン王国
カスティリャ王国
ビザンツ帝国
マムルーク朝
キプチャク＝ハン国
黒海
カスピ海
イル＝ハン国
チャガタイ＝ハン国
元
デリー＝スルタン朝
日本
文永の役
(1274)
弘安の役
(1281)
パガン朝
スコータイ朝
アンコール朝
チャンパー(占城)
マジャパヒト王国

西北方面へは別働隊としてチンギスの孫バトゥが率いる軍勢がロシア平原へ向かいまして、正教徒のルーシ諸侯軍を破ってキエフを落とします。さらにバトゥは西へと進み、ポーランド近郊のワールシュタットでポーランド・ドイツ連合軍を撃破し、ハンガリー国王軍も破ってウィーン郊外にまで迫ったのです。

チンギス＝ハンはその後、チベット系タングートの西夏征服を目前に没しますが、一三世紀なかごろに第五代大ハンとなるのがチンギス＝ハンの孫のフビライです。このフビライの代に、大都（現在の北京）を都とする「元」が成立し、南宋も滅亡して中国全体がモンゴルによる元朝の支配下におかれます。

半世紀にわたる代を重ねた征服で、モンゴル帝国はユーラシア大陸の東端からヨーロッパ東部にまで広がる、文字どおり世界史上最大の大帝国となったのです。

その影響は、当時の「五大文字世界」すべてに及びました。お膝元の「漢字世界」ではその雄たる中国がモンゴル勢力に乗っ取られてしまいますし、周辺部では朝鮮半島の高麗がモンゴルの属国となります。日本には有名な「元寇」として海を越えて二度も攻めてきますが、こちらは武士の活躍などで撃退したものの、動員された武士たちの恩賞への不満もあって北条氏による執権政治体制が動揺し、のちの建武の新政、そしてそれに続く南北朝の動乱につながっていきます。ベトナムへもフビライは侵攻して陳朝がいったんは帰順しますが、滅んだ南宋からの亡命者の協力もあり、元軍が撤退するまで抵抗を続けます。

西夏
一〇三八年にモンゴルのオルドス地方を中心にチベット系タングート人がたてた国（大夏）の宋での呼称。金の華北進出後はこれに服属しながら貿易で栄えたが、チンギス＝ハンの侵攻を受け一二二七年に滅亡。

各「文字世界」に与えたモンゴルのインパクト

「梵字世界」だと、中心のインドでは西北部にあったデリー・スルタン朝をモンゴル軍が脅かしますが、どちらも似た遊牧民系ということもあってか一進一退を繰り返します。ただ、見方を変えればこのデリー・スルタン朝が一種の防波堤のような役割を果たしたことで、インド中央部のヒンドゥー世界への侵攻を免れたともいえるでしょう。

ただ東南アジアの「梵字世界」では元軍の侵攻により、ジャワのシンガサリ朝やビルマのパガン朝が滅亡しています。ジャワではその後、元軍を撃退してあらたなマジャパヒト王国が建国され、ビルマでものちにタウングー朝がたてられます。

中央アジアより西側では、モンゴル帝国の第二代オゴタイ＝ハンが没すると権力闘争が起こり、早くも一三世紀中に分裂の兆しが見えはじめます。中央アジア一帯はチンギス＝ハンの第二子チャガタイのチャガタイ＝ハン国となり、イラン・イラクにはモンゴル帝国第四代モンケ＝ハンの弟フレグがイル＝ハン国をたてます。ちなみにこの間の一二五六年にはフレグがバグダードを陥落させ、アッバース朝最後のカリフだったムスタースィムが処刑されて、アッバース朝カリフが消滅してしまいます。ただアッバース朝の一族はカイロに逃れ、カリフとしての命脈はなんとか保つかたちになりました。

さらに黒海の北のロシア平原に入ったバトゥも、オゴタイの死後、この地にとどまってキプチャク＝ハン国ができます。

東の「ギリシア・キリル文字世界」では、その中心であるビザンツ帝国本体への侵攻はなかったものの、北方のキエフ公国がモンゴルにより滅亡させられました。このため「キリル文字世界」としてのスラヴ圏の重心は、その後さらに北方にできてくるモスクワ大公国に移っていくことになります。

「ラテン文字世界」についてはバトゥの軍勢がウィーンに迫ったものの、オゴタイ＝ハン死去の報で進軍がストップしたことにより、それ以上の難を逃れた格好になります。その後の西欧世界は、対イスラム勢力のための同盟と東西交易を求め、モンゴル帝国と接触するようになっていきます。

「モンゴルの大征服」と「アラブの大征服」の決定的な違いとは？

確かにモンゴルは空前の大帝国をつくり、ユーラシア大陸の東からヨーロッパまでつながる広大な空間をひとつにしました。その結果、陸の東西を結ぶ交通路と、海上交通路であるペルシア湾ルートの東西のターミナルが統一空間に置かれることになり、東西交易が以前より活発化することになったことは事実だろうと思います。

こうした点から、モンゴル史をご専門にされる先生方のなかから、モンゴル帝国がグローバリゼーションの新段階をもたらした、とする考察も出されています。そういう考え方もわからなくはないのですが、私の「文字世界」的世界史で捉え直してみると、果たしてそうだろうかという疑問が生じるのです。

先ほど概観したように、当時の五つの「文字世界」すべてに「モンゴルの大征服」の影響は及びました。でも、モンゴルに支配されるようになって、その圧倒的な「文明」の光を自分たちも浴びたいから、そのためにモンゴル語を受け入れようとか、モンゴルにならって文字も変えよう、ということになった「文字世界」はひとつもありませんでした。そもそもモンゴル帝国の形成期の段階ではモンゴル人は文字を持たず、前にもふれたように、モンゴルでは古代ウイグル文字をベースに、今日まで続くモンゴル文字をつくりだしますが、モンゴル人以外にはほとんど広がりませんでした。フビライのときにはチベット文字由来の「パスパ文字」を考案しましたが、これもあまり普及、定着することはありませんでした。

むしろ、その後の展開は逆でした。中国を覆った「元」は一世紀もたたずに瓦解し、再び中国は漢人による「明」が成立します。また中央アジアから黒海北方にまで分立した各ハン国も次第にイスラム化・ムスリム化、さらにはトルコ化していき、結局は数世紀でその姿を消してしまいます。

それは、七世紀からの一世紀間に進んだ「アラブの大征服」と比べてみると、一層明確になるでしょう。イスラム世界がそのとき征服した地は、西欧キリスト教世界にレコンキスタで奪還されたイベリア半島以外は、ほぼ現在でもイスラム圏として残っていますし、その多くは今なお「アラビア文字世界」のままなのです。

東西の空間を統一したことで東西交流を活発化させたのは、確かにモンゴルの「功績」といえますが、そもそも東西交易の海陸ルートははるか前から利用されてきたものを、モンゴルが大々的に活用したに過ぎないとみることもできるのではないでしょうか。

そう考えますと、モンゴル帝国はその後の世界を決定的に変えるようなイノベーションを起こしたわけでもなく、広大に広がったその領土にはモンゴル語もモンゴル文字も残らず、モンゴルの「文化」だってほんの断片としてしか残らなかったのです。

ですから「モンゴルの大征服」とは、火砲が未発達だった時代に最強の兵器であった「馬」と「弓矢」を武器に、その軍事組織の機動力・瞬発力という軍事上の大きな「比較優位」の下で一気に広がった、一種の「津波」のような現象ではなかったかと思われるのです。「モンゴルの大征服」が「津波」だとするなら、イスラム世界の出現は、何もなかった海に大陸が隆起する「地殻変動」のようなできごとだったといえるのではないでしょうか。

「アラビア文字世界」の成立は、本章の冒頭で紹介した七世紀初頭の「旧大陸」における「文字世界」のあり方を一変させてしまいます。これにより、現在まで続く新たな「五大文字世界」がついに形成されることになったのです。

第8章

西欧人の「大航海」時代は何を変えたのか？
14～16世紀の世界

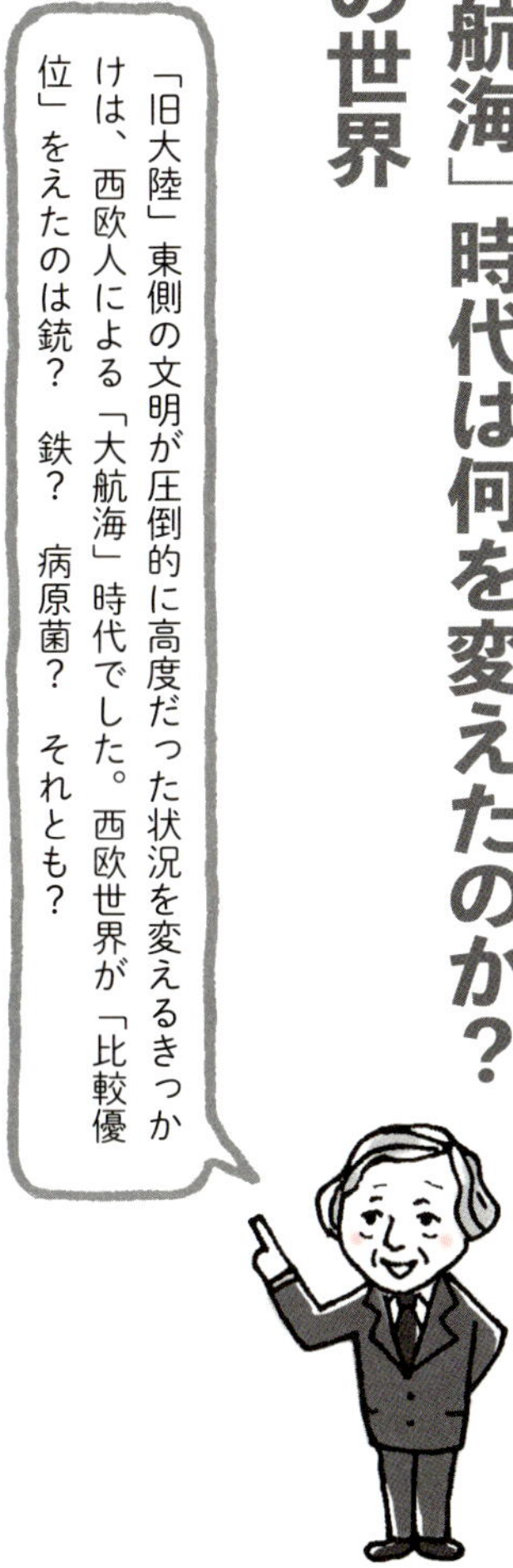
「旧大陸」東側の文明が圧倒的に高度だった状況を変えるきっかけは、西欧人による「大航海」時代でした。西欧世界が「比較優位」をえたのは銃？　鉄？　病原菌？　それとも？

「漢字世界」明朝の成立

さて、次は「モンゴルの大征服」以降の、一四世紀から一六世紀なかごろあたりまでの世界の動向を見てみたいと思います。この時代を一言でいうと、なんだかお天気の解説みたいな表現になりますが、「旧大陸」東側の諸文明が西側に対してまだ圧倒的に比較優位を保っていたという意味で、「東高西低」です。ところが、あることをきっかけに、文明の「東高西低」状態は逆転していくようになります。それが、西欧人の手によって一五世紀末に幕を開ける、「大航海」時代なんですね。

まず「漢字世界」のこの間の展開を簡単に。モンゴルの征服王朝である元朝は開祖のフビライが亡くなると、とたんに皇位をめぐる一族の争いが起こって政治が不安定になります。そうこうするうちに白蓮教徒の反乱などが各地で起こるようになり、その流れをくんで一大勢力となった朱元璋が元の都・大都（今の北京）を征しまして、元朝はおよそ一世紀で滅亡してしまいます。こうして貧農の子からのし上がった朱元璋が皇帝に即位して洪武帝となり、中国では新たな明朝が一三六八年に建国されます。

さすがに一〇〇年も異民族に支配されるというのは影響が残るもののようで、例えば今の現代中国語と昔の漢文を比べると文法もかなり違いますが、特に元朝のときに大きく変わったと主張される研究者がいます。中国語はシナ・チベット語族に属しますが、アルタイ語族のモンゴルの影響で、中国語がアルタイ語化したんだそうです。

明でも、それなりに皇帝専制・中央集権的な「支配組織」がつくられます。元の時代に一時廃止された科挙も本格的に復活しますが、明では宦官がかなり重用されて力を持つようになり、政策にも口を出すようになります。

どちらかというと明は「農村重視」型で、内側を固めるのが好きであまり外へと向かわない性格の王朝でした。この時代は「北虜南倭」、つまり北方のモンゴル系遊牧民と南方の倭寇にずいぶん悩まされまして、特に一五世紀になるとモンゴル高原にオイラトという一大遊牧民勢力が台頭してきて、攻め込んできたりとたびたび圧迫を受

フビライ（在位一二六〇～九四）
クビライとも。廟号は世祖。チンギス＝ハンの孫に生まれ、四六歳でモンゴル帝国の五代皇帝、五七歳で元の初代皇帝に即位。一二七九年には南宋を滅ぼして中国を統一。また高麗や安南、ビルマ、ジャワを従え、日本征服を試み、二度の元寇を行った。

倭寇
一四～一六世紀、おもに朝鮮半島から中国東南沿岸にかけて跋扈した日本人（後期は中国人が主）の海賊。豊臣秀吉の取り締まりによって鎮静化した。

け続けることになります。

鄭和の南海大遠征

そういうなか、明代で特筆に価するのは、第三代永楽帝の時代から七度にわたって行われた鄭和の南海大遠征ではないでしょうか。鄭和は雲南出身、ムスリムの宦官で、これが六〇隻近い船と三万人に及ぶ乗員の大艦隊を率いて、南シナ海からマラッカ海峡を経て、インド洋へと向かいます。その先はいくつかの船団に分かれて進み、一部は東アフリカの今のケニアにあるマリンディや、紅海に入ってイスラムの聖都メッカにまで到達しています。

このような航海が可能だったのは、鄭和がムスリムだったことが大きかったのではないかと思われます。つまり、東南アジアからインド洋を経てアラビア半島、そして東アフリカへという沿岸一帯というのはムスリムが仕切っていた海上交易路「海のシルクロード」でしたから、そのネットワークに頼ることができたからでしょう。

これにより、それまで中国とまったく縁がなかった多くの国が明に朝貢するようになったといわれます。ちなみに中国が本格的に海に乗り出したのは歴史的にも鄭和の航海がはじめてといっていいでしょう。中国というのはどちらかというと陸の帝国で、あまり海に関心を持たなかったのか、その後もほとんど海には出ていきません。

永楽帝（在位一四〇二～二四）
明の三代皇帝。はじめ燕王に封ぜられ、北辺の警備にあたった。一四〇二年に挙兵し（靖難の役）、首都を攻略して即位。北京に遷都。また宦官を重用し、皇帝独裁を強化するとともに積極的な対外政策をとり、活気あふれる時代を築いた。

ところが二一世紀になると「一帯一路」構想、つまり昔の「陸のシルクロード」に加えて、「海のシルクロード」がつないでいたインド洋から東アフリカに、中国主導の経済圏をつくろうということで力を入れています。これはまさに、明代の「鄭和」以来の試みなのです。

明の歴代皇帝を見ると、さほど優秀でない方もずいぶんおられます。それでも明が三〇〇年近くそれなりに続いたのは、やはり江南を中心に農業と商業の活気が高くて、それに加えて皇帝の資質を補って統治し続けられるだけの、「支配組織」とその担い手の補充システムである科挙が、かなりの程度で機能していたからであろうと思います。

ムガル帝国による「梵字世界」インドの統一

続いて「梵字世界」のインドと、「アラビア文字世界」の動向についてかいつまんでみてみたいと思います。

インド北部にデリー・スルタン朝というイスラム王朝ができて、それがモンゴル勢力のインドへの侵入の防波堤のような格好になり、ヒンドゥー世界のインド心臓部にはほとんどモンゴルの影響がなかったことはすでにお話ししました。このように、インドでは北方のムスリム勢力が南下をうかがい、それにヒンドゥー系諸王朝が抵抗す

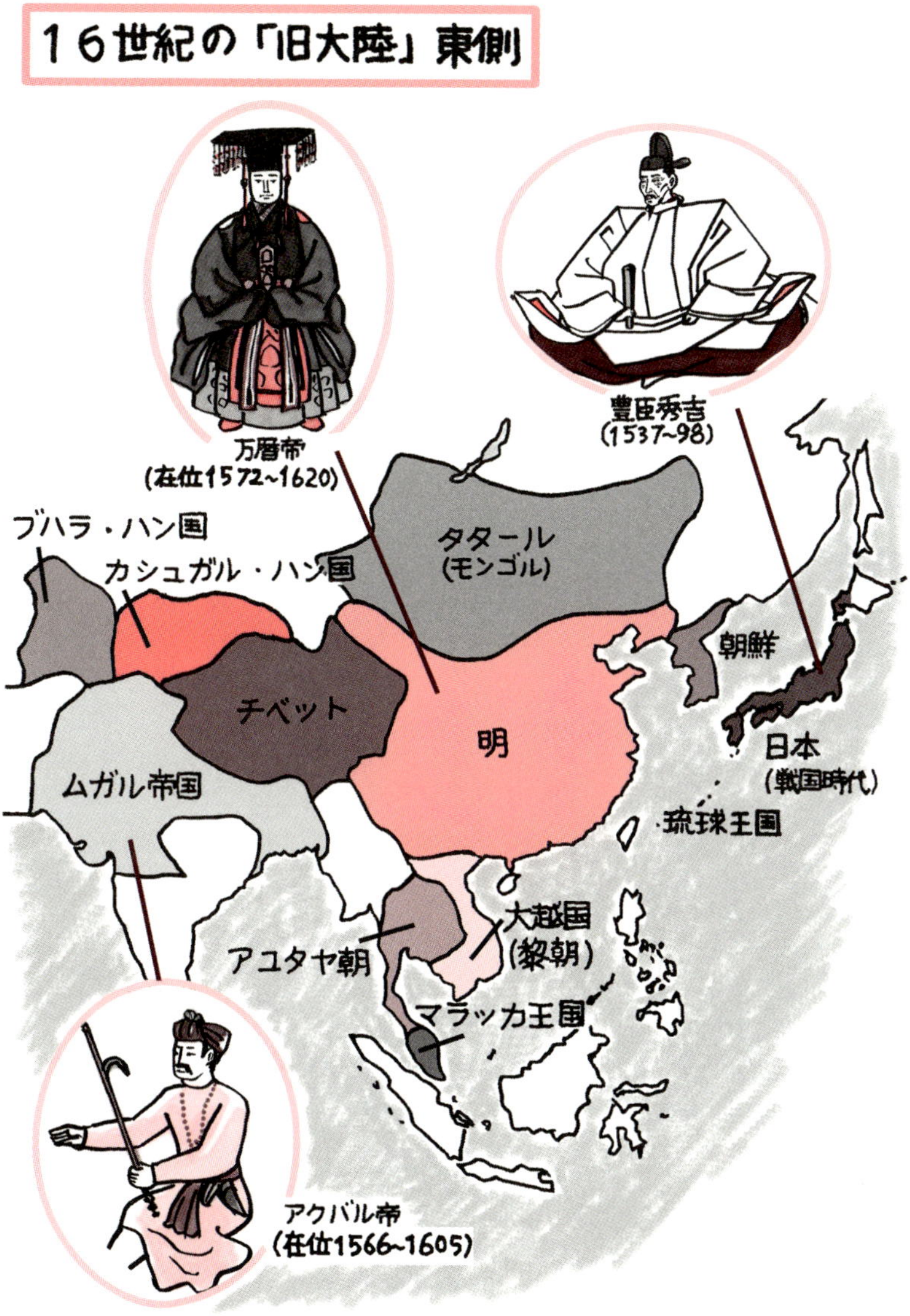
16世紀の「旧大陸」東側
万暦帝
(在位1572~1620)
豊臣秀吉
(1537~98)
ブハラ・ハン国
カシュガル・ハン国
タタール
(モンゴル)
朝鮮
チベット
明
日本
(戦国時代)
ムガル帝国
琉球王国
大越国
(黎朝)
アユタヤ朝
マラッカ王国
アクバル帝
(在位1566~1605)

るというかたちの抗争が続くわけです。

中央アジアを押さえていたチャガタイ＝ハン国は、その武将でムスリムのティムールが台頭して一四世紀後半にティムール朝となり、一時はデリーにまで侵攻しますが、一五世紀もデリー・スルタン朝が少しずつ南下を続けてデカン高原へと浸透していきます。

ティムール朝はティムールの死後すぐに分裂してしまい、中央アジアを追われたバーブル（ティムール五代の孫）がアフガニスタンに侵攻して、矛先を向けたのがインドでした。バーブルはデリー・スルタン朝を倒して、北部インドにムガル帝国をたちあげます。

このムガル帝国はその後どんどん領土を拡大していき、古代インドのマウリヤ朝以来、政治的に分裂してきたインドのほぼ全土を一七世紀に統一するのです。

ムスリムは偶像崇拝に対して厳しいところがありますが、異教徒であるヒンドゥー教徒をムスリムが支配することを可能にしたのは、融和政策でした。すでにお話ししたとおり、イスラム世界ではアッバース朝時代、キリスト教やユダヤ教といった異教徒である一神教徒については、人頭税（ジズヤ）を納めれば「啓典の民」として保護（ズィンマ）を与えるという仕組みができました。その対象を、一神教ではないヒンドゥー教徒やジャイナ教徒にも拡大したのです。さらに第三代アクバル帝の時代には人頭税も免除したので、不平等であるけれど、それなりに共存できるようになったたん

ティムール朝
一三七〇年、モンゴルの武将ティムールによって中央アジアから西アジアにたてられた王朝。首都はサマルカンド（のちヘラート）。都市を中心に華やかな宮廷文化が花開いた。政権の分裂や王位争いを背景に一五〇七年、トルコ系のシャイバーン朝によって滅ぼされた。

ムガル帝国
インドのほぼ全域を支配したイスラム王朝。一五二六年、ティムールの末裔バーブルがインドのデリー・スルタン朝のローディー朝を倒し建国。二代皇帝フマーユーンのとき崩壊の危機を迎えるが、サファヴィー朝ペルシアの援助を受け再興を果たした。一八世紀に入ると衰退。セポイの反乱により一八五八年、イギリスによって廃絶され、インドはイギリスの直轄植民地となった。

ですね。

ムスリムとヒンドゥーが共存する空間では、ヒンドゥーの神秘主義とイスラムのスーフィズムが習合していくようなインド・イスラム哲学や、インド・イスラム建築が花を開きます。有名なタージ・マハルも、ムガル帝国の第五代シャー・ジャハーンが亡くなった妃ムムタズ・マハルのために建てた霊廟ですね。

オスマン帝国の出現

「梵字世界」のお隣の「アラビア文字世界」ではモンゴルの侵攻により、イランとイラクの地にはモンゴル人が支配するイル＝ハン国ができました。ただすでにこの地に定着していたイスラムの影響を受け、第七代ガザン＝ハンは改宗してムスリムになっています。

このイル＝ハン国も支配集団であるモンゴル人らの権力闘争が絶えず、次第に衰退していきますが、このイランというところは他のイスラム世界と比べるとちょっと特殊な地域なんです。

イランはもともと都市と農耕民が中心の世界で、どちらかというと遊牧民の比重は小さかったのですが、その後にトルコ人が入ってくると逆に遊牧民の力が強くなってしまいます。さらにモンゴルのイル＝ハン国に入ったことで、その状況が決定的なか

ジャイナ教
前六世紀ころインドにおこった宗教で、創始者はヴァルダマーナ。ヴェーダの権威を否定。また真理は相対的であると説き、一方的な判断を否定する。不殺生主義で、その最終的実践として断食を重視する。

たちとなって近代に続くのです。
そのためイラン社会が定住的な都市・農村型の高度社会になりそこねて昔ながらの社会構造が残ってしまい、「西洋化」改革も他のイスラム世界に比べてかなり遅れてしまいます。前に触れたホメイニー師を指導者として一九七九年にイラン革命が起こりますが、このときに大きな役割を果たしたのはバザール商人と、彼らに支持されたウラマー（イスラム教学者）たちでした。これも、同じイスラム世界のトルコやエジプトでは、そうした社会層が革命運動の中心になるというのは、およそありえない話なのです。

余談はさておき、イラン、イラクのさらに西のアナトリアでは、大セルジューク朝から分派したルーム・セルジューク朝がイル＝ハン国の属国になりますが、ここではムスリム・トルコ系勢力の力が強く、君侯国が割拠するようになります。この地の西北の外れで一三世紀末、その後のイスラム世界のあり方を一変させていく、ある勢力が登場します。それが、初代オスマン率いるムスリム・トルコ系のオスマン集団でした。

彼らはビザンツ帝国領への征服活動に乗り出し、一四世紀に入って第二代オルハンの時代となる一三二六年には、ビザンツの地方都市ブルサを征服します。そしてこの都市を首都にして、君侯国としての体制を整えていくのです。

その後、「帝国」化への基礎を固めたのが、第三代ムラト一世の時代であろうと思

ムラト一世（在位一三六二頃〜八九）

オスマン帝国三代君主。三五歳のとき即位。アンカラやアドリアノープルを攻略し、またブルガリアを征服。一三六二年ごろ、ブルサからアドリアノープルに遷都しエディルネと改名した。コソヴォでセルビア軍を破るが陣中で暗殺された。イエニチェリの創設でも知られる。

います。オスマン軍というのは騎兵集団だったのですが、この時代にアッバース朝期にできたマムルーク（奴隷軍人）のモデルを取り入れて、そのオスマン版ともいうべき君主直属のイェニチェリ（新軍）を組織します。これは歩兵を中心とする軍事組織で、特に敵の城を攻める際にかなり有効に機能するようになりました。

歩兵の武器も、最初のうちは旧来の槍や刀、弓といったものでしたが、一四世紀末ころになるとイタリアを経由して西欧から大砲、臼砲といった火砲がもたらされます。一五世紀には、今度は使い勝手のよくなった小銃が入ってきたことから、イェニチェリは小銃を装備し、砲兵軍団や大砲を運び工兵としても働く砲車兵軍団などを備えた、イスラム世界と地中海地域においてもっとも先進的な軍事組織になっていくのです。

こうした勢いでオスマン帝国は東西に押し出していくようになり、一四世紀中にはアナトリアとバルカンの多くを手中に収めます。一五世紀初頭の一四〇二年にはアンカラの戦いで東方のティムール軍に敗れて一時は存亡の危機に直面したのですが、なんとか持ちこたえます。そして一四五三年、第七代メフメット二世のときにビザンツ帝国の都コンスタンティノポリスを落とし、そのほとんどの版図を支配下に置いたのです。これにより一〇〇〇年以上にわたって「ギリシア・キリル文字世界」の中心だったビザンツ帝国は、ついに滅亡してしまいます。

メフメット二世（在位一四四四～四五、四五～四六、五一～八一）
　オスマン帝国七代君主。一四五三年にコンスタンティノープルを攻略し、東ローマ帝国を滅ぼすと同地に遷都した。トラブゾン帝国を併合、クリム＝ハン国を臣属国とするなどし、征服王とも呼ばれた。

イスラム世界帝国へ

一六世紀に入っても拡大の勢いは衰えず、オスマン帝国はその最盛期を迎えます。東のイランの地にあったシーア派のサファヴィー朝を破ってさらにアナトリアの東方に領土を広げ、ついで当時のイスラム世界の経済と文化の中心地だったエジプトとシリア、またメッカとメディナのイスラム二大聖都を押さえていた、スンナ派のマムルーク朝を征服します。

このマムルークの騎兵というのは十代のうちから徹底的に鍛えられた精鋭で、かつてシリアに侵攻してきたあのモンゴル軍を平地戦で破ったほどでした。これをオスマン軍は騎兵と、小銃と大砲を得意とするイェニチェリを巧妙に組み合わせた戦法で撃破してしまいます。こうして軍事的にも「比較優位」を獲得したオスマン帝国は、イスラム世界の中心を押さえ、ついに「イスラム世界帝国」への道を歩みはじめます。

この大帝国を完成させたのが、第一〇代皇帝のスレイマン一世（大帝）でした。このスレイマンの時代（一五二〇～六六年）に帝国の基礎が整い、もっともきらびやかな時代だったことから、西欧ではスレイマンを「壮麗者」（The Magnificent）とも呼びます。

この時代、オスマン帝国は西の西欧世界へも進出しまして、ハンガリーの大半を押

サファヴィー朝
　イランのシーア派王朝。一五〇一年にスーフィー教団（イスラムにおける神秘主義者）を源流とし、トルコ系のテュルクメン遊牧民族を基盤として成立。アッバース一世のとき最盛期を迎え、貿易で栄えた都イスファハーンは「世界の半分」とうたわれるほどの繁栄ぶりだったとされる。一七二二年にアフガン族により首都が占領され三六年に滅亡。

スレイマン一世（在位一五二〇～六六）
　オスマン帝国一〇代君主。二七歳で即位。ハンガリーを征服してウィーンを包囲、またプレヴェザの海戦に勝利して地中海を制覇するなどの対外政策のみならず、内政においても制度を整え、帝国の最盛期を築いた。その名はヨーロッパにも轟き、トルコでは「立法者」、ヨーロッパでは「壮麗者」と称される。

さえ、東地中海だけでなく西地中海の制海権にも挑戦するのです。さらには当時の西欧世界で最強勢力だったハプスブルク帝国を脅かして、その牙城であるウィーンを包囲するに至ります。

地中海の東側、そして陸上からイスラム勢力が西欧に進出したのが世界史上はじめてのことなら、トルコ系ムスリム勢力がウィーンを包囲したというのも世界史の転換期ともいえる大事件です。この第一次ウィーン包囲（一五二九年）は成功こそしなかったものの、西欧キリスト教世界をかつてないほど震撼させました。オスマン帝国はこのとき、西欧世界にとって最大の外的脅威として立ち現れることになったのです。

台頭するモスクワ大公国

さて、ここでオスマン帝国によってその中心「ビザンツ帝国」が滅ぼされた後の、「ギリシア・キリル文字世界」についてもふれておきましょう。

これによりビザンツ世界はイスラム世界に入り、「文字世界」の中心は一三世紀から台頭をはじめた北方のモスクワ大公国に移ります。大公のイヴァン三世はビザンツ最後の皇帝の姪であるソフィアと結婚して、ビザンツすなわち「ローマ帝国」の正統な継承者を自負します。

このモスクワ大公国も、オスマン帝国のスレイマンと同時代人であるイヴァン雷帝

イヴァン雷帝（**イヴァン四世、在位一五三三～八四**）

三歳でモスクワ大公に即位し、大貴族の専横に翻弄されたが、一八歳のとき正式に「全ロシアのツァーリ」（皇帝）を称し親政を開始。ロシア帝国の事実上の創設者。大貴族を抑圧し専制化を進め、また南ロシアやシベリアへの領土拡大や農奴制強化に努めた。

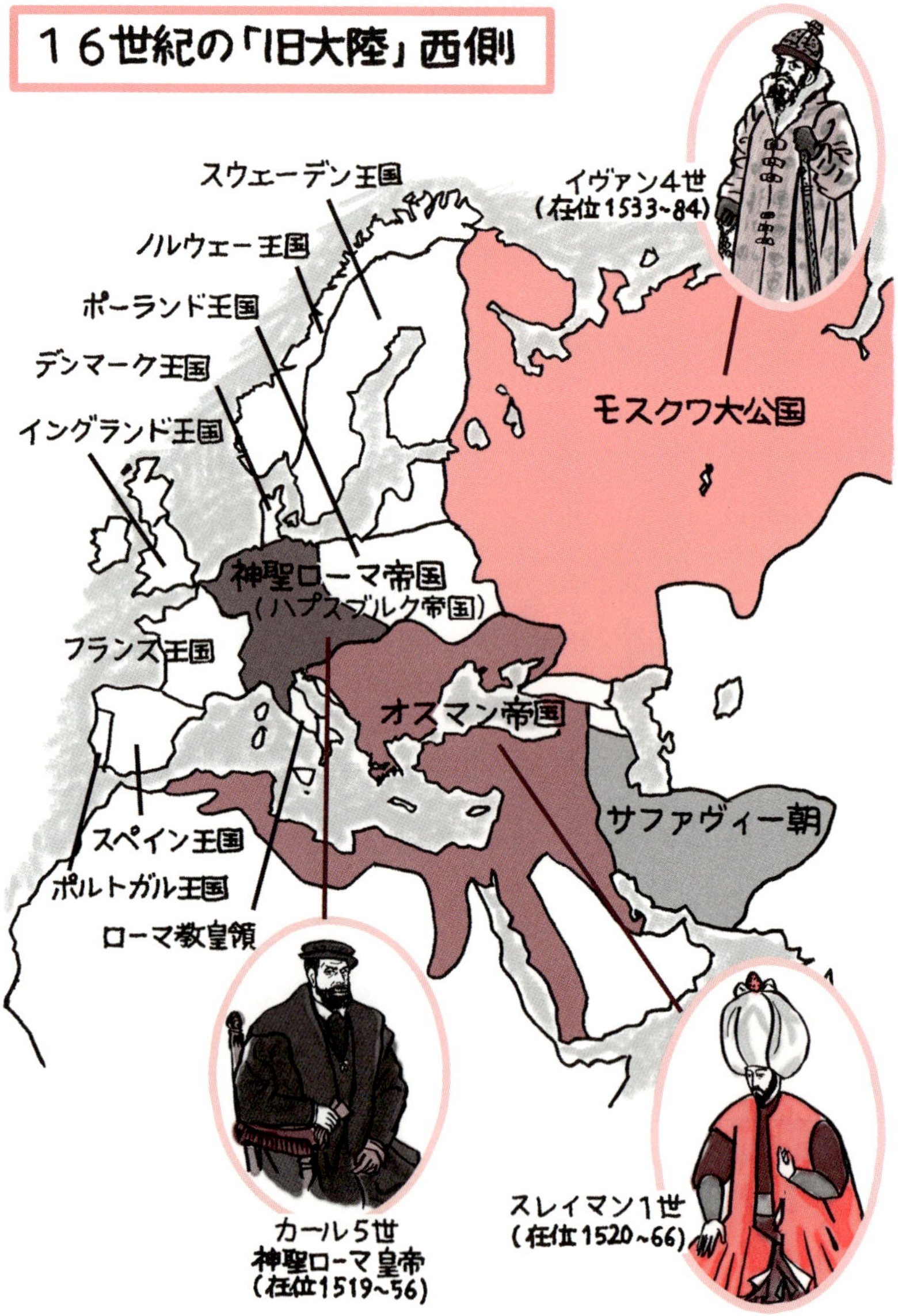
１６世紀の「旧大陸」西側
スウェーデン王国
ノルウェー王国
ポーランド王国
デンマーク王国
イングランド王国
神聖ローマ帝国
（ハプスブルク帝国）
フランス王国
スペイン王国
ポルトガル王国
ローマ教皇領
オスマン帝国
サファヴィー朝
モスクワ大公国
イヴァン4世
（在位1533~84）
カール5世
神聖ローマ皇帝
（在位1519~56）
スレイマン1世
（在位1520~66）

（イヴァン四世）のときに大きな変革を遂げることになります。国内的には君主直属の銃兵隊を使い、貴族勢力を倒して君主専制体制を敷くことに成功しました。

対外的な脅威だったのはかつてのモンゴル帝国の一派で、黒海からロシア平原にわたる広大な地域を占めていた遊牧民勢力キプチャク＝ハン国でした。ただこのキプチャク＝ハン国も一五世紀に入ると王族間の権力抗争から次第に四つのハン国に分裂してしまいます。

モスクワ大公国は火砲による軍事的比較優位を武器に、従来の騎兵に頼るクリム＝ハン国をのぞく三ハン国を一六世紀に次々に征服し、さらには東方に広がる広大なシベリアの征服にも乗り出します。一七世紀後半になると、モスクワ大公国は非「西欧世界」として初めての「西洋化」改革に乗り出し、北方における新興の強国として頭角を現すようになっていくのです。

オスマン帝国はなぜ西欧諸国を圧倒したか

さて、ここまでかなり駆け足で東から「漢字世界」そして「梵字世界」、「アラビア文字世界」と「ギリシア・キリル文字世界」の一四～一六世紀を見てきました。

こうして展望しますと、一六世紀までは明らかに、「アラビア文字世界」のイスラム世界や、「漢字世界」である中国のほうが、「ラテン文字世界」の西欧世界よりも文明的にはずっと優勢です。

そもそも、七世紀後半の「アラブの大征服」以来、途中でモンゴルによる一時的な「津波」は受けたものの、一五世紀末からの西欧による「大航海」時代が進むまで、ユーラシア大陸中央部とその西半、そして東南アジアからインド洋で圧倒的な覇権を握っていたのはイスラム世界でした。

それを可能にしたもののひとつは、三大陸を結ぶ陸と海のシルクロードを押さえることから生じる莫大な富です。西欧を脅かしたオスマン帝国の軍事力も、この異文化世界間交易から生まれる巨利と広大な領土からの税収で支えられていたのです。

そして、もうひとつは中世西欧では実現することができなかった君主による「一円支配」型の「支配組織」です。これは一円徴税権と一円裁判権が君主ひとりの下に集まることで可能となります。

わかりやすい例をあげましょう。西欧世界のイノベーションである火砲は、イタリアからオスマン帝国に伝わりました。ところが火砲の使い方という点では、おそらく一六世紀なかばあたりまでは、当の西欧よりもオスマン帝国のほうが上だったのです。なぜだかわかりますか？

当時の西欧で、もっとも性能のいい鉄砲をつくれたのはイタリアでしたが、職人芸による生産だったため、大量生産ができませんでした。というより、当時のイタリアは都市国家が分立していた時代だったので、ドーンと大量に発注してくれる大領主がそもそもいないのです。

一方のオスマン帝国は巨大な財政を一元的に動かすことができたので、帝国内に砲兵工廠をつくって鉄砲の大量生産をはじめ、これを常備歩兵軍団のイェニチェリに装備します。こういうやり方はアメリカに似ているところがありまして、オスマン帝国が「ユニクロ」的大量生産方式だとするなら、西欧は「プレタポルテ」のようなものですから、数にはかなわないということになるわけです。

こうした側面は軍事組織にもいえることで、オスマン帝国は大きな財源で恒常的な常備軍を備えたのに対し、中世西欧はどの国も比較的規模が小さな封建制国家だったため、一度に大きな兵力を動員できなかったのです。

そもそもこうした君主専制・中央集権的な支配組織の大もとは、地中海沿岸地域ではかつてのローマ帝国が形成したものですが、その後継である西欧世界では久しく忘れられてしまったんですね。一方のイスラム世界では、アッバース朝時代にかつてのペルシア帝国からササン朝時代につくられた組織を受け継ぎながら、その原型が完成していて、以後もそれを手本にしながら改良を重ねていったということになります。

しかし、この文明における「東高西低」の構図も一七世紀以降、次第に逆転していくことになります。次は、その「逆転」の先鞭をつけることになった西欧の「大航海」時代について、見ていくことになります。

「大航海」時代の幕開け

西欧キリスト教世界では、「アラブの大征服」でムスリムに奪われたイベリア半島の奪還をめざすレコンキスタが続けられまして、特にカスティリャの女王イサベルとアラゴン王のフェルナンドが結婚して共同統治王という関係になったこともあり、ついに一四九二年、最後のムスリムによる拠点だったグラナダを陥落させてイベリアを回復します。

レコンキスタの遂行で盛り上がったキリスト教徒らの熱気は消えることなく、それが陸から海へという新たな目標を彼らの前に浮き上がらせることになったのです。

その動機は、二つあったと考えられます。西欧世界にとっての脅威は依然として東のイスラム世界でしたから、これをなんとかしたいわけです。彼らの間では昔から「プレスター・ジョンの伝説」なるものがあって、はるか東方にキリスト教徒プレスター・ジョン（司祭ヨハネ）の王国がある、というものです。この王国を本格的に探し出して共闘関係をつくり、邪魔するイスラム勢力を西と東から挟み撃ちにしようと考えたんですね。

もうひとつはイスラム世界が手中にしていた東西交易です。特にインドや東南アジアからのさまざまな香料は西欧世界でも高値で取引されていましたから、自分たちで

カスティリャ
イベリア半島中央部に位置するスペインの地方。一〇三五年、この地方にキリスト教を国教とするカスティリャ王国が建国された。一二三〇年にはレオン王国を併合。次いでイスラム王朝の支配拠点であるアンダルシア地方を征服。イベリア半島における最有力国家となった。一四六九年にカスティリャ女王イサベルはアラゴン王フェルナンド二世と結婚。その一〇年後、アラゴン連合王国との統合が実現し、スペイン王国が成立する。その後もカスティリアは王政の中心地であり続けた。

その海運ルートを切り開けば、莫大な富を得られると目論んだわけです。

その先駆となったのが、わりと早くから国がまとまっていたポルトガル王国で、一五世紀中ごろから「航海王子」と称されるエンリケ王子が船団を組織し、アフリカ西海岸を南に進んでアフリカ大陸の南端をまわり、イスラム勢力が仕切るインド洋へ到達するルートを試みます。その途中でエンリケは亡くなってしまいますが、ヴァスコ・ダ・ガマがアフリカ南端の喜望峰からインド洋に抜け、一四九八年にインドに到達します。ヴァスコ・ダ・ガマはよく「インド航路の発見者」といわれますが、これは正しくありません。彼の真の偉業とは、喜望峰を回航して大西洋からインド洋へ入ったことにあります。そこから先のアフリカ東海岸からインドまでのルートというのは、すでに以前からムスリムたちによって営まれていたわけですから。

ポルトガルが押さえた「海のシルク・ロード」

もう一方で海に乗り出したのがのちにスペインとなる、カスティリャとアラゴンの同君連合でした。そこに、地球は丸いのだから大西洋を西に横断すればインドに行けるはずだと、壮大なプロジェクトを持ち込んだ人物がジェノヴァ人のコロンブスです。これにより、コロンブスは「新大陸」の一部であるカリブ海のイスパニョーラ島に到達します。当時はまだ「新大陸」の存在は知られていませんでしたから、コロンブスはそこがめざしたインドの一部だと信じたまま亡くなったといわれます。

こうして開幕した「大航海」時代ですが、ここからの展開がとても早いのです。ヴァスコ・ダ・ガマがインドの西岸のカリカットに到達するのが一四九八年ですが、わずか五年後の一五〇三年には、インド西南部にあって古くから香辛料交易の要衝だったコーチンにポルトガル人が要塞をつくり、インド総督が置かれます。

インド洋西北岸のグジャラート・スルタン朝はエジプトのマムルーク朝に支援を求めまして、いったんはマムルーク艦隊がポルトガル艦隊を破りますが、翌年にポルトガルが増派してきた艦隊に今度はマムルーク艦隊が撃破され、一五一〇年にポルトガルはインド南西岸の港市ゴアを占領してしまいます。これ以降、ゴアはポルトガル勢力のインド洋進出の一大拠点となっていくのです。

ポルトガルの勢いはさらに増して、アフリカ東海岸のキルワ、モンバサの港市国家から、ペルシア湾口のホルムズといった要衝を次々に落とし、東方ではシナ海とインド洋を結ぶムスリムの拠点マラッカ、さらには香料で有名なモルッカ諸島まで占領するなど、ムスリムが仕切ってきた「海のシルク・ロード」は瞬く間にポルトガルに押さえられていくのです。

それは「新大陸」のほうも同様でした。メキシコに入ったスペインのコルテスが一五二一年にアステカ王国の首都ティノチティトランを征服し、一方ではこれもスペイン人のピサロが南アメリカのインカ帝国に入り込み、皇帝アタワルパを捕らえて、一

モルッカ諸島
マルク諸島とも。インドネシア東部のスラウェシ島、ティモール島、ニューギニア島の間に位置する島々。豊富な香辛料の産地で、クローヴやナツメグは元来この地域でしか産出されないこともあり、一五一二年のポルトガル来航後、スペインやイギリス、オランダなど諸勢力との間に激しい争奪戦が展開された。一七世紀にオランダの覇権が確立。

ティノチティトラン
アステカ王国の首都（現メキシコシティ）。一四世紀中ごろ、かつて存在したテスココ湖に浮かぶ小島に築かれた湖上都市。一六世紀初頭には人口二〇万～三〇万を数え、碁盤の目状の道路や運河、中央には壮麗な神殿、その周囲には宮殿が建っていたとされる。

五三三年に首都クスコを征してスペインの支配下に入れてしまいます。

船と火砲で比較優位を得た西欧世界

なぜこのような状況になっていったのでしょうか。当時の西欧はどちらかというとユーラシア大陸の西端に引きこもっていた世界で、東側の「漢字世界」や「アラビア文字世界」と比べても、総合的な「文明」の程度と「文化」的洗練度においてそれらを上回っていたとはとてもいえません。こうした状況を可能にしたのは「大航海」時代以降、西欧人が「船」と「火砲」について、他の「文字世界」に対する高い「比較優位」を確立した点こそが決定的であったと思われます。

「船」自体はどの世界にも存在していましたが、西洋人によるイノベーションとは、長距離の大陸間移動を可能にさせた外洋航海型帆船とその航海技術であり、もうひとつが大口径の大砲です。

この外洋船というのは、まさに世界史を変えるほどの大発明だったといっても過言ではありません。次のページのイラストを見ていただくのがわかりやすいのですが、あのヴァスコ・ダ・ガマがインド洋に到達した一五世紀末ころの、登場したての外洋船というのは、まだまだ貧弱なものでした。ところが百戦錬磨をへて改良が重ねられた結果、両舷には大砲がずらりと並び、相当な荒波にも耐えながら進むことができるガレオン船になります。
人が乗るうえでの機能からいえば、中国の大型のジャンク船も西洋の外洋船に匹敵するものだったといわれております。でも、海戦になったらどうだったでしょうか。残念ながら、「大航海」時代には中国のジャンク船と西欧の外洋船との海戦というのが起こらなかったので何ともいえませんが、私が思うに兵器としての優劣は、やはり小回りのきく西欧の外洋船に軍配があがったのではないでしょうか。ちなみに時代はだいぶ下りますが、一九世紀中ごろのアヘン戦争では清のジャンク船が完敗してしまいます。

そもそも、互いに大艦隊を組織して拠点を奪い合うという発想は、海運で栄えていたインド洋ではほとんど見られなかったものです。歴史的に見ると、インド洋は大変に平和の海で、海上覇権をめぐる争いというのはもっぱら地中海で展開されてきました。地中海こそが古代よりの「戦争の海」で、ペルシアとギリシアの「サラミスの海戦」(紀元前五世紀)にはじまり、一八世紀末のナポレオンが率いてきたフランス艦隊と、ネルソン率いるイギリス艦隊による「アブキールの戦い」に至るまで、世界の主要な海戦のほとんどは、この地中海で起こったものなんです。

一九世紀前半にもなると、この外洋船がさらに進化を遂げて蒸気船が登場します。風の力を受けなくとも蒸気機関で自走できる蒸気船の出現は、西欧の比較優位を決定的にさせ、もはや蒸気船を保有していなければ西欧文明に誰も太刀打ちできないとい

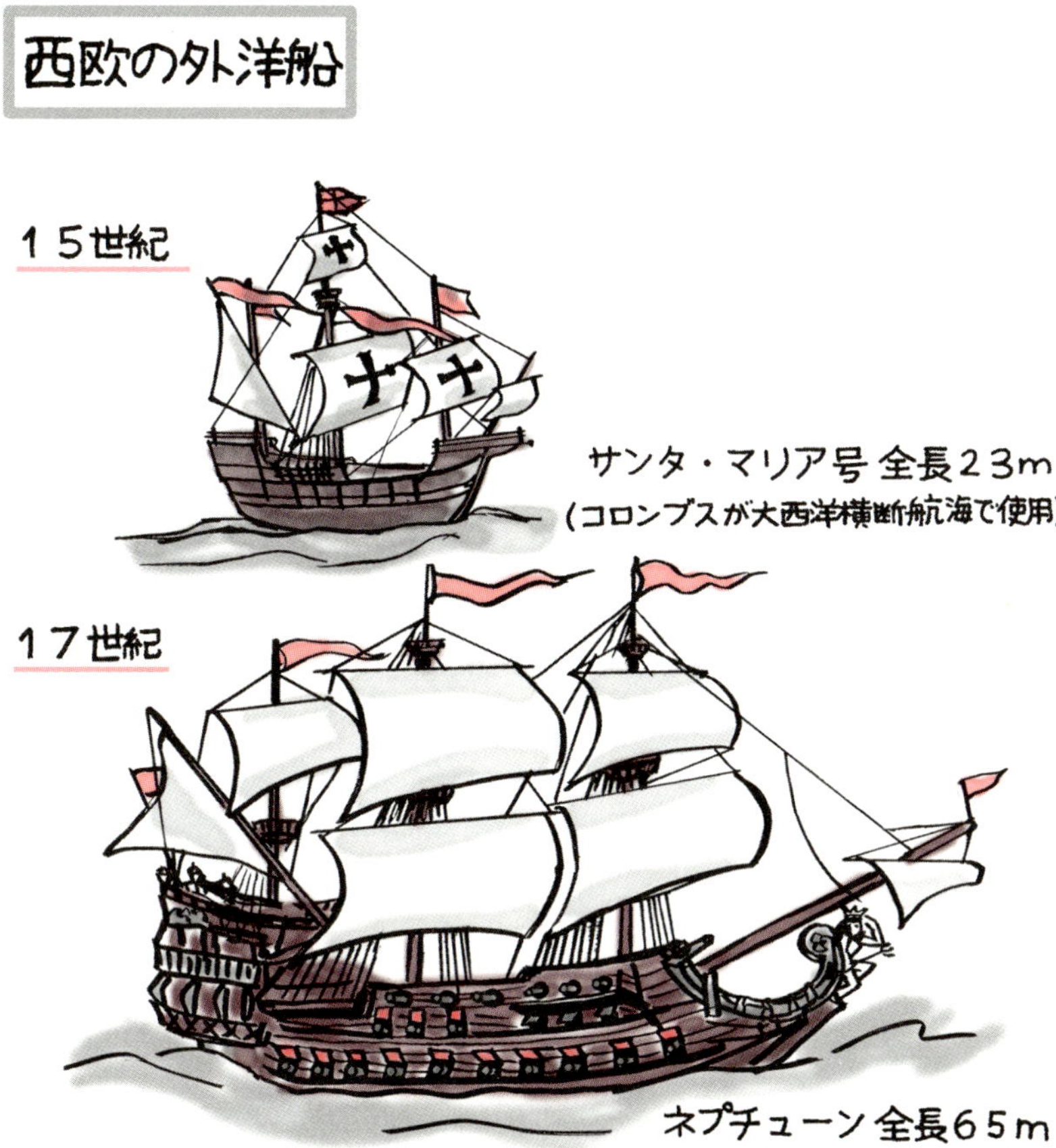
西欧の外洋船
１５世紀
サンタ・マリア号 全長２３m
(コロンブスが大西洋横断航海で使用)
１７世紀
ネプチューン 全長６５m
(スペインのガレオン船)

う事態を招来します。「泰平の眠りを覚ます上喜撰　たった四杯で夜も眠れず」とは黒船来航（一八五三年）の様子を詠んだ有名な狂歌ですが、日本も蒸気船によって、西欧のグローバル・システムに組み込まれることになったのです。

一方の火砲についてみると、そもそも火薬は中国で発明されたものでした。それがイスラム世界を経由して西欧世界に伝わるのですが、当の中国やイスラム世界では、それを本格的な武器として使うことはありませんでした。もちろん一五～一六世紀にはオスマン帝国も火砲をおおいに使うようにはなるのですが、やはり西欧人がこの火薬を用いる実用的な火砲を考案し、その性能を高める努力にはげんだ結果、他文化世界を軍事力で圧倒していくことになります。

これが一八六〇年代に入ると機関銃（ガトリング砲）が登場します。それまでは射手が弾を一発ずつ込めて撃っていたのが、自動的に連続射撃することが可能になります。これも火砲にとってはかなり決定的な発明で、機関銃の出現により、フランス革命のような都市における革命が不可能になったとすらいわれております。市民が武装して都市でバリケードを築いて挑んでも、機関銃でダダダダッとやられたらひとたまりもありません。

つまり、原初的なグローバル・システムを西欧人が中心となってつくりだす原動力となったのが、「船」と「火砲」だったといえるのではないでしょうか。

『銃・病原菌・鉄』が書いていないこと

ちなみに、かのジャレド・ダイアモンド先生が書かれた『銃・病原菌・鉄』という大ベストセラーがあります。お読みになられた方もいらっしゃると思いますが、先の話でいうなら、西欧圏が他の文化圏に対して「比較優位」を持つことができたのは銃と病原菌、そして鉄であると、ダイアモンド先生は定義されているわけですね。

「新大陸」については、西洋人が持ち込んだ伝染病に対し先住民が免疫力を持たなかったことが、文明滅亡の大きな要因のひとつだという指摘はそのとおりでしょうし、それ以外にも西欧人が持ち込んだ銃と馬、鉄製兵器が、そのいずれも持たない「新大陸」の文明に対する圧倒的な軍事的比較優位でした。したがって「新大陸」の大半は一八世紀までに北米は英仏とスペイン、中南米はスペインとポルトガルの植民地となり、「文字世界」的には「ラテン文字世界」と化してしまいます。

ところが「旧大陸」で西欧のライバル的存在である「アジア」との関わりについて、あの本ではあまり述べられていません。病原菌であれば、ペストやコレラなど多くの伝染病は「アジア」の東から西へと伝わって、西欧人を苦しめたんですね。ですから「旧大陸」ではみんなある程度の病気に対する抵抗力をもつようになり、それがなかったのは「新大陸」に限った話なのです。

ジャレド・ダイアモンド（一九三七～）
アメリカの生理学者、進化生物学者、生物地理学者。カリフォルニア大学ロサンゼルス校教授。アメリカ国家科学賞やタイラー賞、世界的ベストセラーでもある『銃・病原菌・鉄』ではピュリッツァー賞を受賞。

鉄にしても、もともと西欧人が持っていたものではありません。西アジアのアナトリアに住むヒッタイト人が鉄器をつくるようになり、これも東から西へと伝わって、西欧でも鉄器時代に入るのです。中国などはもっとすごくて、他の地域では木炭で鉄を製造していたのに、一一世紀ころにいち早く石炭を使用するようになっていたんですから。つまり、「旧大陸」で西欧が他文明に対する「比較優位」を確立するうえにおいては、鉄も病原菌も、決定的なものだったとはいいがたいのです。

ですから「旧大陸」では一八世紀まで、フィリピンなどの島嶼部を除けば、西欧人に押さえられたのは沿岸部の、それもごく一部にとどまります。「旧大陸」では異文化諸世界の政治体がそれなりにしっかりしていたので、内陸部にまで浸透することができなかったのです。

いずれにせよ「船と大砲」を手に入れた西洋人はその威力、能力を武器に、西欧を中心としたグローバル・システムをつくりだした、ということは事実であろうと思います。そのシステムがさらに経済分野にまで拡大し、まさにグローバルな経済システムに発展していくという流れになっていったのです。

ポルトガル人が支配していった拠点には、ある共通点があります。その多くが、港市国家なのです。港市国家は、交易路を通うラクダの商隊の休息地となり、そこで行われる商取引市場を管理するという砂漠の「オアシス国家」に似ています。つまり、船が停泊できる港を持ち、交易のための市場を管理するのが港市国家です。

こうした港市国家は、管理するものが市場と港に限定される「軽量」国家で、大きな軍事力を持っていないという特徴があります。それで周辺国との仁義が守られている状態では、海賊などによる突発的な襲撃などを除けば、わりと平和に存続できたのです。砂漠のオアシス国家も同じような具合で、遠方から遊牧騎馬民族などが攻めてくるような場合を除けば、強い軍事力を持たなくともやっていけました。

実は沖縄の琉球王国というのも、港市国家の系統です。日本や中国との対外交易の中継拠点で、後背地はいくぶん広いものの、基本的には小さな軍事力しか持たない「軽量」国家です。ですから戦争に馴れた薩摩に攻め込まれると、あっという間にその支配下に置かれてしまったのです。

海上交通を握った西欧世界

ただ、この「大航海」時代の進展は一六世紀以降の西欧に大きな経済的活況を生み、次第に西欧世界がグルーバル化する経済システムの中心として浮上していくようになります。

ひとつは南米のポトシ銀山が開発されて、そこで産出する膨大な量の銀がスペインへと運ばれるようになったことです。これにより、西欧世界では銀の価格が急落して物価が高騰する「価格革命」が起こったほどで、この銀は遠く中国にも流れ込むよう

ポトシ銀山
南米、ボリビアのポトシ市南東にある銀山。一五四五年に発見され、一時は世界最大の銀産出量を誇った。一九世紀初頭には枯渇した。

になります。ちなみに南米のコロンビアでは世界的な品質の宝石エメラルドが産出しまして、これも西欧から、当時のオスマン帝国にまで運ばれました。ちなみにトルコにあるトプカプ宮殿の至宝のひとつに、有名な「トプカプの短剣」というのがありますが、これに装飾されている大きなエメラルドも、実はコロンビア産なのだそうです。

それに加えて、西欧世界はそれまでインド洋を除いて沿岸部しか使われていなかった大洋交通のあり方を、「外洋船」の出現で一変させてしまいます。これにより三大洋（大西洋・太平洋・インド洋）を往来して「新大陸」を含めた五大陸をつなぐ航路を生み出し、海上交易の主導権を西欧世界が握っていくことになるのです。

もちろんポルトガル人が東西海上交易に乗り出した当初は、さほどうまみはなかったようです。というのも、従来のムスリムの交易ルートを使って胡椒をヴェネツィアに運んだ場合のコストと、ポルトガル人が東南アジアのティモール諸島からそれを海上ルートでリスボンに運んだ場合のコストが、さほど変わらなかったといわれます。やはり当時の帆船では大洋を長距離航海した場合に難破などのリスクも大きく、海上ネットワークを維持するのにかなりお金がかかってしまうので、最初のころのガレオン船による運搬は陸上ルートに対し、さほど「比較優位」がなかったのです。

とりわけポルトガルという国は小国で人口も小さいですから、自分たちには手に負えないということで、途中から自分たちが拠点を置いてつくったインド洋航路で、ムスリムの航行について通行料をとるほうに切り替えたほどです。

ただその後、西欧世界の覇権争いとともに海上ルートの覇者も変わっていくなかで、次第に海上ルートが陸上ルートに対して比較優位を持つようになります。一七世紀ともなると、西欧世界の三大洋五大陸ネットワークがかなり発展し、かつて旧大陸の東西交易を担ってきた海陸のシルク・ロードは、いわば「ローカル線」化していくのです。

ルネッサンスの土台になったもの

ここまで西欧世界の外への動きについて見てまいりましたが、今度は西欧世界の内側で一四世紀から一六世紀にかけ、どのような展開があったのかを簡単に追ってみたいと思います。

このころの西欧世界は全体的に経済は右肩上がりの傾向で、なかでも調子が良かったのがイタリアです。当時のイタリアは多くの都市が自治権を持って分立する、いわば「都市国家群」のような世界でした。

十字軍を契機にマムルーク朝、のちにはオスマン帝国といったイスラム世界との交易が進むようになると、各都市で商業や手工業が発達しながら、特に東方交易の拠点となったジェノヴァやヴェネツィアなどにはかなりの富が集積するようになります。

それが土台となって、一五世紀にイタリアで起こったのがルネッサンス、つまり古典文化の復興運動です。すでにお話ししたように、西欧世界では古代ギリシアの高度な文明が忘れられてギリシア語も読めなくなり、イスラム世界でアラビア語に翻訳されたギリシア古典に出合い、「再発見」することになります。それに加えてオスマン帝国に押されたビザンツ帝国から、多くのギリシア語書物とともに学者や文人たちがイタリアに逃げてきて、これもイタリア人がギリシア古典に触れる機会になったともいわれます。

こうして一五世紀末から、レオナルド・ダ・ヴィンチをはじめ、ミケランジェロやラファエッロといった巨匠たちが次々と出てきて、その波が西欧世界に広がりながら自然科学と芸術などで新たな文化活動が展開されていきます。

西欧世界の宗教改革はなぜ起こったか

そしてもうひとつの大きな動きが「宗教改革」です。これも十字軍運動との密接な関わりから起こってきます。

そもそも一三世紀中に十字軍が失敗に終わったこともあり、呼びかけ人だったローマ教皇の権威に陰りが生じます。一四世紀初頭には、フランス王と対立したローマ教皇ボニファティウス八世がイタリアのアナーニで監禁されたり、またその後の教皇選出をめぐる対立から三人が並び立つような事態ともなり、さらにその権威がゆらぐようになります。

こうしたなか、カトリック教会のあり方に異議を唱え、純粋に聖書による救いを求める動きが広がっていくのです。ボヘミア（現在のチェコ）のカレル大学長だったヤン・フスもそのひとりで、彼が火刑に処されると支援者らが全土で暴動を起こします。

教皇庁は十字軍などに巨費を費したため、財政難に直面していました。その穴埋めをすべく、贖宥状（免罪符）の販売にこのころ力を入れるようになります。キリスト教徒は罪を犯すとそれを償わなくてはいけないということになっていますから、でもこの贖宥状を教会から買うことで、その「罪の償い」が済んだことになる、というものです。そもそもは十字軍の従軍者を教会が集める際に、従軍したら贖宥状をあげるよ、そうすればあなたの罪は償われるよということではじまったものです。

地域によってはこの贖宥状の販売がかなり悪どく行われたところもあり、さらに教会への不満が高まるなか、出てきたのがご存じルターです。ザクセンの大学で神学を教えていたルターが一五一七年、公然と贖宥状の不当性を批判したのです。

教会側はルターを異端としますが、彼は自説を曲げようとしませんでした。その後ルターを支持するドイツの有力諸侯も出てきて、当時フランスとオスマン帝国に対処していたハプスブルク家のドイツ皇帝カール五世は、このルター派諸侯に援助を乞うため、ルター派に妥協します。それをきっかけに、ドイツにはルター派プロテスタントが定着していくのです。

カール五世（神聖ローマ皇帝在位一五一九～五六）
ハプスブルク家に生まれる。神聖ローマ帝国皇帝、カスティリア王、アラゴン王など七〇以上の称号を得、キリスト教的世界帝国をめざしたともいう。宗教統一を図り尽力するも果たせず、一五五五年アウクスブルクの和議でルター派を公認、諸侯に対し領邦においてカトリック派かルター派かの選択権を認めた。

こうした動きは他の西欧世界でも連動しまして、フランスではカルヴァン派が出てきて、カトリックから弾圧を受けながら広がっていきます。イギリスでは、一六世紀初頭に即位したヘンリー八世が自身の離婚問題をめぐって、それに教皇が同意しなかったことに怒り、教会を乗っ取って自らその首長となってしまいます。こうしてつくられたのが英国国教会（聖公会）でした。ちなみに日本でもキリスト教系の大学がいくつもありますが、立教大学はこの英国国教会系です。

英国教会もプロテスタント系ですが改革が徹底されなかったため、その「改革派」としてでてきたのがピューリタンなのです。彼らは一七世紀前半に絶対王政を倒した市民革命となるピューリタン革命の原動力となり、またイギリスから「新大陸」の北米に渡り、今に続くアメリカ合衆国の宗教的骨格ともなっていったのです。

ザビエルはなぜ日本にやってきた？

こうしたプロテスタント勢力による宗教改革が進行していく一方で、カトリックの側にも内部を改革していこうという動きが生じます。それが「対抗宗教改革」と呼ばれるものです。

そもそもカトリック教会というのはローマ教皇を頂点に、そのお膝元のヴァティカン（ローマ教皇庁）が世界に広がる教区を束ねる「組織の宗教」です。つまりこの組

カルヴァン派
フランスの宗教改革者カルヴァン（一五〇九〜六四）の教説を信じるプロテスタントの宗派。信仰のみが魂に救いをもたらすとし、生活道徳、勤労を重んじた。

織でもって西欧世界に広がり、教義の統一を守ってきた経緯があるので、その改革はおのずと、このあり方をどう補完するかという組織の改革に進みます。

その改革の典型的なかたちといえるのが、イグナティウス・ロヨラが一五三四年に設立した修道会イエズス会でしょう。余談ですが、私立大学のひとつ、上智大学はこのイエズス会系です。

西欧世界でプロテスタント勢力が増えていくということは、カトリック信徒が減っていくことになるわけです。そのうえ、教会側は教区ごとに「教区税」を徴収していましたから、信徒が減るとこの収入も減ってしまうことになります。

この状況を何とかするために手っ取り早いのは、「大航海」時代で開拓した海上ネットワークを使って「無主の地」で布教することです。それもあってイエズス会はローマ教皇のお墨付きを得て、世界各地へと伝道活動におもむくのです。

こうして一五四九年、はるか極東の日本までやってきてキリスト教を伝えたのがイエズス会の創設者のひとりであるフランシスコ・ザビエルなんですね。結局、日本での布教は豊臣秀吉のバテレン追放令、さらには江戸時代に禁教令が出されて弾圧されてしまいますが、「新大陸」では中南米はほぼカトリック世界となります。現在でも世界のキリスト教人口に占めるカトリックの割合は五割ほどですから、それなりに彼らの戦略は正しかったのかもしれません。

さて、政治的に一六世紀の西欧世界を概観しますと、この時代のヨーロッパでもっとも強力だったのは、オーストリア、ドイツに加え、北はフランドル、南はスペイン、南イタリアまで支配していたハプスブルク帝国（神聖ローマ帝国）で、その皇帝カール五世はスペイン王から神聖ローマ皇帝になった方でした。まさにスペインにどんどん入ってくる「新大陸」からの金銀の多くを費やしながら、ヨーロッパの統一事業とプロテスタント勢力への弾圧事業、それから地中海の覇権を握りつつ東から押し出してくる、オスマン帝国に対する防衛戦に追われていました。

こうした状況が、一七世紀に入るとまた大きく変わっていくことになります。西欧世界はいち早く、いわゆる「近代」を迎え、「文明」のさまざまな面で連続的にイノベーションを起こしながら、他の諸文化世界を凌ぐようになっていくのです。そのあらたな局面を、次に見ていくことにしたいと思います。

第9章

西欧世界はなぜ世界の覇権を握ることができたのか

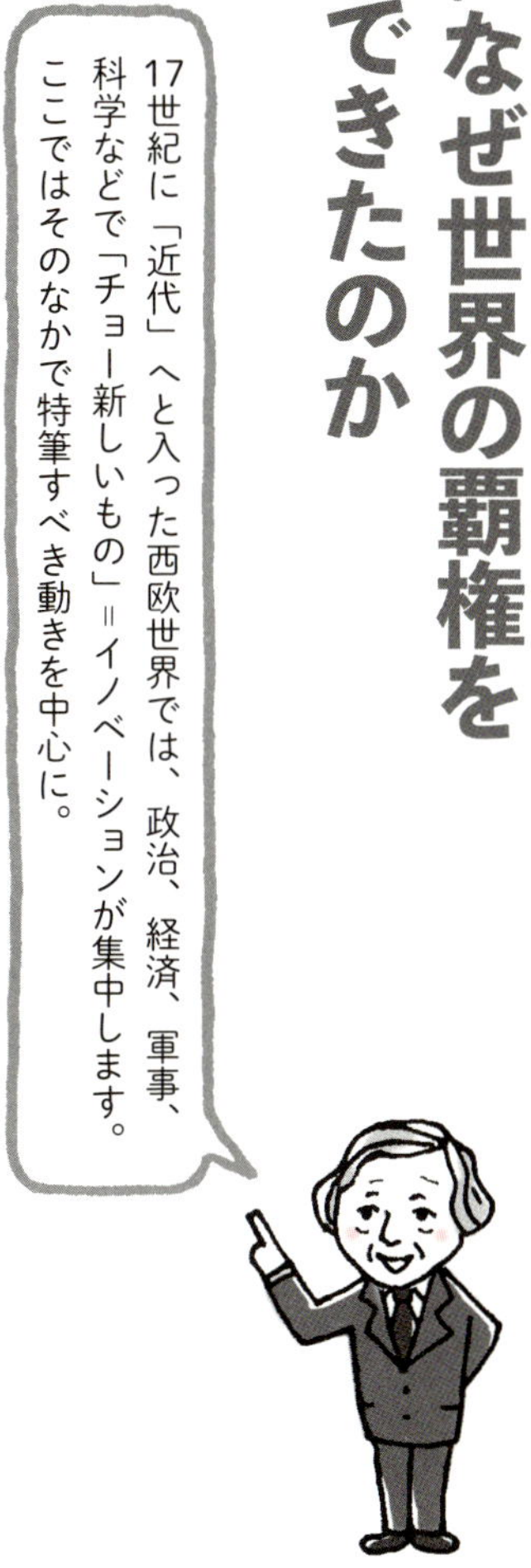
17世紀に「近代」へと入った西欧世界では、政治、経済、軍事、科学などで「チョー新しいもの」＝イノベーションが集中します。ここではそのなかで特筆すべき動きを中心に。

「近代」とは何か

前章では、およそ一六世紀あたりまでの世界の展開を見てきました。いよいよここからは「近代」に入ってから現在にいたるまでの、一七世紀以降の世界の動きということになります。

すでにお話ししてきたように、一六世紀までは「旧大陸」東側の諸文明が、西欧に対して圧倒的な「比較優位」を保っていました。ところが、一五世紀末から始まった西欧人による「大航海」時代によって、すべての人類社会がひとつのシステムに組み込まれていくという「グローバリゼーション」の新たな段階へと、世界は移行することになります。

それと同時に、相対的に文明の程度が低かった西欧世界で、このころから「ソフト」と「ハード」の両面でイノベーションが集中的に起こるようになり、次第に東側の諸文明をさまざまな分野で凌駕していくようになります。そして一九世紀になると、どこの世界も西欧にはかなわなくなり、こうなったら西欧の文明を自分たちも取り入れるしかないという、まさに西欧「ひとり勝ち」という状況を迎えます。

ここで少し、「近代」という時代区分について整理したいと思います。「近代」という区分については、研究者によっても定義が分かれるところです。ただ、ここでは今お話ししたように、「近代西欧が原動力となって世界が次第にひとつに結びつけられながら、同時にさまざまなイノベーションが西欧で連続し、他の異文化世界も西洋に学ばないと追いつけないという状況になってからの時代」というのを、「近代」と呼ぶことにいたします。

そうしますと、西欧の場合はおよそ一七世紀あたりから「近代」に入りはじめるかたちになります。西欧以外の異文化世界においては、ところによってタイムラグが出てきます。

例えば「アラビア文字世界」の雄たるオスマン帝国ですと、「ソフト」と「ハード」

の近代西欧モデルを受けいれて自己変革をめざす本格的な「西洋化」改革に着手したセリム三世の即位した一七八九年あたりが、「近代」のはじまりとされています。また、同じ「アラビア文字世界」のエジプトでは、現地の先生方によれば、フランスのナポレオンが侵攻してきた後の一七九八年ということになっています。「漢字世界」に目を転じますと、中国の「近代」は、アヘン戦争を契機とする一八四〇年代からです。日本ではご存じのとおり、黒船来航の一八五三年以降と考えていいでしょう。

「梵字世界」の東南アジアでみると、例えばタイでは一八六〇年代後半ぐらいから。チャクリー朝のラーマ四世（モンクット王）が即位して、このころに本格的な「西洋化」改革に着手するようになったからです。

ちなみにこのラーマ四世は、これまで映画やミュージカルとして知られる『王様と私』に出てくる王様のモデルになったお方です。この『王様と私』は、ラーマ四世が子弟たちの教育係として雇った英国人女性アンナの回顧録をもとに、マーガレット・ランドンという米国人女性作家が小説化した『アンナとシャム王』が原作です。

ミュージカルでは、ラーマ四世とアンナが次第に親愛の情を深めていく描写が異国の王と西洋人女性のロマンスとして欧米で大変ウケまして、定番作品として繰り返し上演されるようになったんですね。ただ、当のタイでは王室を汚す内容だということで、上映禁止なのだそうです。ラーマ四世はもともと仏教の僧侶として学問を究めら

セリム三世（在位一七八九〜一八〇八）

オスマン帝国二八代君主。二九歳で即位。ヨーロッパ列強の脅威に直面し西洋化改革を推進するが、反対するイェニチェリなど保守派勢力により廃位、殺害された。

ラーマ四世（在位一八五一〜六八）

タイの現王朝でもあるチャクリー朝（バンコク朝、ラタナコーシン朝とも）四代国王。四八歳で即位。積極的な近代化政策をとり、欧米諸国と不平等ではあるものの通商条約を結び、中国との自由貿易政策をとった。

れた方で、中年を過ぎたところで王位につくはずだった従兄弟が亡くなったため、いわば「還俗」して王になりました。ですからミュージカルで描かれているのとは違い、だいぶ品のあるお方だったのではないかと想像いたします。

西欧世界内の覇権競争と「南蛮人渡来」の関係

余談はさておき西欧世界に話を戻すと、一六世紀ころはまだまだ諸王と諸侯が分立していて、例えば同時代の中国の明やイスラム世界のオスマン帝国と比べると、個々の政治体も小さなものでした。一方では西欧世界内での競争、いわば覇権争いも激しいもので、政治体同士の戦争もやたら起こります。

「大航海」時代の先鞭をつけたのはポルトガルでしたが、当時の人口はたった二〇〇万人程度です。「新大陸」では広大なブラジルを植民地として確保し、東アフリカから香料諸島にいたる拠点群を押さえたところまではよかったのですが、ネットワークを維持するためのマンパワーが足りなかったんですね。おまけに一六世紀末にはハプスブルク家のスペイン王国に併合されてしまい、早々に覇権争いから脱落してしまいます。

ポルトガルと覇を競い、「新大陸」やフィリピンなど世界中に植民地を広げて「太陽の沈まぬ国」となったスペインも、対立関係にあったイングランドに「無敵艦隊」

の異名で知られるアルマダ艦隊をもって侵攻しますが、有名な「ドーバー沖の海戦」でスペイン側が敗れてしまいます。さらにスペインの支配下に置かれていたオランダが一五八一年に事実上の独立を果たすと、没落に向かうスペインに代わり、一七世紀初頭あたりからオランダがグローバル・ネットワークの覇権を握るようになるのです。

この西欧世界の覇権の移り変わりというのは、遠い極東の日本にも及びました。いわゆる南蛮人の渡来と南蛮貿易ですね。

まずは東南アジアのマラッカを拠点にしたポルトガル人が中国、日本にやってくるようになり、一五四三年にポルトガル人が乗った中国人倭寇の船が種子島に漂着して、西欧の鉄砲が伝わります。それから一〇年もたたないうちに、日本では畿内の堺で鉄砲の生産がはじまります。この鉄砲が新兵器として取り入れられたことで、おそらく戦国時代の天下統一が半世紀ほど早まったと思われます。

有名なのが織田信長の軍勢と武田勝頼軍がぶつかった長篠の戦い（一五七五年）で、織田軍に新たに組織された鉄砲足軽による鉄砲隊の前に、武田の誇った騎馬隊が敗れてしまいます。

長篠の戦いについては異論もあって、鉄砲が使われてないところでの有力武将の死者が多いから、鉄砲の威力だけではないという主張もあるようです。でもここで重要なのは、鉄砲が導入されたことにより、家臣団の軍団編成が従来の騎兵中心から、鉄砲足軽を重視するようになったことです。それから、大砲で攻撃されることを前提に、

オランダ

オランダ（ネーデルラント）は神聖ローマ帝国皇帝カール五世のとき全体がハプスブルク家領となり、その後カール五世の嫡子フェリペ二世が統治していたが、カトリック強制などその圧政に反対し一五六八年に蜂起。カトリックの多い南部一〇州は途中で諦めスペイン支配下に残るが北部七州は一五八一年、ネーデルラント連邦共和国樹立を宣言し戦いを継続。一六〇九年には事実上独立を達成。一六四八年のウェストファリア条約によって国際的に承認された。

日本の築城方法がガラリと変わってしまいます。

ですから長篠の戦いの実相がどうだったのかとは別に、軍事組織のあり方が変わったというのが、かなり決定的であろうと思うのです。ただ江戸時代に入って戦争がなくなったので、鉄砲は美術品のような存在になってしまい、その扱い方も砲術という、どちらかというと芸道風なものになって、武器としてのイノベーションが日本では起こらないんですね。ですから幕末になると、まったく役に立たない代物になってしまいます。

話がそれましたが、ポルトガル人に次いで日本にやってきたのが、フィリピンのマニラを拠点とするスペイン人でした。このポルトガルとスペインが南蛮貿易の中心となり、日本産の銀が大量に輸出されるようになります。ただキリスト教の布教が問題になるにつれ、それをバックアップしていた両国が危険視されるようになります。

そして一六〇〇年にやってくるのが、ポルトガル、スペインに次いでグローバル・ネットワークの覇権を握りつつあったオランダ人なのです。オランダは一六〇二年にオランダ東インド会社を設立して、ジャワ島のバタヴィア（現ジャカルタ）を拠点にアジア貿易を牛耳るようになります。それで江戸期に入って鎖国体制をとった日本とも、長崎の出島を通じて交易を行うようになるわけです。このときに当初、商館を置いていたイギリスが途中で退去しますが、これは一七世紀初頭にオランダがグローバル・ネットワークの覇者になったことと大きな関係があるのです。

ところが一七世紀中にイギリスがピューリタン革命を経て、国内で大がかりな構造改革を成し遂げると力がついてくるようになります。一七世紀後半にはイギリスが貿易でオランダ船を排除する航海法を制定したことなどで三次にわたるイギリス＝オランダ戦争が起こり、これにオランダが敗れてしまいます。

こうして覇権争いはイギリスとフランスの対決に移り、特にインド支配をめぐって両者は激しく競うことになります。その結果、プラッシーの戦いで勝利したイギリスが、覇権国家の座についたのです。

西欧で起こった文明の「ソフト」イノベーション

ではなぜ、西欧世界はこのようにグローバル・ネットワークの覇権を握ることができたのでしょうか。

それを一言でいうなら、絶え間ない西欧世界内での競争を背景に、文明の「ソフト」と「ハード」の双方で大きなイノベーションが起こったから、ということになります。

ではまず、「ソフト」にあたる部分で、どのようなイノベーションが起こったのかを見ていきたいと思います。分野別に「近代」西欧世界が生みだした文明の「ソフト」にあたるものをざっとあげてみましょう。

プラッシーの戦い
一七五七年、フランスを後ろ盾としたベンガル太守とイギリス東インド会社間で繰り広げられた戦闘。イギリスは圧勝し、インドにおける優位を確立。ベンガル太守の傀儡化、インド支配をすすめることとなった。一方のフランスはインドシナ支配に方向を切り替えた。

政治分野

中央集権型支配組織（絶対王政）
近代官僚制
近代国際法
領域的主権国家
ネイション・ステイト（国民国家）
議会制
立憲主義
国民主権論

軍事分野

常備軍
徴兵制
士官学校

経済分野

産業資本主義
株式会社制度
工場制機械工業

まず政治・軍事分野を概観すると、先にもお話ししたように、中世の西欧世界は王と諸侯たち、そして諸侯が騎士たちと契約を結んで分立する封建制社会でした。この仕組みですと、例えば王は契約する諸侯には指揮命令することができますが、直接契約していない騎士の領域に踏み込んで税をとったりすることはできませんでした。つまり、封建制下の王の権限というのは、とても限られたものだったのです。

一六世紀ころから経済的にも活況を呈するようになると、西欧世界でも君主に対する権力の集中化が徐々に進められるようになりました。そうしたときに君主にとって邪魔になるのが貴族層でしたから、貴族が握っていた特権を少しずつ剥奪していくことになります。こうして一七世紀にかけ、国内の一円徴税権、一円裁判権を掌握して君主の一円支配を可能とする「絶対王政」が成立していきます。

その成立がわりと早かったのがスペインで、これはイベリアのムスリムに対するレコンキスタが、君主への権力集中を後押しした格好です。またイギリスは、一一世紀の「ノルマンの征服」でノルマン人がアングロサクソンを征服した征服王朝でしたから、上からの押さえつけが強かったことで、それが中央集権化を促したんですね。イギリスというのは、今でも上流階級の圧倒的多くがノルマン系といわれます。ただイギリスの場合、大貴族を外したら今度は地方の地主層が台頭してきて言うことを聞かなくなり、君主と地主の間で権力のとりあいが起こるようになります。

ハプスブルク帝国の場合はそれらよりもかなり遅れまして、こちらも中央集権化のきっかけは外圧です。オスマン帝国の攻勢に対抗するため、諸侯に協力を求めて臨時税（トルコ税）を課しますが、これがのちに、皇帝による一円徴税権の成立につながったといわれます。

フランスだけは外部要因ではなく、むしろ王権側が時間をかけて徐々に権力を君主に集中させていき、その努力が実ったというかたちです。一七世紀のルイ一四世のころにはかなり絶対王政が固まってくるのですが、貴族や聖職者は税金を払わなくていいといった特権を維持し続けます。

ノルマンの征服

一〇六六年、フランスのノルマンディー公ウィリアムがイングランド南岸より上陸し、ヘイスティングスの戦いに勝利しイングランドを征服したことをいう。ウィリアム一世として即位してノルマン朝を開き、ノルマン人による強力な王権を成立させた。

ルイ一四世（在位一六四三〜一七一五）

フランス王。太陽王と称される。六歳で即位し、母が摂政となり、宰相マザランが統治にあたった。マザランが死去した六一年より親政を開始。ヨーロッパ支配をめざし対外拡張政策をとるが、晩年には四度の戦争による財政悪化、国力疲弊を引き起こすこととなった。ヴェルサイユ宮殿を建設したことでも知られる。

ただそれが一八世紀後半になると、相次ぐ戦争で財政も逼迫したため、貴族・聖職者に課税しようとするんですね。王と貴族らがそれをめぐって対立するなか、食糧不足に苦しむ民衆がついに決起して、ルイ一六世が処刑されるというフランス革命につながっていくのです。

一方でこうした君主一円支配の仕組みが遅れたのがドイツとイタリアです。ドイツは領邦、イタリアは都市国家がひしめきあう状況が続いて政治的な統一がかなり遅くなり、それが成立するのは一九世紀後半のことになります。

こうして西欧世界でも、支配組織が君主専制・中央集権的に「革新」されていきます。ただ、君主による一円支配体制という点だけで考えるなら、中国ではすでに唐・宋の時代に確立されていますし、イスラム世界ではアッバース朝の中央集権的支配組織モデルをオスマン帝国がさらに発展させたかたちで、同時代の西欧世界に対して「比較優位」を占めていました。

ところが、ここからの展開のスピードが違ったんですね。西欧世界はその後も組織を絶えず「革新」していくことで、さまざまな面でイスラム世界や中国のそれを凌駕していくことになるのです。

フランス革命
多様な対立をはらみ、一七八九〜九九年にわたって起こったフランスの革命。この革命によって絶対王政は倒れ、封建制廃止、人権宣言が行われ、九一年には立憲君主制を規定する憲法が制定された。国外に逃亡しようとした国王一家は捕らえられ処刑され、共和政が樹立。その後革命政府や、それを倒した総裁政府が立つも政治的安定は得られず、一七九九年、ナポレオンがクーデタを起こし政権を掌握、フランス革命は終止符を打たれた。

革新される「軍事組織」

西欧世界で絶対王政が確立されていくと、それを支えるための近代官僚制、そして中央集権化によって規模の大きなものになった国家財政をもとに、強力な常備軍を備えるようになっていきます。

官僚制というと、日本では「官僚的な文章」とか「官僚的な発想」などネガティブな意味合いで使われることも多いですが、本来的には組織の目標を効率よく達成させるためのシステムということになります。これは官僚組織の担い手を育てる「人材養成システム」とセットで、いわゆる高校、大学といった高等教育機関で知識を身につけた若者に選抜試験を課し、一定水準以上の者を採用していくという仕組みが西欧でつくられていくのです。

一方の常備軍も、言い換えれば従来の軍事組織の「革新」ということになります。特に軍事組織は戦争により、どちらに「比較優位」があるかがはっきりわかるという特徴があります。

そもそも封建制の下では、君主が大兵力を動員するのはかなり大変なことでした。例えば諸侯と君主が君臣契約を結んでいたとしても、その諸侯と契約している騎士たちを、君主が直接的に動かすことができなかったからです。

中世後期になると、西欧世界では軍事力として傭兵を使うようになります。ただこれも、期間はいつからいつまでで、報酬はこれだけという契約を君主と傭兵集団の間で結ぶ必要があります。これも例えば、契約期間が終わっても戦争が続いていたような場合、君主が彼らに「延長料金」を支払えなければ、傭兵たちはさっさと撤退してしまうのです。

「中世」のころの西欧で、各国に傭兵を貸し出していたのがスイスです。スイスは山間部の小国でこれといった産業もありませんから、訓練した傭兵の輸出がある意味で一大産業だったんですね。ちなみに現在でも、ヴァティカン（ローマ）のローマ教皇を守る衛兵はスイス人の傭兵です。

それはともかく、こういった事情が、巨大な常備軍を動かすことができたオスマン帝国にハプスブルク帝国が押された原因でもあったのです。

でも、西欧世界の君主が絶対王政下で一円徴税権を確保するようになると、財政規模が拡大し、次第に軍事組織は傭兵から俸給制の常備軍、つまり職業軍人にかわっていきます。のちにはさらに徴兵制による兵力の補充や、職業軍人を育成するための士官学校の設置など、より近代的で強力な軍事組織の形成が進められるようになるわけです。

西欧世界が確立した「国家」間の関係

こうして中央集権的な政治体が固まってくるのに並行して、西欧世界内では新しい「国家」の概念と、国同士の関係をルール化しようとする動きが出てきます。それが「領域的主権国家」や国民主権論に基づく「国民国家」（ネイション・ステイト）といった政治単位と、各「政治体」の関係を律する「国際法」です。

それはまさに、私たちが暮らすこの二一世紀の国際関係を成り立たせているものです。例えば私たちが住む日本だけでなくどの国にも、国境があります。日本の場合は海で隔てられた島国なのでお隣の国と国境を境にする感覚に乏しいところがありますが、海には領海があり、空にも領空という、ここまでがおたくの国が主権をもつ空間だよ、それを他国が一方的に侵害することはダメよ、というルールで現在の世界は成り立っています。このような「国家」の法的な側面についての仕組みを、「領域的主権国家」といいます。

この「領域的主権国家」という考え方が確立されてくると、今度は「主権国家」同士の関係、ルールというのが必要になってきます。今では国際関係というと「国家」と「国家」の関係というのが当たり前ですが、中世の西欧では君主と君主の関係として考えられていて、ルールも人間関係を律するローマ法が当てはめられていました。

それが次第に、都市国家がひしめいていたイタリアで「国家」間の関係という新たな考え方が出てくるようになります。

それで一七世紀前半に、ドイツを舞台に多数の西欧諸国が参戦した三十年戦争という国際戦争が起こり、その終結にあたってウェストファリア条約という講和条約が一六四八年に結ばれました。このときに、国家の主権や領土を互いに尊重するという、国際関係の基本的な考え方が確立されます。そしてこれがのちに理論化・体系化されていったのが、今に続く国際法なのです。

ただこの国際法も、最初のうちはキリスト教社会に属する西欧諸国の間だけに「平等な」ルールという性格のものでした。今ではどんな宗教、体制であれ、どの国家も平等ということになっていますが、当時で仲間に入れてもらえたのは、カトリック・プロテスタントではないけどまあキリスト教徒には違いないという「正教世界」のロシアぐらいで、異教徒の国はそのメンバーに入れてもらえません。それからその論法が通用しなくなると、今度は西欧のように「文明化」されてない国はダメだと言い出します。

こうして一八、一九世紀ころ、西欧諸国が「非キリスト教国」と条約を結ぶ際に、「野蛮人」の世界の法律でわれわれ西欧人が裁かれるのは許せない、これがオレたちのルールだということで、治外法権などを押しつけるわけです。それこそが日本ではアメリカに結ばされた日米修好通称条約などの、いわゆる「不平等条約」ということ

三十年戦争

一六一八〜四八年にかけ、ヨーロッパ諸国参戦のもとドイツを戦場に断続的に行われた戦争。カトリック強制をめぐるベーメン（ボヘミア）の反乱にはじまり、神聖ローマ帝国全体のカトリック、プロテスタント両派諸侯の戦いへと拡大。これにスペインがカトリック側に加勢、デンマークやスウェーデンがプロテスタント側に加勢するなどし、国際戦争に発展した。なおフランスの参戦は、ハプスブルク家に対する覇権争いに転化する様相をみせた。

ウェストファリア条約

一六四八年に結ばれた三十年戦争の講和条約。会議はドイツのウェストファリア地方の都市で開催。カルヴァン派にルター派と同等の権利が与えられ、また、フランスはアルザス地方で

になります。

■「国民主権」という新国家モデルの登場

今お話しした「領域的主権国家」が国家の法的側面としますと、今度は国家の「中身」にあたるものが、近代西欧世界でどう変わっていったのかという点について簡単にふれたいと思います。

絶対王政下の国家というのは、端的にいうと国王が主権者です。そのためには国王が主権、統治権を持つ理由が必要です。昔、高校などで習って覚えている方もいると思いますが、それがいわゆる「王権神授説」で、国王は統治のための主権を神から与えられたのだとする考え方です。そうすると、統治される国家の構成員は「臣民」ということになります。明治憲法下の日本も同様、日本人は「国民」ではなく「臣民」でしたね。

西欧世界ではその後、この主権をめぐって国王と臣民による争奪戦が起こるようになります。それが「市民革命」で、その先例が一七世紀のイギリスで起こります。

イギリスでは一六世紀にローマ教会から分離して英国国教会となりましたが、宗教改革が徹底されず、プロテスタントでありながらカトリック的要素も強く残す存在でした。それをさらに改革しようということで出てきたのがピューリタン（清教徒）だっ

ハプスブルク家がもっていた諸権利などを移譲され、スウェーデンは西ボンメルンなどを獲得してバルト海の制海権を手に入れるなどし、スイスとオランダは独立が認められた。神聖ローマ帝国は諸邦にほぼ完全な独立主権を認められるなど、西欧の主権国家体制が確立された。

たことはすでにふれました。このピューリタンは、議会でも次第に大きな勢力となっていきました。

議会が時の国王チャールズ一世の大権を制限しようとしたことをきっかけに、イギリス国内は議会派（反国王派）と国王派に二分されて内戦が起こります。その後、クロムウェル率いる反国王派の革命軍が勝利を収め、チャールズ一世を処刑して共和国が成立します。

この共和国はまもなく崩壊して王政復古となりますが、再び国王がカトリック重視と専制の強化に乗り出したため、反国王派がネーデルラントのプロテスタントであるオラニエ公ウィレムに国王となることを要請します。これにより、当時の国王ジェイムズ二世が亡命して今度は無血の市民革命「名誉革命」が実現したのです。

議会はウィレムとその妻、ジェイムズ二世の娘メアリを共同君主とし、共同君主が議会の提出した文書に同意して、議会主権を明示する「権利の章典」が制定されます。こうして立憲主義と議会制が確立され、国王は統治権を議会に譲って「君臨するも統治せず」の原則が誕生することになりました。

このイギリスの「名誉革命」と並んで有名な市民革命は、一八世紀に起こる「フランス革命」ですね。フランス革命の経緯はここでくわしく述べませんが、イギリスの名誉革命が国王を残しながら主権を国民にという「ソフト・ランディング」型革命とするなら、フランス革命は王様を処刑して王そのものの存在をなくしてしまうという

チャールズ1世（在位一六二五〜四九）

イギリス国王。二六歳で即位。財政危機に対し課税政策を図るも議会の反対を受け、一六二九年議会を解散し四〇年まで専制政治を行った。スコットランドに国教を強制すると反乱が勃発。その鎮圧のため短期議会を召集し再び増税案を出して議会と対立、イギリス革命（ピューリタン革命）へと発展し、議会派に処刑された。

クロムウェル（一五九九〜一六五八）

イギリスの政治家。イギリス革命の中心人物。幼少よりピューリタン主義の影響を受け育った。二九歳で下院議員となり長期議会にも選出。革命勃発後は騎兵隊（鉄騎隊）を率いて王党派に圧勝。議会派を優勢に導いた。議会派分裂後は独立派の指導者として活躍し、国王処刑、共和制樹立を果たした。五三年には軍事独裁政権を組織した。

「ハード・ランディング」型といえます。その結果、イギリスは立憲君主制、フランスは共和制という異なる政体になったわけです。ただどちらであれ、ここに「市民」が主権者である「国民国家」（ネイション・ステイト）という、新たな「国家」モデルが西欧世界に登場し、他の異文化世界にも多大な影響を与えることになります。

経済と科学技術の「革新」

このように政治分野で「支配組織」が相次ぐイノベーションを起こしていく一方で、経済でも大きな変革が西欧世界で起こります。

そのなかでも大きなものが、グローバル・ネットワークの覇者となったイギリスで一八世紀後半から進行する「産業革命」と、それによって発展していく「産業資本主義」システムです。

科学技術の進展から、一七世紀末に蒸気機関が発明されるなど「ハード」としての産業機械が生まれたことで、それまで手作業だった紡績や織機が機械化され、大量生産が可能になったのです。

この「工場制機械工業」はその後鉄鋼などの重工業や化学工業へと発展し、安価な工業製品はそれを生産する西欧諸国内だけでなく、さらなる利益の追求から海外に市場を求めるようになっていきます。

こうした商業活動の拡大に利用されるようになったのが、西欧世界で生まれた「株式会社制度」です。会社を立ち上げるにあたって出資者を募り、出資者が株式の形で持ち分を保有して出資額の範囲で責任を負うということの制度は一六〇二年、オランダ東インド会社を設立するにあたって資本を集める際に行われたのが最初だといわれます。

この「株式会社制度」という新しい資金調達システムの登場により、商工業を中心とするより大がかりな事業経営が可能になり、それに対する投資も活発になります。そうすると、資本をさまざまな事業に投資して利潤を上げ、さらにその利潤を再投下して拡大再生産していくという「産業資本主義」システムが、西欧世界で発展していくことになります。

西欧人というのは面白いことに、ある知識や技術をそのままのかたちで置いておくということをしないのです。彼らは必ず「なぜ、そうなのか」という理由を探して、体系的な理由づけをしようとするんですね。それが、西欧世界で特異に発達していく「科学技術」です。

もともとそれらの下地は「オリエント」世界にもありまして、膨大な技術に関する知見を持っていたのですが、それらを体系立てて考えるという発想が乏しいところがありました。火薬を発明したのは中国ですが、西欧のように諸国が乱立してしのぎを削る世界とは違い、比較的安定したところでしたから、絶えず研究・改良して、最強の武器に仕上げてやろうという動機が生まれにくかったのかもしれません。

中国医学の「漢方」もそうで、あらゆる植物や動物、鉱物を試してこれは効く、あれは効かないという膨大な知識は蓄積するのですが、「なぜ効くのか」にはあまり関心がなく、「効くんだから効く」という世界です。

ところが西欧人はそれだけで満足できなくて、イスラム世界経由でギリシアの古典科学を「再発見」し、それを体系化していった結果、この時代に彼らの科学技術が爆発的なイノベーションを起こすことになります。

蒸気機関が蒸気機関車となって鉄道が生み出され、船では帆船から蒸気船となって交通輸送手段そのものが「革新」されますし、エネルギーは蒸気から石油、そして電気、それが二〇世紀には原子力までが実用化されました。軍事でもダイナマイトから機関銃に戦車、飛行機にミサイル、そして核兵器までが登場します。最近の例ではコンピューター、インターネットなどもそうですが、とにかく決定的な「チョー新しい」イノベーションの源泉は、ほぼすべて西欧に集中しています。

このことは、西欧世界が文明の「ハード」と「ソフト」の両面において、「マクロ・コスモスの利用・制御・開発の能力」で高い比較優位を維持していることのあらわれといえるでしょう。ただ、今の二一世紀初頭に立って見渡してみますと、かつての「西欧ひとり勝ち」のような「圧倒的」な優位から、「相対的」な優位へと少しずつ変化しているようにも思われるのです。

第10章

異文化世界は「西洋の衝撃」にどう対応したか

みなさんが属するどんな組織にも、改革を阻む「抵抗勢力」っていませんか？　日本を含む諸社会が経験した「西洋化」改革を比べてみると、ある共通点や特色が見えてきます。

諸「文化世界」の脅威となった西欧

前章で見てまいりましたように、一六世紀から一七世紀にかけ、西欧世界では中世の封建制に比べ、はるかに効率のいい「支配組織」ができてきます。そして文明の「ハード」と「ソフト」の両面で他の異文化世界を圧倒するようになり、西欧世界の「ワールド・スタンダード」を受け入れなければ異文化世界は太刀打ちできないという状況が、一八世紀以降に進行していくことになります。

これが、「西洋の衝撃」と呼ばれるできごとでした。ただ世界史的に考えると、「西洋の衝撃」は異文化世界に対して均等に圧力がかかったわけではなく、その強弱や影響の度合いもさまざまだったのです。

その違いを比べてみると、どんなことが見えてくるのでしょうか。そんな「比較史」的試みとしまして、ここでは「アラビア文字世界」としてのイスラム世界の中心的存在だったオスマン帝国と、「漢字世界」の中心だった中国（清朝）、そして「梵字世界」の東南アジアで欧米列強による植民地支配を唯一逃れたタイ、そして「漢字世界」の辺境にあったわが日本の「西洋の衝撃」についてお話ししてみたいと思います。

一八世紀以降の状況について簡単にふれますと、このなかではじめに西欧に押されはじめるのが、陸で接していたオスマン帝国です。そして「梵字世界」の中心インドでは、そのかなりの部分を押さえていたムガル帝国が弱体化、分裂化していくなかでフランスとイギリスの東インド会社が侵食するようになります。一八世紀末にはイギリス東インド会社がフランス勢を圧倒し、一九世紀にはイギリスの植民地支配下におかれてしまいます。

東南アジアも一八世紀中は、西欧列強による侵食はフィリピン、今日のインドネシアなど島嶼部や拠点などに限られていたのが、一九世紀に入るとベトナム、カンボジアがフランスの保護国となり、ビルマがイギリス領インド帝国に併合されるなど、大陸部の植民地化が進んでいきます。

一方の「漢字世界」では、一八世紀を通して清朝はとても強力な体制を維持し続けていましたが、一九世紀中ごろにさしかかると西欧がかなり切実な脅威となってきます。徳川幕府体制下の日本だと、一九世紀に入るあたりというのは寛政の改革で有名な松平定信が老中として手腕を振るっていたころですが、このころからロシア船などがたびたび来航するようになって「何かヘンだな」という程度の状況だったのが、清朝がイギリスとのアヘン戦争で敗北したあたりで「ずいぶん物騒なことになってきたぞ」ということになり、ついには一九世紀なかばの一八五三年にペリー提督の黒船が浦賀にやってきてこりゃ大変、という流れになるわけです。

オスマン帝国の「西洋の衝撃」

まずは、陸上で西欧世界とせめぎ合っていた「アラビア文字世界」の最大勢力・オスマン帝国にとっての「西洋の衝撃」とはどんなものだったのか、その状況を見てみましょう。

一六世紀にハプスブルク帝国の牙城ウィーンを包囲して西欧世界を驚愕させたオスマン帝国でしたが、一七世紀末ころになるとその力関係が逆転していくようになります。実際はその前からじわじわと弱体化していったのですが、一七世紀後半でも西欧人はオスマン帝国が自分たちよりも強大な存在だと認識していて、「トルコ人はなぜ失敗したのか」ではなく、「トルコ人はなぜ成功したのか」を分析した本が刊行されていたほどでした。

このあたりについて、以前には、一六世紀がオスマン帝国の黄金期で、その後に堕落していって一八世紀末から近代西欧モデルを取り入れて復興していった、と考えられていました。でも、私も調べてみたのですが、どうもそうではないのです。それは多分に西欧人的な「近代化」史観による見方で、確かに西欧やロシアには領地を奪われていきますが、イスラム世界内ではほとんど奪われていません。

つまりイスラム世界のなかでは、オスマン帝国は支配組織や軍事技術で比較優位を失っておらず、それは「堕落」ではなく、むしろ「発達」の過程の違いととらえるほうが正確であろうと思うのです。

オスマン帝国の地盤沈下を招いた大きな要因のひとつは、彼らが押さえていた陸と海のシルクロードの「ローカル線」化です。「大航海」時代をきっかけに西欧人が三大洋五大陸システムの覇権を握ったことで、オスマン帝国は巨大な利益をもたらしていた「異文化世界間交易の中心地」という地位を失ってしまったのです。

一方、西欧のオスマン帝国に対する「比較優位」は戦争ではっきりわかります。それが一六八三年にオスマン帝国が再び大軍をもってオーストリアへ侵攻した、「第二次ウィーン包囲」です。

結果的にオスマン帝国はこの戦争に負けてしまい、一六九九年には領土だったハン

第二次ウィーン包囲
一六八三年にオスマン帝国が大軍でウィーンを包囲したが、ポーランド軍などの援軍によって撃退された事件。以降、西欧でのオスマン帝国の退潮が顕著となった。

ガリーの大半をオーストリアに割譲することになります（カルロヴィッツ条約）。一八世紀に入ってからも再びオーストリアやヴェネツィアと戦争になり、これにもオスマン帝国が負けてハンガリーを完全に失ってしまいます。このように、オスマン帝国は軍事技術においても、西欧に対する比較優位を失っていったのです。

いつの時代もつきものの「抵抗勢力」

こう押されっぱなしになってくると、さすがにオスマン帝国の支配エリート層のなかにも、このままのやり方では西欧に対抗できないのではないかという意識が出てきます。その「比較劣位」の自覚から、一七三〇年に即位した第二四代マフムート一世の時代に、「近代西欧モデル」を受け入れる、いわゆる「西洋化」改革がはじまるのです。

やはりまず、西欧の兵器や軍事組織、用兵といった軍事分野の改革に着手します。オスマン軍の中核は歩兵軍団のイェニチェリになっていたのですが、これが巨大な既得権集団と化していたので改革の対象から外され、「西洋化」改革は砲兵など周辺からということになりました。

このような傾向はどんな組織にも共通していて、特にその中核にいくほど改革への抵抗が強いんですね。軍隊というのは武器をかえると組織編成もかえなくてはならないので、武器ひとつかえるのも嫌がるのです。だから第二次世界大戦期の日本の場合でも、海軍の戦法が空母と航空機中心になったのに、日本海軍が従来の大鑑巨砲主義を捨てきれなかったんですね。このあたりは組織論の研究者と戦史研究者が日本軍の組織のあり方について共同でまとめられた『失敗の本質』という大変興味深い本がありますので、読んでみてください。

話を戻します。一八世紀に入ると、オスマン帝国は北西の西欧世界だけでなく、北からも押されはじめます。それは先に触れたとおり、異文化世界でもっとも早く「西洋化」改革を進めていた「ギリシア・キリル文字世界」の雄、ロシアです。モスクワ大公国時代の一七世紀にかなり強国化し、一八世紀初頭にはピョートル大帝の下で列強の一角を占めるまでになりまして、西欧諸国からも「皇帝」として認められロシア帝国を名乗るようになります。このロシアが、凍らない海・地中海をめざして本格的に南下をはじめるのです。

こうして西欧とロシアを相手とする幾度もの戦争で、オスマン帝国は徐々にその領土を喪失していきます。ただ帝国内の改革はイェニチェリ軍団を中心とする守旧派勢力の抵抗が続きまして、ようやくそれを制し、本当に体系的な軍事改革に着手できるようになったのは、マフムート二世時代の一八二六年になってからでした。この年に、マフムート二世はついにイェニチェリ軍団を廃止し、「ムハンマド常勝軍」という新式軍隊を創設します。

ピョートル大帝（在位一六八二〜一七二五）
ロシア皇帝。一一歳で即位。西欧の技術や学問を奨励して近代化・強国化に尽力した。対外政策でもオスマン帝国からアゾフ海の制海権をのちに奪回されたものの一時奪い、スウェーデンからバルト海の覇権を獲得し、都サンクトペテルブルクを建設。ロシアの国際的地位を高めることに成功した。

マフムート二世（在位一八〇八〜三九）
オスマン帝国第三〇代君主。イェニチェリ軍団の廃止や近代的な官庁制の導入、世俗教育の学校開設など西欧モデルの受容による近代化、中央集権化を中心とした諸改革に努めた。一方で地方勢力などの反発を招き、対外的にはギリシアの独立やロシアの干渉に苦しんだ。

このマフムート二世が亡くなった一八三九年にはじまり、一八七六年のオスマン帝国憲法発布にいたる「西洋化」改革が、「タンズィマート改革」と呼ばれるものでした。これは日本の「明治改革」(明治維新にはじまる明治期の改革を私はあえてこう表現します)によく似ていて、政治・軍事、教育などあらゆる分野で「西洋化」が進められ、街には西洋建築が建ちならび、文学や音楽などの「文化」にまでも近代西欧式が流入するようになります。

それが一八六〇年代に入ると、「上からの改革」に対して、「下からの参加」を求める立憲主義の動き、「新オスマン人」運動が起こります。これは日本の自由民権運動に似ていますが、日本のそれが社会階層でも空間でも大きな広がりを持ったのに対し、「新オスマン人」運動は帝都だったイスタンブルのエリート層だけの運動に限られてしまいます。守旧派からはかなり弾圧されまして、そのあたりは後でお話しする清朝の「変法運動」の状況によく似ています。

運動のリーダーたちは西欧世界に亡命しながら活動を継続し、フランス語で新聞や雑誌を発行しながら、治外法権の外国郵便局を使って思想的な出版物を本国に郵送し続けます。こうして皇帝専制ではない、「国民主義」という考え方が次第に帝国内に浸透した結果、一八七六年にオスマン帝国憲法と議会制が成立することになります。

オスマン帝国の「西洋化」改革の特徴は、「服装」の改革にもあらわれています。例えばマフムート二世も、伝統的なトルコ装にターバンというのをやめて、洋装にトルコ帽（フェス）を採用して、官僚と軍人も「洋装・トルコ帽」にかわります。ただ日本と比べると、日本の「断髪令」が全臣民が対象だったのに対し、オスマン帝国の洋装化はかなり限定された範囲にとどまるのです。

西欧の植民地と化していく「梵字圏」

次は「梵字圏」の一七世紀以降の動向を見てまいりたいと思います。まず中核のインドですが、こちらは一六世紀に成立したムスリムのムガル帝国が強力で、インド亜大陸とパキスタンのほとんどに広がる版図を維持していたこともあり、一七世紀中はポルトガルなどの西欧人勢力に食いこまれたのは、ゴアやディウといった沿岸部の拠点にすぎませんでした。

ただムガル帝国拡大の立役者ともいえるアウラングゼーブ帝がそれまでヒンドゥー教徒に寛容だった政策をあらため、人頭税の課税を復活させたことでヒンドゥー教徒の反発が一七世紀に広まっていきます。一八世紀初頭にアウラングゼーブが没するとヒンドゥー教徒勢力による争乱は拡大し、インド中部のデカン高原に諸侯らによるヒンドゥー教徒のマラーター同盟がたてられ、ムガル帝国の支配は弱体化を見せはじめます。

こうした状況を好機としたのがイギリスとフランスでした。一八世紀に入って双方

マラーター同盟
一八世紀中ごろから一八一八年にかけて存在したインドの政治連合体。一七世紀中ごろにインド西部の諸侯集団マラーターによってヒンドゥー教の国家マラーター王国が建てられた。やがて王国は衰退して名目化したが、一八世紀、実権を握った宰相による政権が有力諸侯らと同盟を築いたのがマラーター同盟である。北インドや南インドへと勢力を拡大したが、内紛の末、イギリスとの戦いに敗れ崩壊。

の東インド会社はムガル帝国の分裂状況を巧みに利用しながら勢力を伸ばし、ついにイギリスの東インド会社が一八世紀末にフランス勢を圧倒します。

イギリスはその後、東インド会社を通じた植民地化に乗り出し、インドの主要な地域をその支配下に置いていきます。一九世紀半ばにはインド人傭兵らを中心とする大規模な対英反乱「シパーヒーの反乱」が起こりますが、これを鎮圧しながらイギリスはムガル帝国の皇帝を流刑とし、ここでムガル帝国は滅亡します。そしてのちの一八七七年、イギリスは女王ヴィクトリアを皇帝とする英領インド帝国をたて、東隣のビルマもあわせて二〇世紀半ばまで植民地支配下におくのです。

東南アジアでは梵字圏とアラビア文字圏、また唯一の漢字圏であるベトナムも、一九世紀に入ると次々に西欧世界による植民地下に置かれていくことになります。イギリス領になったのはビルマとマレーシア、オランダ領（オランダ領東インド）になったのが今のインドネシアです。そしてフランス領（仏領インドシナ連邦）に入ったのが漢字圏のベトナムと梵字圏のラオス、カンボジアです。フィリピンは一九世紀末までスペイン領でしたが、その後アメリカ領となります。

明治改革（明治維新）によく似たタイの「チャクリー改革」

こうしたなかで唯一、西欧列強による植民地化を免れたのがタイでした。タイとい

シパーヒーの反乱

デリー北東部に駐屯していたシパーヒー（イギリスが植民地支配のために雇ったインド人の兵士）がムガル皇帝を擁立し、イギリスに宣戦。これに呼応して各地のシパーヒーも相次いで蜂起、さらにイギリスへの不満を募らせていた旧支配層や農民、民衆など幅広い階層の人々が加わり、北インド全域に広がった。しかしイギリスに鎮圧され一八五八年にムガル帝国は滅亡、インドもイギリスの直接統治下に置かれた。

うのは西がビルマ、北と東がラオスとカンボジアにはさまれたところで、つまりビルマを植民地化したイギリスと、ラオス・カンボジアを押さえたフランスという両勢力間の「緩衝地帯」になっていたところがあり、その微妙なバランスの下で植民地にならずにすんだといえます。

タイでは、日本の明治維新と同時期に「チャクリー改革」と呼ばれる「西洋化」改革が、一八六八年に即位したラーマ五世チュラーロンコーン大王の下ではじまります。このラーマ五世のお父さんというのが先にふれた、『王様と私』のモデルとなったラーマ四世モンクット王にあたります。

日本と比較すると、明治天皇は新政府の大久保利通や西郷隆盛らによる集団指導体制のシンボル的な存在でしたが、タイの場合はラーマ五世自身が主導してかなり徹底した「西洋化」改革が進められました。国政を牛耳っていたブンナーク家などの大貴族勢力を排除しながら王権を強化していった、いわば「上からの改革」です。

タイの改革で興味深いのは、日本からも「お雇い外国人」を招聘した点です。例えば法律の整備にあたってはアメリカで法学を学んだ政尾藤吉が招かれていますし、教育改革では東京女子大学の創立者のひとりである安井てつが王室女子学校創設にあたって協力しています。つまり、日本を介した「近代西欧モデル」をも参考にしたということになります。

ただ「上からの改革」という性格が強く、「下からの参加」という欲求の高まりが

ラーマ五世（在位一八六八～一九一〇）
タイの現王朝でもあるチャクリー朝、すなわちラタナコーシン朝五代国王。一六歳で即位。弟たちに支えられ、英仏の植民地主義勢力の圧力に悩まされつつ、中央集権体制の確立や、奴隷制の廃止など諸制度の西洋化による近代化に努めた。また不平等条約の一部改正にも成功を収めている。

いささか遅れた嫌いがあります。ですから憲法が制定されたのは、日本の大日本帝国憲法発布から四〇年あまりたった一九三二年のことになります。

史上最大の版図を築いた「清帝国」

さて、次は漢字世界の中心である中国の「西洋の衝撃」とは、どのようなものだったのでしょうか。

時代を一六世紀に巻き戻すと、「大航海」時代がスタートして半世紀もたたない一六世紀なかばに、早くも明代中国にポルトガル人が進出して、マカオを拠点に交易がはじまります。その後、中国特産の絹や茶の買いつけのためスペイン人が新大陸から持ってきた銀で払うようになり、大量の銀が明帝国に流入するようになります。このため、明ではそれまで米麦といった現物で税を納めさせていた農地課税制度をやめて、銀で納める一条鞭法が成立したほどです。

明代というのは宋代に続いて特に江南の経済が発展していくのですが、中央政治はあまり有能でない君主が多く、宦官が政治に口出しして不安定な傾向がありました。また一六世紀末ころには相次ぐ反乱や豊臣秀吉の朝鮮侵攻などが重なって財政が悪化し、全土で農民の反乱が起こるようになります。

そこから一大勢力に台頭して洛陽、西安を落とした李自成が一六四四年、帝都・北京を襲います。一方で中国東北地方では、女真を統一したヌルハチの子ホンタイジ率いる清が南下しつつあったため、明軍は清軍に対抗するため山海関に集結していて、その隙を李自成に突かれたのです。これにより明の崇禎帝は自害し、明朝は滅亡してしまいます。

清軍はその後、清に投降した明の武将・呉三桂の要請で北京に入り、李自成の軍を破って遷都を行い、清があらたな中国の王朝となるのです。

清は満洲人がモンゴル人をパートナーとしながら漢人を支配した征服王朝で、満洲人の風習である辮髪などを漢人にも強制したことで知られます。その支配組織でも特徴的なのが八旗と呼ばれる軍事・行政組織で、成人男子三〇〇人でつくられる「ニル」という集団を基本単位とし、構成員である旗人に土地を与え、旗人はその収益で生活しながら軍役をも担うというものです。

この八旗を基本としながら、科挙や明代の政治機構を受け継ぐ格好で次第に清帝国の中央集権的な支配組織が一八世紀を通じて整備されていくことになります。軍事的にも清は明に比べてはるかに強力で、一八世紀なかばの乾隆帝の時代にはチベットや回部（東トルキスタン）を制圧して、元の時代をのぞく歴代の中国王朝のなかでは最大の版図に達します。

ちなみにこの乾隆帝とその父である雍正帝の時代というのが、清帝国の最盛期といわれます。雍正帝はわずか一三年しか統治しなかったのですが、組織の全部のネジを

ホンタイジ（在位一六二六～四三）　清朝の二代皇帝。廟号は太宗。女真族を統一して清朝（後金）を樹立したヌルハチの第八子。三五歳のとき、諸兄を超えてハンの位を継ぎ、清の礎を築く。内モンゴル、朝鮮を制圧し、国号を清と改め、民族名も満洲とした。

乾隆帝（在位一七三五～九五）　清朝六代皇帝。廟号は高宗。二五歳で即位。多くの書物を編纂するなど文化を奨励、また東トルキスタンを制圧するなど領土を拡大させて清の最大版図を築くなど、内治外征に華々しい成果をあげた。だが晩年は政治腐敗が進んだ。

締め直した、ものすごい働き者の王様でした。早朝から深夜まで一生懸命、政治をやって、疲れすぎて死んでしまいます。そして乾隆帝の六〇年に及ぶ時代に入ります。乾隆帝はフランス革命の一〇年後までお元気でしたから、この間は一八世紀の末まで清は揺るぎもしていません。経済力や文化の洗練度も高く、この乾隆帝の時代に北京の宮廷料理も確立されたほどです。

また農業も好調で、新大陸原産のトウモロコシやサツマイモ、落花生などの生産も定着して農産物の収穫量が飛躍的に拡大します。人口も一八世紀末には三億人に達していたとされていて、経済も人口も世界で最大の規模を誇るようになります。

おそらく西欧世界と比較しても、総合的な「文明」と「文化」の程度において、一八世紀後半までは清帝国のほうがはるかに高いレベルにあったといえるのではないでしょうか。

西欧の「比較優位」を決定づけたアロー戦争

北方ではいち早く「西欧近代モデル」を受容したロシアがシベリアにまで東進してきて、一七世紀なかばから中国北方のアムール川を南下しはじめます。これについては清の康熙帝とロシアのピョートル大帝との間で一六八九年に国境画定などを定めるネルチンスク条約が結ばれます。これは、清が西欧の国際法に基づく条約をはじめて結んだケースでもあります。

これにより、一八世紀中はロシアもさほど外的脅威とはならずにすみます。一七九三年にはイギリスの使節マカートニーが通商の拡大を求めて乾隆帝に謁見しましたが成功せず、続いて一八一六年にアマーストが北京にやってきます。当時の中国ではイギリスも朝貢国という扱いで、使節が皇帝に謁見する際も、臣下の者が三度ひざまずいて九回も頭を床にすりつける「三跪九叩頭の礼」を要求されたのです。アマーストはこれを拒否しています。

ところがこうした状況も、一九世紀に入ってから変わりはじめます。

対中国貿易の大半を担っていたのはイギリスでしたが、一八世紀なかばまでは茶や絹などの中国産品の輸入が大幅に上回る輸入超過の状態にありました。イギリスにしてみればその対価である銀が一方的に中国に流出していくことになるため、その状態を是正するには何かを中国に輸出するしかありません。

そこで目をつけたのが、インド産のアヘンでした。一八世紀後半からこのアヘンが大量に清へと輸出されるようになり、一九世紀に入って清は公式に輸入を禁止したのですが、今度は密貿易というかたちになって、アヘン流入は止まるどころかさらに拡大していきます。

そしてついに一八三九年、清は輸入アヘンの没収焼却という実力行使に出たものの、これに対してイギリスは出兵に踏み切り、いわゆるアヘン戦争がはじまります。

イギリス軍が上海などを占領して南京に迫ると、清が屈服するかたちで結ばれたのが南京条約でした。

これによって、清朝は上海など五港の開港や香港の割譲、領事裁判権を持つ領事の駐在などを認めさせられます。ただ、清朝にとってアヘン戦争の敗北は地方での局地戦に負けたという程度の認識で、その結果にさほど危機感を持ってはいませんでした。

ところがこれに続いて起こった英仏とのアロー戦争（一八五六～六〇年）で、英仏軍が北京にまで侵入し、離宮の円明園が破壊しつくされ数多くの宝物までが略奪されたことに、清朝も強い衝撃を受けることになります。その結果、イギリスへの九龍半島先端部の割譲、天津の開港を受け入れさせられただけでなく、講和のあっせんに入ったロシアにもウスリー川以東の沿海州を割譲することになり、ようやく対内的な改革の機運が芽生えはじめるのです。

こうしてじわじわと西欧勢力による干渉が進む一方で、国内でも不安定な状況が広がっていきます。一九世紀なかばからキリスト教の影響を受けた洪秀全による太平天国の乱が激しくなり、ついには一八五三年に南京が占領される事態となります。

もはや清の正規軍だけでは抑えが効かないということになり、この討伐にあたったのが科挙官僚出身の曾国藩や李鴻章らが地方で組織した臨時の私的軍隊ともいえる湘軍、准軍でした。

曾国藩らはこのとき、イギリス軍人のゴードンが率いていた中国人の傭兵部隊であ

アロー戦争

英仏による中国・清への侵略戦争。一八五六年、清朝の官憲が英国国旗を掲げて停泊中の帆船アロー号の水夫を海賊の疑いで逮捕したのに対し英国領事は清が不当逮捕、英国国旗を侮辱したと抗議したアロー号事件が勃発。これを口実に英国は遠征軍を派遣。それに乗じてフランスも宣教師殺害事件を口実に参戦。英仏連合軍は一八五八年に天津を占領して天津条約を締結するが、批准書交換をめぐって清が攻撃すると、戦争が再開。首都北京は英仏に占領され、北京条約が結ばれることとなった。

る「常勝軍」の西洋式装備を目の当たりにします。それはまさに、近代西欧の軍事技術が持つ圧倒的な「比較優位」との遭遇でした。

「体制内改革」にとどまった清の「西洋化」改革

これを機に、李鴻章は自ら率いる准軍の組織と装備の「近代西欧モデル」化を進めるようになります。西欧式の鉄砲や大砲を輸入するだけでなく、ドイツ軍人を軍事教官として雇ったり、士官らをドイツへ留学させたりもします。また、軍人教育でも西欧式の陸軍士官学校の中国版ともいえる天津武備学堂を創設しています。ちなみに李鴻章は、近代海軍の端緒となる北洋海軍建設にも力を入れました。

清朝の支配組織の中央部でも、次第に「西洋化」改革への動きが見られるようになります。これらの一連の改革運動は「洋務運動」と呼ばれ、日本の「明治改革」にあたります。

この「洋務運動」を日本やオスマン帝国のケースと比較してみると、やはり中国の特徴的な部分が見えてきます。一言でいうと、自身の伝統的な「文化」「文明」にこだわる度合いがとても強かったという点です。

例えば清朝内部でも近代西欧のさまざまな知識を持つ人々が増えていくなかで、起こってきたのが西欧から単に技術のみを導入するだけでなく、体制改革も行うべきだ

李鴻章（一八二三〜一九〇一）　中国・清の政治家。淮軍（李鴻章が郷里で組織した義勇軍）を率いて太平天国討伐や捻軍（農民の反乱軍）鎮圧に活躍。直隷総督、内閣大学士を務め、軍隊の近代化や軍事工業の育成など軍事、鉱山の開発や鉄道の建設などの殖産興業に貢献した。また外交も担い、日清戦争における下関条約の全権、一九〇一年の義和団事件処理に関する辛丑条約の全権なども務めている。

「西洋の衝撃」と服装の変化

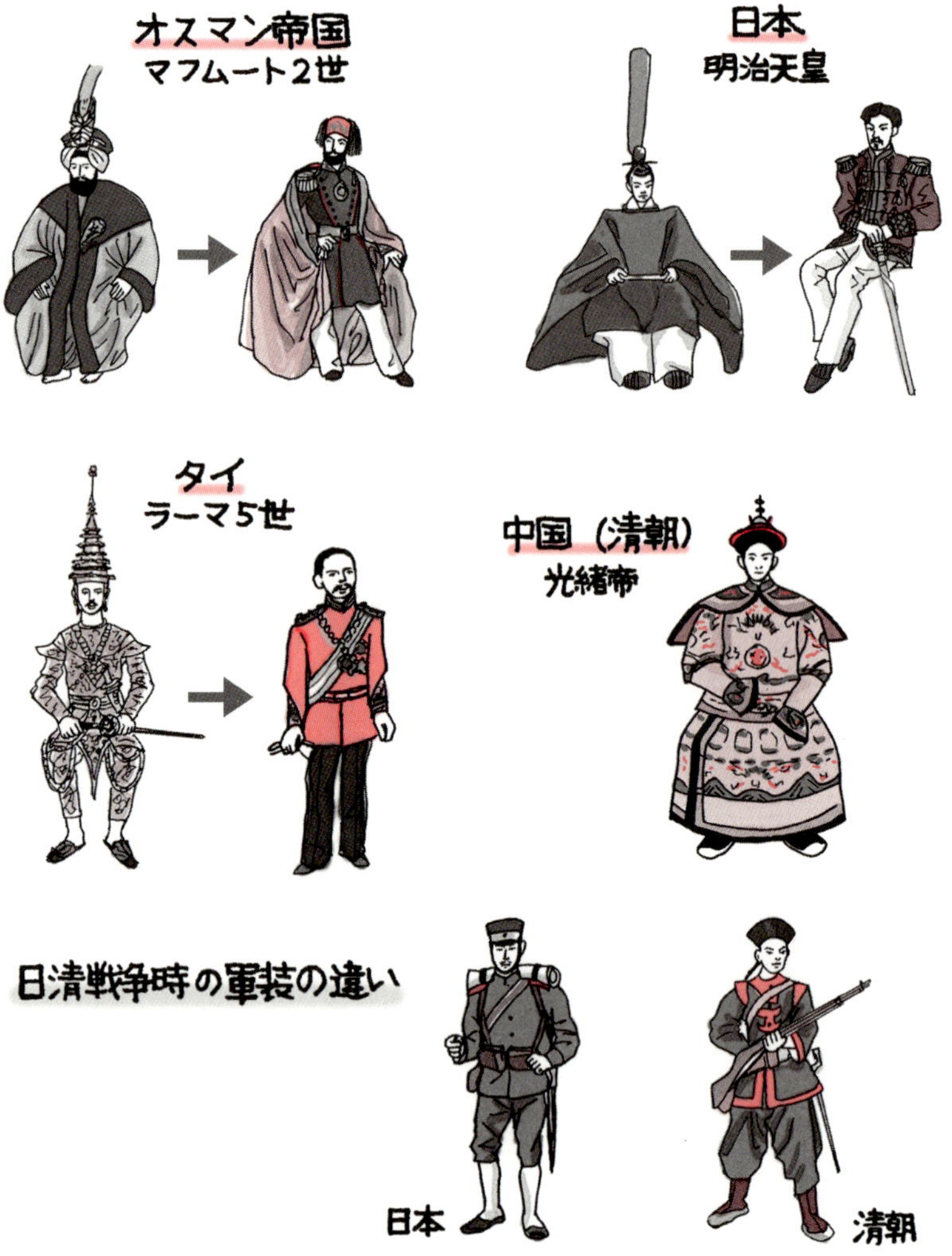

とする、康有為らによる変法運動でした。

ただこの変法運動は、日本の自由民権運動のように地方にまで根を下ろすような広がりをもつことがありませんでした。そのため守旧派が反撃に転じると、簡単にその芽を摘まれてしまうのです。確かに軍隊の近代化はある程度進んだものの、守旧派的傾向の強い袁世凱の北洋軍閥に頼りながら極めて伝統的な思考の西太后の専制政治が続いてしまいます。つまり洋務運動は、「体制そのものの変革」だった明治維新に比べて、科挙官僚が主導した「体制内改革」にとどまったといえるでしょう。

また、日本やオスマン帝国では国軍が近代西欧モデルの新式軍隊に統一されていきますが、清の場合は有力官人の私的軍隊の改革でとまってしまいます。経済面でも、日本では明治以降に民間資本の産業が広がっていったのに対し、清朝では国家・官僚の関与による「官督商弁」（官民合営）が中心になってしまいます。

清朝の伝統的な規制の強さというのは、服装を見れば一目瞭然です。右のイラストをご覧ください。マフムート二世が自ら西洋の服装に切りかえて、官僚や軍人の服装も洋装にトルコ帽にかえさせたオスマン帝国や、伝統的な結髪や帯刀をやめさせ、天皇自ら断髪・洋装にかえた日本とは違い、清朝では皇帝と官人、そして新式軍隊ですら、伝統装である満洲服に辮髪という姿のままだったのです。

袁世凱（一八五九～一九一六）
中国の政治家、軍人。李鴻章の信任を得、日清戦争後には洋式の新陸軍（新軍）の建設に従事した。李の没後には直隷総督、北洋大臣に就任。軍政の統一、実業の振興に尽力し、一時は清朝最大の実力者となる。一九一一年に辛亥革命が勃発すると朝廷側の全権を委ねられ革命側と交渉。翌年、宣統帝（愛新覚羅溥儀）を退位させ、中華民国臨時大総統に就任。一三年には反袁世凱の第二革命を鎮圧し正式な大総統となって独裁を強めた。一五年に帝政復活を宣言すると第三革命を招き、翌年に宣言を取り消すが、ほどなくして病没。

西太后（一八三五～一九〇八）
清朝九代皇帝咸豊帝の側室（妃）。一〇代皇帝同治帝の生母。同治帝が即位すると、東太后（咸豊帝の正室）とともにその摂政となって実権を握った。同治帝の死後、妹の子を光緒帝

なぜ日本はいち早く「西洋化」改革を成し遂げたのか

さて、いよいよ私たちの国、日本の「西洋の衝撃」に話を転じてみたいと思います。ただここで日本の「近代」化の過程を細かく追うことはいたしません。そのあたりは『もう一度読む山川日本史』などの書に譲りまして、ともかくなぜ日本が「アジア」諸社会のなかでいち早く「西洋化」改革を成し遂げて西欧列強に比肩するまでに台頭することができたのか、という点についてお話ししてみたいと思います。

これも、急にそういうことができたというわけではありません。やはり歴史をさかのぼって考えてみる必要がありそうです。

戦国大名が割拠した時代も一六世紀後半に織田信長、豊臣秀吉による天下統一が完成し、一七世紀冒頭の「天下分け目の戦い」となった関ヶ原の戦いで徳川勢が勝利すると、一六〇三年に家康が江戸幕府を開いて日本の「近世」がスタートします。

戦国時代は分裂の時代ではありましたが、厳しいせめぎ合いのなかで、戦国大名らが次第に領国の一円支配、一円徴税権、一円裁判権を主張するようになります。それは支配のための政治体制としては発展の過程であり、いわば戦国大名領の成立は、西欧世界が「中世」から「近世」へと移りかわる時期に分権的な封建制から中央集権的な絶対王政へと向かった諸領邦の形成・発展過程と対比することができるかと思いま

として即位させてその摂政として実権を維持。親政を開始した光緒帝が変法に着手するとクーデタを起こして帝を幽閉、再度実権を握った。義和団事件を助けて列国の侵略を招いたのちは従来の態度を改めて諸制度の改革に努めたが、光緒帝の死の翌日にその生涯を終えた。

す。

家康が築いた体制の特徴は、全国を統括する幕府中央の支配組織と、各藩を治める諸大名の支配組織による、いわば集権制と分権制のバランスの上になりたつシステムといえます。

例えば非常に中央集権的な支配組織をつくっていたオスマン帝国のケースと比較しますと、地方の支配組織の上層部は帝国中央から任命された人が一定期間担い、また中央に戻るというシステムです。このやり方ですと、帝国の中央部では人材教育が盛んになって良い人材に恵まれますが、地方では人材があまり育たないという傾向がでてきます。

それに対して江戸期日本の場合、分権制でもあったために、それなりに技術や文化が担える、また政治や経済の知識があってそれを担えるという人材が、各地域にわりと均等に蓄積されることになります。

日本の城下町というのはとても面白くて、大名のお殿さまというのは、例えると総合商社の社長のような存在です。どの大名も藩の経営に必要な人材とその担い手を育成する藩校のような教育機関をもち、剣術の師範から儒学者、さらには料理人やお菓子の職人、調度品などの工芸品をつくる職人にいたるまであらゆる人材をキープしていたんです。総合商社だけじゃなく、デパートの社長までやっていたような存在といったほうが正確かもしれません。

こうした分権制のメリットに加え、もうひとつ注目すべき背景があります。江戸の幕府と藩の支配組織というのは、もともとが軍人である武士たちによる戦闘組織です。ところが国内での戦争が禁じられ、「鎖国」というかたちで対外関係が極端に制限されていたおかげで、対外的な戦争も起こらないという状況が結果的に二〇〇年以上も続くことになります。

つまり、江戸の「近世」は軍事的な競争はダメよ、でも経済や文化の競争はおおいに結構、という時代だったわけです。それで何が起こったかというと、幕府や藩の支配組織を担う武士たちが「文民官僚」化していくんですね。要するに、藩ごとの競争が経済競争に限られるなかで藩政改革は「財政改革」に主眼が置かれるようになり、特に江戸中期以降は全国の市場向けの特産品の育成が、各藩の重要な仕事になっていくのです。

こうした江戸期日本の特徴が、「西洋の衝撃」から近代西欧モデルを受容していく際にとても有効に働いたのだと思います。

江戸期日本で完成していた「ネイション」の原型

明治以降に西欧のさまざまな知識に関する翻訳書が日本で多数出版されるようになると、それが商業的にも成り立ったということもそのひとつでしょう。例えば明治四年に刊行されたイギリスの思想家、ジョン・スチュアート・ミルの翻訳書『自由之理』は、日本の自由民権運動に多大な影響を与えたことで知られます。これは当時の最先端ともいえる政治学の本でかなり難解な内容ですが、それがベストセラーになるほど日本で読まれたんですね。

こうした状況は、当時のオスマン帝国の状況と比べるといっそう興味深いかもしれません。オスマン帝国でフランス語を自由に読み書きできた人の数は、日本で外国語を読めた人よりはるかに多かったと思われますが、この手の翻訳書はほとんど売れないし、出版社も商売になりません。要するに買ってくれる人がいないのです。そもそもフランス語が読み書きできる人であれば、原書を買えば事足りてしまいます。

つまり日本のすごいところは、外国語はわからないけど、翻訳された本なら読んでみたいという層がとてもぶ厚かったことでした。今も似たような状況かもしれませんが、それだけ日本語に置き換えられた西欧の知識を吸収したいと考えたり、理解できる人が全国に存在したということでもあるのです。

明治一〇年代に各地で民間人による「私擬憲法」がつくられるようになったこともそうです。東京のあきる野市にあった五日市町で、地主や地元のリーダー格の人たちが集まってつくった五日市憲法が有名ですが、こうしたものが各地でつくられるというのも、中央に人材が吸い上げられていたオスマン帝国ではとても考えられないことなんです。

私擬憲法　民間で作成された憲法案。幕末のものもあるが、一般には一八八〇年ころより、憲法の理論的研究の発展や自由民権運動の高まりを受けて、各派・各人は自らの国家構想を同志や国民に訴えるために憲法案を起草した。現在確認されている私擬憲法は四〇種以上におよぶ。

西欧世界の場合、あちらは戦国大名が絶対君主化していきながら、激しい軍事競争をともなう「戦国時代」のまま、「近代」に入っていったともいえます。それに対して日本の場合は経済競争に限定された「近世」が二五〇年ほど続くなかで、社会がかなりの程度にまで成熟し、「ネイション」と「国民経済」の原型が成立していったのです。

ここでいう「ネイション」とは、同じ言語や文化を共有し、同じ「民族」に属すると「信じる」人間集団です。この「信じる」というのがミソで、世界には多くの「民族」を称する集団がいますが、厳密にＤＮＡをさかのぼっていったらかなりあやしいものです。ですから、自分たちが同じ民族だというのは、同じ民族だと「信じている」ことに過ぎません。

その意味で、江戸時代を通じて日本にはこの「ネイション」のベースができて、政治社会全体のマクロの統合ができていたということになります。これは非常に大きなことで、例えばオスマン帝国のケースをみれば、その統合はイスラムという宗教に基づいて成り立っていましたが、それが近代西欧の影響で崩壊していくのです。その崩壊を食いとめようとしたり、崩壊後にあらたなアイデンティティと統合・共存のシステムをつくるのに、大変な労力、エネルギーを費やすことになりました。

逆に日本は、そうした政治的統合のためのコストがはるかに小さくてすんだことで、それ以外のさまざまな改革にエネルギーを費やすことができたわけです。

「鎖国」は悪かったのか？

もうひとつの「国民経済」の原型とは、商都・大坂を市場とする、北前船を中心とした全国市場経済のネットワークのことです。例えば堂島の米会所などではかなり高度で複雑な相場技術も発達していて、あくまで内需中心ですが、北海道の「蝦夷地」から琉球王国まで含めた全国規模の流通市場が形成されていました。

そして日本の場合、交易でモノを流してもうける「モノ流し経済」よりも、生産に力点をおく「モノづくり経済」が発達します。江戸時代の諸藩による特産品生産ではかなり熾烈な競争が行われていたようで、こうした経済構造の基盤がひいては第二次世界大戦後の「ものづくり立国」にも影響を与えているのではないかと思われます。

ちなみにオスマン帝国の場合は「ものづくり」が低調で、まさに「モノ流し経済」だったものですから、西欧世界に海の交易ルートを押さえられてしまうと経済が一気に地盤沈下してしまったのです。

こうして日本の「近世」の特徴をふりかえってみると、私には江戸期日本の「鎖国」政策が、あながち間違いだったとは思えません。

近年の歴史研究では「鎖国と表現するのは誤りで、むしろ海外との交流は続いていた」という点が強調されてきていますが、常に外の世界に門戸を開いていたオスマン

北前船　江戸時代から明治時代にかけて、北国から日本海、瀬戸内海を経て大坂へといたる西廻りの航路による海運で活躍した廻船、またそれに使われた船の上方での呼称。北陸では弁財船とも称された。北海道や東北、北陸で昆布やニシンなど海産物を買い入れて下関海峡・瀬戸内海を経て大坂で積荷を売りさばき、酒や塩、雑貨などを仕入れて北国で売った。

帝国などのケースと比べると、当時の日本の対外関係が極めて限定されていたのは事実ですから、それを「鎖国」と呼んでもおかしくはないと考えます。

ご高名の哲学者・和辻哲郎先生に『鎖国』というご著書があります。副題に「日本の悲劇」とあるように、日本がとった「鎖国」政策は失敗だったと和辻先生はお考えでした。日本が「鎖国」せずに戦国時代の気運を活かして外に出ていったら、もしかしたら世界に覇を唱えられたのではないかと、和辻先生は暗におっしゃりたかったのではないかと推察いたします。ただ、日本がもしそうしていたらどうだったでしょうか。むしろ逆に、日本はあのポルトガルやスペインのように、一世紀ぐらいはいい夢を見たけど、そのあとは没落期という具合になってしまったかもしれません。

比較から見えてくる「西洋の衝撃」の特徴

さて、ここまでいくつかの文化世界を取り上げ、それぞれが「西洋の衝撃」にどのように対応しながら、近代西欧モデルの受容としての「西洋化」改革を進めていったのかをざっと見てきました。読者のみなさんは、そこからどんなことをお考えになられたでしょうか。

比較史的にこうしたことを考えていくと、いくつかの傾向が見えてまいります。まずひとつは、異文化世界の中心部にあたるところは伝統的な「文明」の支配力がとて

和辻哲郎（一八八九～一九六〇）　兵庫出身の哲学者、倫理学者、文化史家。初期には『ニイチェ研究』など実存主義者の研究を発表。のち奈良飛鳥の古寺を巡礼し日本文化に先駆的かつ斬新な視野を開き、またハイデッガー解釈をとおして人と人との関係を重視した間柄の学としての独自の倫理学を築いた。また『風土』では独自の比較文化論を展開。著書に『古寺巡礼』『日本精神史研究』『風土』『鎖国』など多数。

も強いため、「西洋化」改革が遅れるという傾向があったという点です。その象徴的な例が清朝だといえるでしょう。

ただ「文明」の諸インフラがあまりにも未成熟だと、これも「近代化」が容易ではないという面もありそうです。例えばアフリカのコンゴ民主共和国の場合、一九世紀後半にベルギー国王の私的な植民地となり、のちにベルギー領コンゴとなりますが、支配の仕方が典型的な「やらずぶったくり」型で、インフラ整備や教育をろくにせずに鉱物資源の収奪に血道をあげてしまいます。それで周辺国が独立を果たすようになると、コンゴでも独立運動が起こるようになり、その指導者パトリス・ルムンバさんが初代首相になりますが、ルムンバさんは小学校を出て郵便局で働いていた方で、当時のコンゴではそれでも超インテリという扱いだったそうです。

西欧のどの国が支配していたかでこうした事情はかなり違っていて、イギリスの場合だとマハトマ・ガンディーさんのように、ロンドンの名門法科大学院ともいえるインナー・テンプル法曹院に留学して弁護士の資格も持っているという本格的なインテリが出てくるのに、ベルギーは現地人を手厚く教育するという発想がなかったのでしょう。ですからせっかく独立できても、すぐに「コンゴ動乱」という内乱状態に入ってしまいました。

余談が過ぎましたが、さらにもうひとつ特徴的なのは、そうした文化世界の中心部よりも、その周辺地域や周辺社会から「西洋化」改革が進んでいったという点です。

オスマン帝国もイスラム世界の中心部でしたが、その周辺にあたるエジプトのほうでは総督ムハンマド・アリーによる体系的な「西洋化」改革が、オスマン帝国中央部よりも早く進んでいたのです。

また清朝でも、その「西洋化」改革は沿海部の上海や天津などの地方で先にはじまっていますし、日本でもそれは同様で、中央の幕府よりもはやく、四国艦隊下関砲撃事件や薩英戦争を経験して西欧の比較優位に触れた長州や薩摩といった周辺から、西欧の軍事技術の導入が進められていきます。

また視点を変えて見るなら、「漢字世界」の中心である清朝よりも、その周辺社会にあたる日本のほうが「西洋化」改革が早く進んだともいえます。つまり、「文明」のインフラが十分に整っていれば、文化世界の中心部よりも伝統の支配力が比較的弱い周辺部のほうがかえって改革が進めやすいという傾向があるように思われるのです。

ムハンマド・アリー（一七六九〜一八四九）
オスマン帝国のエジプトで独立性の高い総督となり、エジプト最後の王朝ムハンマド・アリー朝の遠祖となる。ナポレオンのエジプト遠征軍と対抗するアルバニア人非正規部隊の副隊長としてエジプトに赴任。一八〇五年にはエジプト総督となる。近代化政策を推進して富国強兵に努め、スーダン、シリアへと支配域を広げたが列強の介入を受け、エジプトとスーダン以外の地からは撤退を余儀なくされる。一八四一年、エジプト総督の世襲権を認められた。

第11章

「文字」から見えてくる近代世界

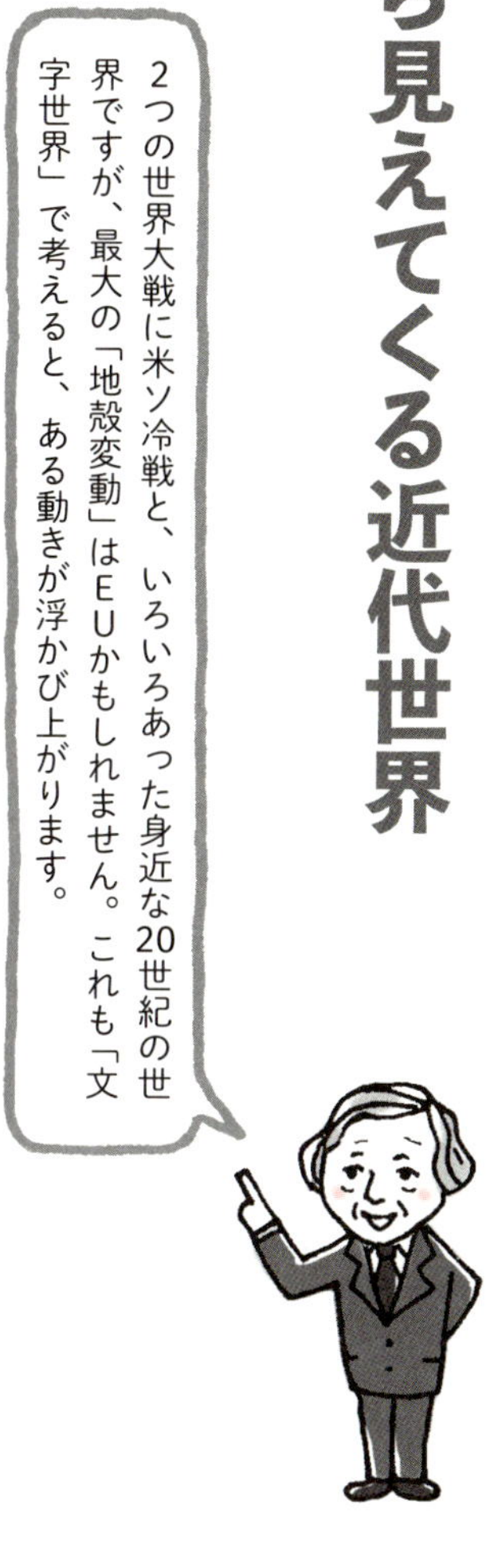
2つの世界大戦に米ソ冷戦と、いろいろあった身近な20世紀の世界ですが、最大の「地殻変動」はEUかもしれません。これも「文字世界」で考えると、ある動きが浮かび上がります。

「グローバル・システム」に包み込まれる「文字世界」

さて、ここまで一九世紀あたりまでの世界の、歴史の大きな流れを見てまいりました。

いささかくり返しになりますが、西欧人が決定的なイノベーションである「船」と「火砲」をひっさげて三大洋五大陸をつなぐ「グローバル・ネットワーク」を一五世紀末から構築しはじめ、さらに文明の「外的世界（マクロ・コスモス）」に対する利用・

制御・開発の能力」において圧倒的な「比較優位」に立った西欧世界が原動力となって、地球上の全人類を「グローバル・システム」に組み込んでいったのが一八世紀から一九世紀にかけての大きなできごとであろうと思います。

第二次世界大戦後にイギリスから独立したインドの初代駐北京大使をお務めになられた外交官で、歴史家でもあるパーニッカー先生は、この一六世紀から一九世紀にいたる時代について、「海の西洋」が「陸のアジア」を支配した時代であったと記しておられます。私もそのとおりであろうと思いますし、「海の西洋」の支配はインド洋世界にはじまり、さらにシナ海世界へとのびていきました。

この「グローバル・システム」ができる以前には、それぞれの文化世界がかなり自己完結的に地球上に並び立っていた状況でした。例えば東アジアでは中国が「漢字世界」の中心に位置し、「漢字世界」の世界秩序であった「華夷秩序」と朝貢と冊封のシステムの下で、その「文明」と「文化」の影響を受けた周辺の社会と交流していたのです。

ところがそれがもっと大きな「グローバル・システム」に組み込まれるようになると、もはや独自の冊封システムなどは維持することができません。世界中の諸社会が、西欧世界の「ワールド・スタンダード」に過ぎなかった国際法の下の「領域的主権国家」に位置づけられると、それらは「グローバル・スタンダード」ということになります。

そうなりますと、それぞれの文化世界はかつての自己完結性を失い、「グローバル・システム」のなかの一部（サブ・システム）へ、言いかえれば「文化世界」から「文化圏」へと変化していくのです。

第一次世界大戦

では「グローバル・システム」に組み込まれた「文化圏」は、その後どうなっていったのでしょうか。

二〇世紀に入り、とても大きなインパクトとなったのは、一九一四年から一八年にわたって繰り広げられた第一次世界大戦です。このころの西欧世界は、海外市場を求めて世界で植民地獲得を競う「帝国主義」の時代でした。なかでも、領邦国家がひしめく分裂状態が続いて後れをとっていたドイツが、一八七一年にようやく統一を成し遂げてドイツ帝国となります。

余談になりますが、一八六八年に明治維新を迎えた日本が少し落ち着いて、一八七〇年代から「西欧化」改革を本格的に進め出したころに、そのお手本となったのがこのドイツでした。なぜドイツを手本にしたのかというと、そのころのドイツがまさにできたての新帝国で、ピッカピカに見えたからです（笑）。

ちなみにオスマン帝国の場合は日本よりも早く「西洋化」改革がはじめられたので、

そのころのモデルはフランスでした。イギリスもモデルになりそうですが、あの国はどこが真似しようとしても、ちょっと特別すぎるところがあります。例えば法制度を真似ようにも、いわゆる成文法がないのです。要するに「不文法」というもので、法律が慣習と判例のなかにあって、専門家しか扱えないややこしさがあるため、急いでモデルにするにはとても不便な代物なのです。ただイギリスはフランスなどと違って海軍国でしたから、オスマン帝国も日本も、海軍のモデルはイギリスでした。

話を戻しますと、ドイツはその後発性を活かすかたちでその後、化学工業や鉄鋼業、武器産業で目ざましい発展を見せ、ついには当時の覇権国家イギリスを脅かすまでになります。

このドイツによるイギリスへの挑戦という構図を軸に、ドイツを押さえようとするイギリスとフランス、ロシアの三国協商と、これに対抗するドイツとの対立が、バルカン半島のサライェヴォで起こったハプスブルク帝国の皇位継承権者フェルディナント夫妻暗殺事件をきっかけに、未曾有の大戦争に突入してしまうのです。

最初はあくまでもハプスブルク帝国とセルビアの戦争にすぎず、ほかの西欧諸国も局地戦で短期間に決着がつくだろうと思っていたのです。ところが、同じスラヴ正教圏のロシアがセルビアを助けるため参戦にむかうと、今度はハプスブルクを支援する側のドイツが参戦してフランスに侵入し、これに対してイギリスまでが参戦するという具合に、大方の予想を裏切って参戦国がどんどん拡大してしまいます。しまいにはドイツの要請でオスマン帝国が、そして極東の日本までが日英同盟を理由に中国のドイツ拠点・青島などの制圧に乗り出して参戦するわけです。

結果はご存じのとおり、ドイツ帝国、ハプスブルク帝国、オスマン帝国側の敗北です。ドイツ帝国は皇帝が退位して講和となり、ドイツは共和国になります。またハプスブルク帝国はオーストリア共和国、オスマン帝国はトルコ共和国になってしまったのです。

ロシアとドイツが欲した「インドへの道」

補足ですが、ドイツが統一されたのが一八七一年で、イタリアが最後に残っていたローマ教皇領のヴァティカンを併合して統一したのが一八七〇年です。日本の明治維新が一八六八年、廃藩置県は一八七一年ですから、この日独伊というのは「出遅れた帝国」という意味で、よく似た存在です。やっと統一を果たしてさあ外へ出ていこうかと見回してみたら、めぼしい市場植民地はほとんどイギリス、フランスに押さえられて、焦ってしまいます。ですからその後、先輩格の列強諸国が一足先に築いていた既得権益や秩序に異を唱える格好で「日独伊」が同盟を結び、それが第二次世界大戦への道となっていくのです。

それと、ここで忘れてはいけないのは、一九世紀を通じてこの第一次世界大戦にい

日英同盟
極東におけるロシアの南下(満洲・朝鮮進出)に対抗するため、一九〇二年に日本とイギリスとの間で結ばれた同盟。一方の国が戦争状態になった場合、他方の国は中立を守り、もし別の国が敵側に加わった場合には参戦するという条件を有した。日露戦争開始の背景、第一次世界大戦への日本参戦の口実となった。二一年のワシントン会議における四カ国条約の締結により解消。

たるまでの長い時代のひとつの大きな対立軸が、英領インドをめぐるロシアとイギリスのせめぎ合いだったという点です。インドは、ここを失ったら大英帝国は没落してしまうというほどの決定的な市場植民地で、ロシアはそこをめざして南下を試み、イギリスはそれを阻止しようとします。

黒海から地中海に続く道筋を押さえている上に、のちにはインドに通じるスエズ運河もできる紅海ルートと、ペルシア湾ルートの二つに接していたのがオスマン帝国だったので、インドへの道を確保したいロシアとオスマン帝国が戦争になり、イギリスがフランスと一緒になってオスマン帝国側に立ち、ロシアに対し参戦したのがクリミア戦争（一八五三～五六年）でした。またロシアが極東でも太平洋からインドへの道を通そうとしたので、それを阻止したいイギリスが日本と同盟を結んでこれが日英同盟になりますし、世界史的にみれば日露戦争もその延長で起こったものなのです。

ドイツは最初、進出しようにも手つかずの独立国がオスマン帝国ぐらいしかなく、自分たちの有望な市場ということでオスマン帝国に接近します。オスマン帝国の軍人に最新式の軍事教育を施してあげますよといってドイツ人教官を派遣したのも、要は自国製の武器をはじめは売り込みたかったのです。そして、カイゼルことウィルヘルム二世が即位したあとの一九世紀末あたりにドイツが掲げだしたのが、ベルリンとビザンティウム（イスタンブル）、バグダードを鉄道で結ぶという3B政策になります。これは、まさに「インドへの道」なんですね。

クリミア戦争
一八五三年に勃発した、クリミア半島を主戦場に行われたロシアとオスマン帝国（英仏サルデーニャ連合軍支援）との戦い。ロシアがオスマン帝国内のギリシア正教徒保護を口実に開始したのを発端とし、ロシアの南下を警戒する英仏とサルデーニャの連合軍がオスマン帝国を支援するかたちで参戦。ロシア敗北で終結し、五六年、パリ講和会議が開かれた。

ウィルヘルム二世（在位一八八八～一九四一）
ドイツ皇帝およびプロイセン王。ウィルヘルム一世の孫。三〇歳で即位。一八九〇年にビスマルクを罷免し、大海軍拡張に着手し積極的な対外政策をとり英仏との対立を激化させる。失策の末、政治的影響力を失い、一九一八年ドイツ革命で退位してオランダに亡命した。

四つの「大帝国」の崩壊

話を戻すと、私がここで強調しておきたいのは、この第一次世界大戦の前後に「前近代」から続いていた「文字世界」の四つの大帝国が崩壊したという事実です。

そのうち、第一次世界大戦に直接関わったのは三つです。まず、神聖ローマ帝国の系譜を引き、「ラテン文字世界」内で長期にわたり権勢を誇ったハプスブルク帝国は、この大戦での敗北により完全に解体されてしまい、本体は小国オーストリアとして存続しながら、周辺は数多くの民族国家に分裂してしまいます。

もうひとつが「アラビア文字世界」の雄たるオスマン帝国でした。オスマン帝国も敗戦によって解体され、その中核はトルコ共和国として残りますが、その支配下にあったアラブ・ムスリムの諸地域は、ほとんどがイギリス・フランスの植民地ないし半植民地にされてしまいます。

三つめが「ギリシア・キリル文字世界」の大国、ロシア帝国です。こちらは本来、イギリス側でしたから戦勝国になるはずでしたが、大戦が終わる直前に起こった革命によって帝政が倒れ、その後の「ロシア革命」（十月革命、一九一七年）で共産主義のソヴィエト政権が樹立されます。

残る四つめは第一次世界大戦とは直接関係はありません。大戦がはじまる直前の一

ロシア革命（二次）

一九一七年にロシアで起こった革命。帝政（ロマノフ朝）を崩壊させた二月革命と世界最初の社会主義政権を打ち立てた十月革命からなる。第一次世界大戦中に革命勢力は高揚、首都で労働者や兵士が蜂起してソヴィエトが組織され、さらにブルジョワ階級と合流してロマノフ朝を滅亡に追い込んだ。臨時政府が成立するが、レーニンが主導するボリシェビキが臨時政府を倒し、社会主義政権が樹立された。

九一一年から一二年にかけて起こった辛亥革命で滅亡した、「漢字世界」の中核たる清朝です。清が滅亡すると、中国国内は中華民国政府や軍閥が割拠する「一乱」の時代に突入します。

「五大文字世界」の大戦争・第二次世界大戦

この第一次世界大戦を「文字世界」としてみるなら、まさに「五大文字世界」すべてが関わった史上はじめての大戦争だったともいえます。ただあくまで「関わった」というレベルで、例えば「梵字圏」の中心であるインドはまだイギリスの植民地支配下にあり、「総力戦」という新たな戦争形態により人員や物資を動員させられた程度です。また「漢字圏」の日本も参戦したとはいえ、主戦場となったヨーロッパには参加しておらず、いわば「脇役」にすぎませんでした。

ところが、二〇年という戦間期をはさんで再びの世界大戦となった第二次世界大戦は、それとは様相が異なります。ヨーロッパでは第一次世界大戦のリベンジを狙うナチス・ドイツと、連合国のイギリス・フランス・アメリカ・ソ連が主役で、このあたりの配役は前大戦とあまり変わりませんが、太平洋戦線での主役はアメリカと日本でした。いってみれば、前回は「脇役」にすぎなかった「漢字圏」の新興帝国で、異文化世界でいち早く「小西洋」化した日本が、ついに「主役」として登場したことになります。

日本は結局負けてしまいますが、第二次世界大戦の世界史的な意義という観点で考えるなら、近代西欧モデルを受容する「西洋化」改革というものが、本家にあたる西欧列強に比肩するくらいの強国をつくりだしたという事実はとても大きいと思います。

つけ加えますと、日本が「主役」となって参戦したことで、当時の植民地体制が揺らいだというのも事実であろうと思います。ただここで注意したいのは、東南アジア諸国が戦後に独立できたのは「日本のおかげ」でも「日本の功績」でもありません。例えるなら「風が吹けば桶屋がもうかる」。表現がよろしくありませんが、言ってみれば日本は大泥棒の西洋人に泥棒のやり方を学んで、よし、今度は西洋人を追っ払ってオレが泥棒してやるって考えただけなんですから。

「ラテン文字世界」共同体としてのEU

第二次世界大戦後の世界史的なエポックといえば、東西冷戦でしたね。大戦中はドイツを共通の敵として米英ソが一緒に戦っていましたが、ドイツが敗北すると、その支配下にあってソ連が「解放」していった東欧地域で、次々に共産主義政権が樹立されていきます。

一方で、中国国民党と中国共産党が激しい内戦を繰り広げていた中国で一九四九

東西冷戦
第二次世界大戦後の一九四七年ころから、一九八九年の米ソ首脳による冷戦終結宣言（または九一年のソ連崩壊）まで続いた、米ソ間に生じた緊張状態。緊張が和らいだ時代もあったが、政治、経済、軍事的にアメリカおよび西側諸国と、ソ連圏および東側諸国とが対立しあった。

年、ついに共産党が勝利して、中華人民共和国が誕生します。中国は再び「一乱」から「一治」を取り戻しますが、この巨大な共産主義国家の成立は、西方での共産勢力の拡大に危機感を強めていたアメリカ・イギリスを中心とする「資本主義圏」との対立を深め、いわゆる冷戦体制となって世界を二つに分断していく要因となるのです。

この冷戦はソ連邦が崩壊する二〇世紀末の一九九一年まで続きますが、この間にヨーロッパの「ラテン文字圏」では新たな地殻変動が起こってきます。それは現在のＥＵ（欧州連合）につらなる動きでした。

その源流にあたるのは、長らく政治的に分裂した状態が続いていた西欧世界に昔からある「ローマ帝国の統一」という理想でした。その象徴がローマ教皇から授けられる「ローマ皇帝」の帝冠です。フランク王国のカール大帝や、のちのオットー大帝がこの帝冠を受けており、歴史的にキリスト教世界の政治的なシンボルになってきたものでした。

西欧世界が「近代」に入って領域的主権国家の枠組みができてくると、「主権」が幅を利かせるようになります。世界では「国家」がもっとも重要なもので、国家でもっとも重要なのは「主権」であるという考え方です。でもそれが度を越すと、主権国家間の戦争が絶えなくなり、その弊害がもっとも大きなかたちで現れたのが第一次世界大戦でした。

その惨禍のあと、ハプスブルク帝国の伯爵だったクーデンホーフ・カレルギーという人が「パン・ヨーロッパ連合」の実現を提唱します。要するに、地域連合体をつくってそのなかでは各国の「主権」の壁を低くしましょう、そして話し合いで物事を解決するようにし、世界の平和に貢献しましょう、という内容です。

第一次世界大戦での敗北から解体してしまったカレルギーさんのハプスブルク帝国は「五族共和」どころか、「一五族共和」のような多文化国家でした。だからさまざまな民族をひとつにまとめて共存していくことの難しさを、カレルギーさんはよくわかっておられたのです。ちなみにこの方は日本ともゆかりがあり、ハプスブルクの貴族だったお父さまが外交官として日本に滞在されていた際に、日本人女性を見初めて結婚しています。つまりカレルギーさんは日本人の血も引いているのです。

それで第二次世界大戦のあとの一九五二年にできたのが、「ヨーロッパ石炭鉄鋼共同体」（ECSC）です。これは資源である石炭と鉄鋼を共同で管理することを目的としたものですが、なぜ「石炭鉄鋼」なのかというと、普仏戦争から第二次世界大戦まで、ヨーロッパでは石炭と鉄鋼の生産地の奪い合いというのが戦争の大きな要因だったからです。このECSCの原加盟国となったのは西ドイツとフランス、イタリアとベネルクス三国の六カ国でした。

これが一九五八年に「ヨーロッパ経済共同体」（EEC）、六七年には「ヨーロッパ共同体」（EC）となり、段階的に共同体内での自由化を進めていきます。そこにイギリスやアイルランド、デンマーク、ギリシア、スペイン、ポルトガルなどが加盟し

普仏戦争
一八七〇年、プロイセン主導のドイツ諸邦とフランスとの間で行われた戦争。スペイン国王選出問題をめぐる両国の紛争を契機に、フランス皇帝ナポレオン三世がプロイセンに宣戦布告。北ドイツ連邦および南ドイツ諸国はプロイセンに与し参戦。プロイセン・ドイツ軍は連戦連勝を果たし、フランスは敗北。七一年にドイツ統一（ドイツ帝国成立）が宣言され、フランクフルトで講和条約が締結された。

ベネルクス三国
オランダ、ベルギー、ルクセンブルクの三国の頭文字からとられた三国の総称。

ていくようになります。

この加盟国の顔ぶれを見れば一目瞭然ですが、八一年加盟のギリシアを除くとすべてが「ラテン文字圏」に属する国々です。ギリシアは「ギリシア・キリル文字圏」の源流で支配的な文字はギリシア文字、宗教も東方正教の源流であるギリシア正教で「ラテン文字圏」とは元来異質な社会ですが、「ギリシア・キリル文字圏」のなかで唯一資本主義陣営に留まっていたことや、西欧世界の精神的な起源と思われるようになっていたことから、いわば特別に加盟が認められたのでしょう。

「文字世界」から考える東欧とEU

さて、ゴルバチョフが掲げたペレストロイカの行きつくところ、一九九一年にソ連邦が解体されると、その二年後の九三年にはECがさらに統合度を深化させるための「ヨーロッパ連合」（EU）に再編されます。

ここで起こったことも、「文字世界」の視点で観察すると、とてもクリアに見えてきます。

ソ連邦の解体にともなって、ソ連邦に属していた「東欧」諸国が次々に分離・独立し、共産主義から資本主義へと体制をかえていくことになります。ちなみに、旧ソ連邦構成国と「東欧」の社会主義国でその後、EUに加盟した国々は次のとおりです。

ゴルバチョフ（一九三一〜）
ソ連共産党最後の書記長、ソ連唯一の大統領。ソ連共産党書記長となった翌年の一九八六年よりペレストロイカ（「たて直し」の意。経済における自由化・民主化など共産党支配体制の立て直し）を進め、ソ連社会の改革をめざした。アメリカとの協調や軍縮、冷戦の終結や経済、政治改革に尽力。ソ連に大統領制を創設し九〇年に大統領となるが、九一年に保守派によるクーデタにより共産党解散、大統領を辞任。

ポーランド、ハンガリー、チェコ、スロヴァキア、ラトヴィア、エストニア、リトアニア、スロヴェニア、クロアティア

（ブルガリア、ルーマニア）

この国々を俯瞰すると、あることがわかります。ブルガリアとルーマニアを除く九カ国は、「文字世界」的にはすべて「ラテン文字世界」です。ラトヴィアとエストニアはプロテスタントが支配的ですが、その他はカトリックが多い国々です。

また、ソ連邦時代に、比較的早くから地域によっては反政府運動が展開されたところがあります。世界史の教科書にも出てくる有名なものでいうと、まずハンガリーの首都ブダペストで起こった大規模な反政府デモに対し、ソ連軍が出動して鎮圧した「ハンガリー動乱」（一九五六年）があります。

それから六〇年代に入ると、共産圏のなかでも先進的な社会のひとつだったチェコスロヴァキアで起こったのが「プラハの春」（一九六八年）でした。党第一書記のドプチェクが国民の民主化要求を受けて自由化を推進しますが、行き過ぎを恐れたソ連がワルシャワ条約機構軍を投入して徹底的な弾圧を行ったことで知られます。

そしてお次は、一九八〇年にポーランドで、共産主義政権下では非合法とされた独立労組「連帯」が結成されます。議長になったのは反政府運動の指導者だったワレサ

ハンガリー動乱
一九五六年に社会主義国ハンガリーで起こった反ソ・改革を要求する暴動。学生・労働者が首都ブダペストにてはじめた反政府デモが全国におよぶと、政府の要請によりソ連軍が介入。のち改革派が首相に就任し複数政党の導入やワルシャワ条約機構からの脱退を掲げたが、ソ連軍による第二次軍事介入により首相は逮捕され、政権は崩壊。ソ連の支持する親ソ政権が成立した。

第二次世界大戦後のヨーロッパ

1. エストニア
2. ラトヴィア
3. リトアニア
4. 白ロシア（ベラルーシ）
5. ウクライナ
6. ポーランド
7. 東ドイツ
8. チェコスロヴァキア
9. ハンガリー
10. ルーマニア
11. ブルガリア
12. ユーゴスラビア
13. アルバニア
14. 西ドイツ
15. オーストリア
16. イタリア

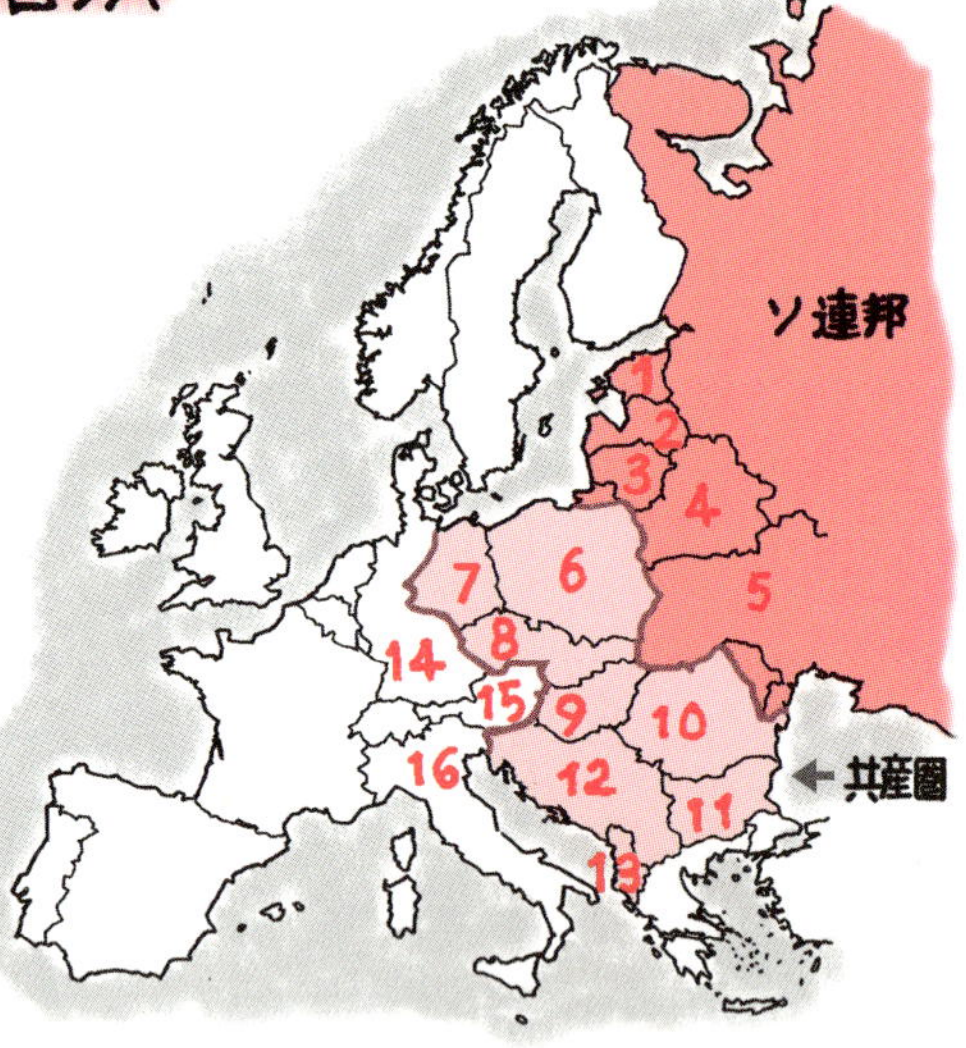

EU加盟国（2018年）

1. フィンランド
2. スウェーデン
3. エストニア
4. ラトヴィア
5. リトアニア
6. ポーランド
7. デンマーク
8. イギリス（離脱予定）
9. アイルランド
10. オランダ
11. ドイツ
12. ベルギー
13. フランス
14. ポルトガル
15. スペイン
16. チェコ
17. スロバキア
18. オーストリア
19. ハンガリー
20. ルクセンブルク
21. イタリア
22. スロヴェニア
23. クロアチア
24. ルーマニア
25. ブルガリア
26. ギリシア
27. マルタ
28. キプロス

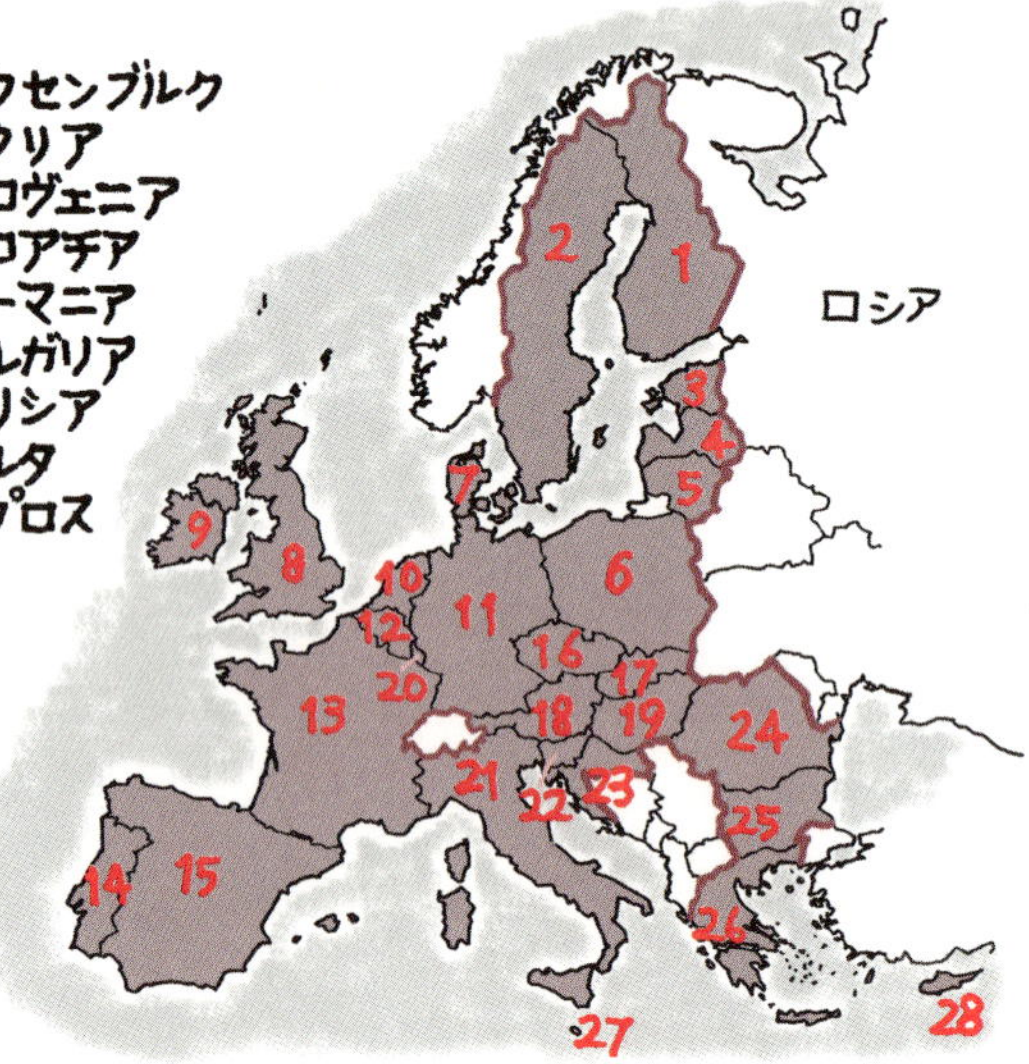

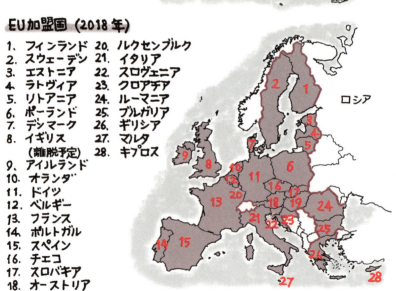

で、弾圧を受けながらも支持者を集め、ノーベル平和賞を授与されたことでも有名ですね。

このハンガリー、チェコスロヴァキア、ポーランドの三カ国は、カトリックが支配的な「ラテン文字圏」に属する国々で、「ギリシア・キリル文字圏」のロシアにとっては異文化世界です。つまり「文化」が異なるということは、「文化」についての本書の定義である「人間が集団の成員として後天的に習得する、行動のあり方、ものの考え方、ものの感じ方の『クセ』」が異なるということになります。そうした背景が、ソ連型の共産主義体制を受容する際に、他の「ギリシア・キリル文字圏」の共産圏諸国と違いが出てきた理由ではないかと思われるのです。

これと似た動きは「東欧」諸国の一角を担っていたユーゴスラヴィアが解体され、七つの小国家に分裂したときにも現れています。旧ユーゴ七カ国のうち、これまでにEUに加盟したのはスロヴェニアとクロアティアですが、この二カ国もカトリックが多数を占める伝統的な「ラテン文字圏」なのです。

一方では伝統的に「ギリシア・キリル文字圏」に属してきたブルガリア、また一九世紀に入ってキリル文字からラテン文字に変更したものの、正教徒が圧倒的に多いルーマニアもEUに加盟するようになりましたが、このことは、基本的に西ローマ帝国に淵源を持つ〝『ラテン文字圏』連合体〟であるEUが、ついに異文化世界をも包み込んでいく過程に入ったことを、物語っているようにも思われるのです。

ＥＵというと、加盟国の通貨をなくして共通通貨ユーロを導入したり、モノやヒトの移動が自由になるなど経済面にばかり話題が集中しがちです。でも、その本当の「世界史」的な意義とは、これまで国家にとってもっとも大事なものとされてきた「主権」を制限し、国境の「壁」を押し下げることで「主権」をめぐる対立や戦争を抑止しようとする、歴史的にもはじめてとなる「先進的な試み」にあるのではないでしょうか。

もちろん、その道のりは決して順調ではありません。国家の主権が押さえられたことで、イギリスのスコットランドやスペインのカタルーニャのように逆に国内の民族問題が独立運動というかたちで噴出したり、また移民・難民問題をきっかけにナショナリズムが高まってしまい、イギリスのようにＥＵからの離脱を試みようとする動きも出てきています。

それでも、ＥＵの挑戦は、西欧世界が生み出し、「国民国家」としての「ネイション・ステイト」モデルが確立された一八世紀のフランス革命以来の大きな転換期として、未来の「世界史」に刻まれる大事件ではないかと思われるのです。やはり、「国家」同士の戦争をいかに抑止していくことができるかという点についても、私たちの文明の「フィード・バック」能力が、まさに問われているのではないでしょうか。

エピローグ 二三世紀の「世界史」を考える

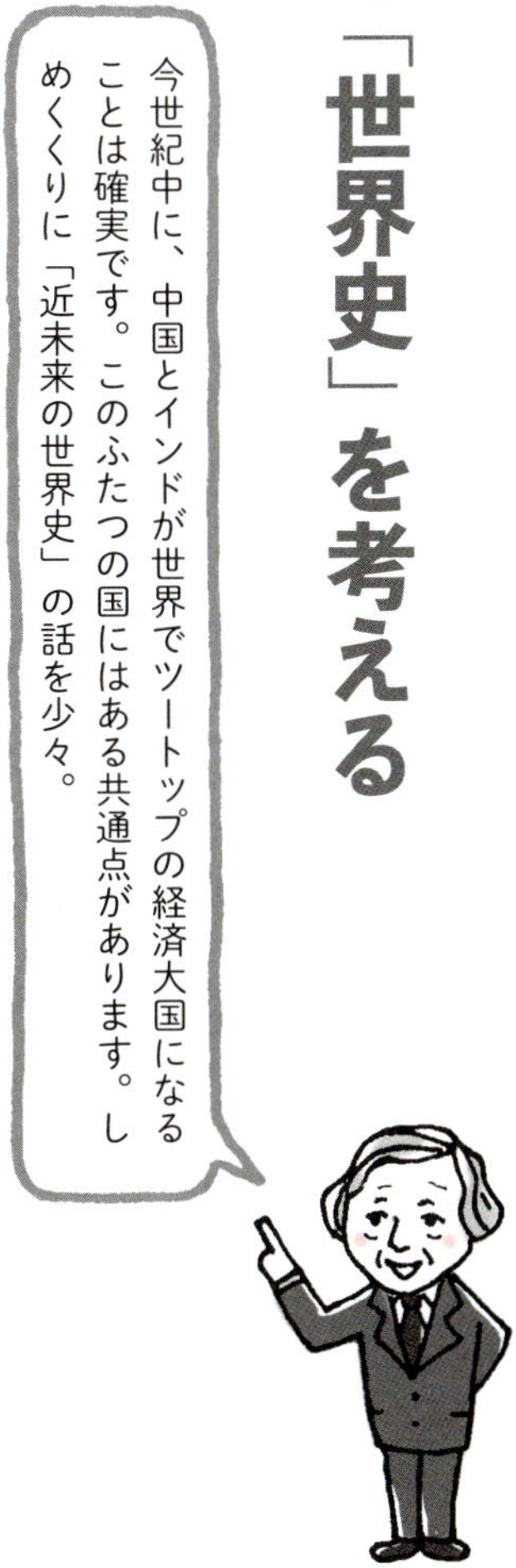
今世紀中に、中国とインドが世界でツートップの経済大国になることは確実です。このふたつの国にはある共通点があります。しめくくりに「近未来の世界史」の話を少々。

世界における日本の立ち位置

大変長い話におつきあいいただき、ありがとうございました。紙幅も限られており、語りきれないところも多々ありましたが、世界の歴史の大きな幹の部分をつかんでいただき、「暗記科目」といわれがちな世界史に少しでも面白さを感じていただければ幸いです。

さて、最後にちょっとした「頭の体操」をして話を締めくくりたいと思います。

今は西暦でいうと二一世紀初頭をすこしばかり過ぎたころとなりますが、これから二〇〇年後の二三世紀に暮らす歴史家が「世界史」を書くと、それはどのような内容になるでしょうか。

まず気になるのは、この日本がこれからどうなるのか、ですよね。

くりかえしになりますが、徳川時代を通じて蓄積された政治や経済の基盤のおかげで、明治期に日本は「近代西欧モデル」を受容する「西洋化」改革を「アジア」諸社会のなかでいち早く成功させ、少なくとも「文明」の「外的世界の利用・制御・開発の能力」の面で近代化を達成することができました。そして日清・日露戦争、第一次世界大戦を経ると、西欧列強に並ぶ国際連盟の常任理事国に入るまでになります。ただ一方で「小西洋」化した日本は彼らを真似て「アジア」での植民地拡大に邁進し、列強との利権争いに突入してしまいます。それが日中戦争、そして太平洋戦争へという道のりとなり、一九四五年に敗戦を迎えることになったわけです。

ただ、この敗戦のあとのGHQによる「外からの革命」のなかで、戦後の日本経済の復興とその後の「経済大国」化に多大の貢献をなしたのが、「農地改革」と「財閥解体」だったと思われます。戦前の日本経済のネックは国内市場の脆弱さで、それは地主制の下での土地を持たない小作人層が低賃金労働者の供給源になっていたからです。また三大財閥が金融機関を牛耳っていたため、新しいことをやろうとしてもなかなか金融を得られず、産業のイノベーションが起こりにくい構造になっていました。

農地改革
　第二次世界大戦後、GHQの強力な指導によって行われた農地制度の改革。自作農創設特別措置法や改正農地調整法が改正され、地主制の解体や小作地の開放、不在地主制の否定、在村地主の貸付地保有限度の引下げ（一町歩）小作料の金納化などをおもな内容とする。農業生産力発展の契機となった。

その二つがなくなったことは、とても大きな「革命」だったといえます。

これが復興期から高度成長期にかけて、労働者の所得拡大が内需を拡大し、これまでにないほど経済規模が大きくなっていく基盤となります。また欧米に比べて低賃金だったことが「ものづくり経済」の利点となって、一九六〇年代にＧＤＰでアメリカに次ぐ世界第二位の座につくまでになりました。

「高くつく非西洋」になる日本

やはりこのあたりの勢いというのは、年功序列や終身雇用といった、江戸期の組織のあり方が「経営組織」に転化した「日本的経営」によるところが大きかったのでしょう。

こうして戦後の一時期、一九七〇年から八〇年代あたりまで日本が世界経済のなかで決定的な役割を果たしたのは事実です。でも、どうもそこからがいけません。「文明」の先進モデルを見つけてそれに「追いつく」ことと、それを「改善」するのが日本人は得意なのですが、そこから先どうするのかという発想に乏しいところがあります。

最近、日本の学生が海外に留学に行かなくなったという声をよく耳にいたします。それを、今の若者は内向きだと嘆く方もいらっしゃいますが、私は、それは違うのではないかと思っています。

そもそもなぜ留学してまで勉強するのかというと、それは自分の国にいては学べない「知識」があるから行くのです。私の学生時代もそうでしたし、アジアなどから欧米に留学に行くのもそうです。

つまり、もう日本からわざわざ海外に行かなくても、日本にはすでに大概の知識が揃っていて、よほど新しいことを求めようとしない限り、日本でほぼ事足りるようになってしまったということなのだと思います。

ただ、以前は中国などから日本に学びにきていた学生が多かったのですが、最近は優秀な学生ほど欧米に留学してしまいます。これはなぜかというと、日本というのは「安上がりで済む西洋」だったからです。つまり、欧米に留学するよりも安上がりでそれなりのスタンダードな知識を身につけられたから、日本に留学していたのです。

ところが最近は「高くつく非西洋」ということになってしまっているのではないでしょうか。留学費用が欧米と変わらなくなってくると、少し高いくらいなら本場の知識を学んだほうが得だと、こういうことになるのです。

「昇龍」中国の台頭

こうして日本の経済的な地位が相対的に低下していくなかで、二〇世紀後半になって日本の後を追うように台頭してきたのが「アジアの四小龍」と称された韓国、台湾、香港、シンガポールでした。

ちなみにこの四つとも、日本と共通するのは同じ「漢字圏」の周辺部に位置してきた社会です。シンガポールは「東南アジア」じゃないのと思われる方もいらっしゃるかと思いますが、地理的には確かに東南アジアにありながら、実態は中国系華僑が中心を占める「華人国家」なんですね。

ただいずれも人口が小さいこともあり、二一世紀に入ると伸びしろがなくなってきます。

ではこれからの世界で決定的な存在となるのはどこかというと、それは「漢字圏」の中心たる中国と、もうひとつは「梵字圏」のこれも中心であるインドであろうと私は思っています。

お隣の中国については、一九七〇年代からの改革開放路線で市場経済を導入して高い経済成長を重ね、ついには二〇一〇年にGDPで日本を追い抜くなど、世界経済における台頭ぶりはご説明するまでもないでしょう。

すでにお話ししたように、辛亥革命で清朝が滅亡してから半世紀近くも「一乱」の時代が続いたわけですが、中国のすごいところは、中華人民共和国が成立したときに、ロシアに沿海州のあたりを少しばかりとられ、外蒙古が独立（現モンゴル共和国）しただけで、清朝時代の領土の九割以上を保ったことです。

そのなかでも注目すべきは中国北東部の旧満洲だと思います。ここは戦前に日本が手を突っ込んで、廃帝の溥儀を立てて傀儡国家をつくったところですが、結局この地の満洲人がすっかり「漢」化して、今は東北三省として完全に中国に同化してしまいました。

一方でたびたび独立運動などがニュースになる西の新疆ウイグル自治区や北方の内モンゴル、西のチベットといった地は、清朝の時代に中国の版図に入った地域で比較的新しく、まだ「漢」化されていない〝異文字圏〟なのでゴタゴタが続いているわけです。

やはり中国がここにきて台頭してきたのは、長い歴史を経て積み重ねられてきた組織技術というベースがあったからだと思われます。そもそも一八世紀後半までは文化や社会、経済などの面で中国は西欧を上回っていたわけで、ただ科学技術の面で後れをとっていたんですね。国家の図体が大きいので日本のように小まわりが利かず、また伝統が強くて「西洋化」改革にずいぶん後れをとりましたが、それでもここまでこれたのです。アメリカが今、このままでは中国に覇権が奪われてしまうとずいぶんしゃかりきになっているほどですから。

「巨象」インドの興隆

一方のインドは、ながらくイギリスの植民地下にありながら、ようやく一九四七年

溥儀（宣統帝在位一九〇八〜一二）　清朝最後の皇帝。姓は愛新覚羅。光緒帝の甥にあたり、宣統帝として三歳で即位。辛亥革命により六歳で退位させられる。紫禁城にとどまるが、軍閥のクーデタにより追放され、日本の保護を受ける。三二年には満洲国の執政、三四年に満洲国皇帝となる（〜四五年）が、事実上、日本の傀儡であった。終戦後、ソ連に抑留され、五〇年に戦犯として中国に引き渡され収容所で服役したのち、五九年に特赦で出所。一市民として暮らした。映画『ラスト・エンペラー』の主人公。

に独立しました。このときにムスリムが多数派の東西パキスタンが分離して独立し、東パキスタンが今のバングラデシュ、西パキスタンが今のパキスタンとして分かれます。

インドは宗教的にはヒンドゥー教徒が多数派ですが、それでも国内にはムスリムを一億人以上抱えています。ただインド全体の人口が一三億以上なので、ムスリムはそれでも一〇%未満の少数派なのです。

ご存じのとおり、インドは多数の民族と言語集団をかかえています。でもムスリムの多いカシミールを除いてこれまで大きな分離独立といった動きが起こっていないのは、梵字系の諸文字が共有されているだけでなく、ヒンドゥーの戒律であるダルマが共有され、ヒンドゥーという宗教を軸に統合が実現されているからでしょう。

インドの支配エリートの特色は「インディアン・シヴィル・サービス」（インド公務員）と呼ばれる社会層でした。そのルーツはイギリス領時代に近代西欧の知識と組織技術を学び、養成された中間管理職で、独立後もこの層が上層部での国家運営を担ってきたのです。

イギリスのインド統治というのは、上級の管理職はイギリス人が担うのですが、中間管理職をやりたいという人がいなくて、それで現地のインド人にまかせるということになったようです。ただいきなりまかせるのは不安なので、学校をつくって英語や学問を教え、そのなかで特に優秀な者を中間管理職の上層にあてるため、イギリスに留学させます。そうやって宗主国のイギリスの大学で学んだ層が、このインディアン・シヴィル・サービスの中核です。

ですからこの支配層が、何百もの異なる言語や民族を社会のなかでそれなりにうまくまとめる技術をもっていて、政治的には比較的に安定した社会をつくりえたのだろうと思うのです。

■二三世紀の「世界史」

このインドと中国には、ある共通点があります。それは何だかおわかりですか？「グローバル・システム」に包み込まれる前、世界には自己完結的な「文化世界」が並び立っていたというお話をさせていただきました。その「文化世界」の中核部分がまさに「世界」としてのまとまりを維持したまま、「国民国家」になったのがインドと中国なのです。いわば、「国民国家」の衣装を着た「世界」のようなものです。それが民族対立などからバラバラになることなく、どちらも一三億人を超える人口を抱えて成り立っている、非常に特殊な世界なのです。

こうした光景を前に私がたどりついた見方があります。「漢字世界」と「梵字世界」はどちらも地理的にモンスーン気候の下で農業ととても深く関わってきた世界です。この二つの「文明」の特徴は、持久力と耐久力に優れているという点です。

その意味では、インドも中国も、どちらかといえば「植物」に近い文明かもしれません。動きは乏しいのですが、根をしっかり張った大木のような存在で、一時期は「西洋の衝撃」で葉っぱも吹き飛ばされた状態でしたが、再び大きく枝葉を伸ばそうとしているかのようです。

それに比べると、「旧大陸」西側の文明は動きの激しい、いわば「動物」の世界です。かつてのローマ帝国も中国のような「世界」でしたが、五世紀も経たずに東西に分裂して二度と統一されることなく、西ローマ帝国が五世紀末に滅びたあと、ローマ帝国の南半分と東ローマ帝国の北東部分は、のちにイスラム世界になってしまいました。

このままいくと、二一世紀中ごろに中国がアメリカをGDPで抜き、世界一の経済規模になると思われます。中国の人口はアメリカの約四倍です。今の中国は先進国に比べると低賃金ですが、その水準がアメリカの四分の一になっただけで、内需に関してはアメリカを超えてしまうのです。

その中国を追うのがインドで、これも二一世紀中にはアメリカを追い抜き、中国とインドが世界の二大経済「超大国」になるのは確実でしょう。つまり「未来の世界」では、中国とインド、そしてアメリカ、さらにもし生き延びるのに成功すればEUが、四つの巨柱としてそびえ立つことになるのです。

そうすると、二三世紀の歴史家はこう書くかもしれません。「世界における西欧の覇権は、一八世紀はじめにはじまり二〇世紀なかばで終わりを告げた……」。そして世界は再び一八世紀以前の「五大文字世界」のように、「アジア」で中国とインドが復権する時代となった、と叙述されるかもしれないのです。

冒頭のプロローグでもふれましたが、私が歴史の研究を本職にしたいと思ったのは、なぜ西欧が「アジア」を凌ぐようになったのか、そしてなぜ日本がそれに対抗するための「西洋化」をいち早く成し遂げたのか、という疑問からでした。そんな疑問を抱いた私の学生生活はまさにベトナム戦争と全共闘運動の全盛期で、そのころはまったく、このような状況を見通すことができませんでした。

でもそれから五〇年近くたった今、ようやく「アジア」の巨龍・中国と巨象・インドが復活しようとする姿を目の当たりにできたことに、大きな感慨をおぼえています。

近年の日本では、人文学を「無用の学問」のようにとらえる風潮が強まっているようです。歴史などの人文学を教えるよりも、もっと実用的な学問を学ばせようと、大学教育などでも人文学を軽視する傾向がみられます。

私は、そのような風潮は大変な誤りだと思います。実学重視という声は、まさに日本が「比較優位」を失いつつあるなかで、その焦りから出てきている発想なのでしょう。

人文学は、人間の今と過去に対する、とても重要な知的営みです。過去を知ろうとしなければ今もわからなくなり、今がわからなければ、未来を見通すこともできなくなります。

ですからみなさんにはぜひ、幅広い視点でさまざまな知識を吸収していただきたいと願っております。その姿勢こそが、これから世界が大きく変動し、日本も今までにない大きな問題に直面していくであろう時代を切り拓いていく際の、大きなヒントになるはずです。

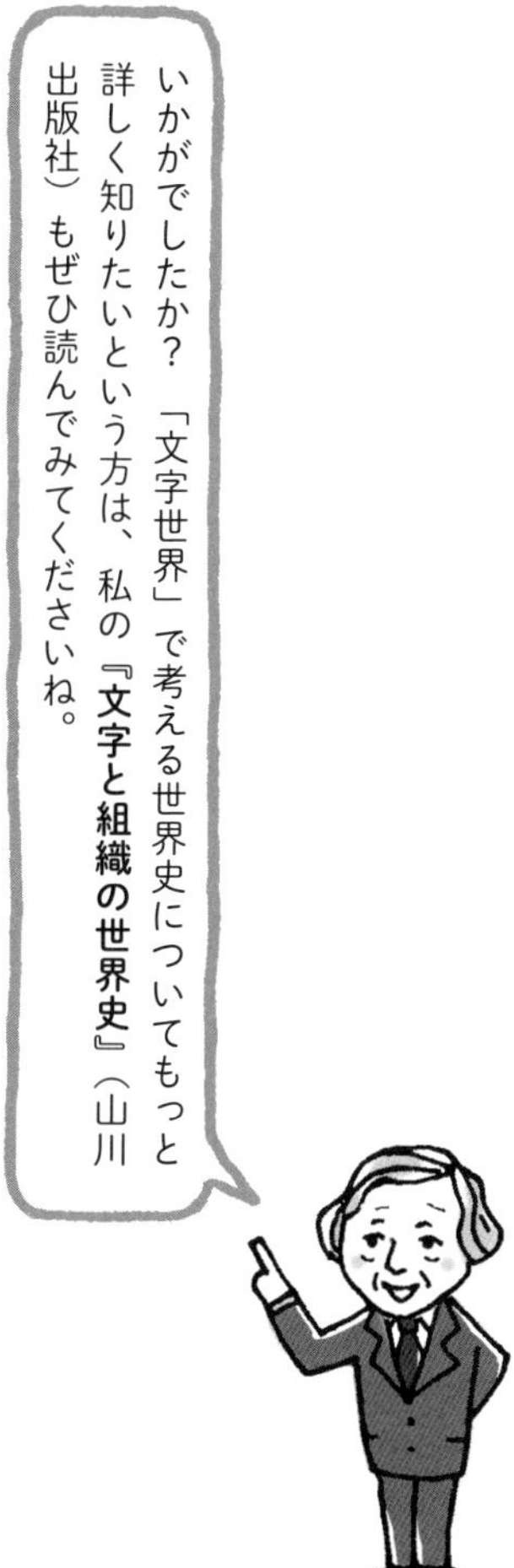
いかがでしたか？「文字世界」で考える世界史についてもっと詳しく知りたいという方は、私の『**文字と組織の世界史**』（山川出版社）もぜひ読んでみてくださいね。

〔著者紹介〕

鈴木　董（すずき・ただし）

1947年生まれ。東京大学法学部卒業、同大学院法学政治学研究科博士課程修了。法学博士。専攻はオスマン帝国史だが比較史・比較文化にも深い関心を持つ。83年より東京大学東洋文化研究所助教授、91年より同教授、2012年より東京大学名誉教授。トルコ歴史学協会名誉会員。

著書に、『オスマン帝国の権力とエリート』、『オスマン帝国とイスラム世界』（ともに東京大学出版会）、『ナショナリズムとイスラム的共存』（千倉書房）、『図説　イスタンブル歴史散歩』（河出書房新社）、『食はイスタンブルにあり—君府名物考』（ＮＴＴ出版）、『世界の食文化　第９巻　トルコ』（農文協）、『オスマン帝国—イスラム世界の「柔らかい専制」』（講談社現代新書）、『オスマン帝国の解体—文化世界と国民国家』（講談社学術文庫）、『文字と組織の世界史—新しい「比較文明史」のスケッチ』（山川出版社）など多数。

カバー、本文イラスト／あくつじゅんこ

大人《おとな》のための「世界史《せかいし》」ゼミ

2019年9月16日　第1版第1刷印刷　　2019年9月26日　第1版第1刷発行

著　者　鈴木　董

発行者　野澤伸平

発行所　株式会社　山川出版社

〒101-0047　東京都千代田区内神田1-13-13

電話　03(3293)8131(営業)　03(3293)1802(編集)

https://www.yamakawa.co.jp/

企画・編集　山川図書出版株式会社

印刷所　半七写真印刷工業株式会社

製本所　株式会社ブロケード

装　幀　マルプデザイン（清水良洋）

本　文　梅沢　博

　ISBN978-4-634-15150-5 C0022

山川出版社の本

宗教の世界史 全12巻

「聖」と「俗」の両面から歴史のなかの宗教を考える新シリーズ。生活に息づく信仰に踏み込み，地域的な広がりにも注目して，地各宗教の歴史を通観する。

四六判 上製カバー装 平均350頁＋カラー口絵8頁 本体各3,500円（税別）

❶ 宗教の誕生

―宗教の起源・古代の宗教

月本昭男 編

ISBN978-4-634-43131-7

フェティシズム・アニミズム・トーテミズム・シャマニズム・祖先崇拝に宗教の起源を探り，メソポタミア，エジプト，イスラエル，インド・イラン，ギリシア・ローマにみる古代の宗教の姿から，宗教とは何かを考える。

全巻構成

（白抜き数字は既刊）

❶ **宗教の誕生** 宗教の起源・古代の宗教……月本昭男 編
❷ **ヒンドゥー教の歴史**……立川武蔵 著
③ **仏教の歴史 1** インド・東南アジア・チベット……下田正弘 編
❹ **仏教の歴史 2** 東アジア……末木文美士 編
❺ **儒教の歴史**……小島　毅 著
❻ **道教の歴史**……横手　裕 著
❼ **ユダヤ教の歴史**……市川　裕 著
❽ **キリスト教の歴史 1** 初期キリスト教〜宗教改革……松本宣郎 編
❾ **キリスト教の歴史 2** 宗教改革以降……高柳俊一・松本宣郎 編
❿ **キリスト教の歴史 3** 東方正教会・東方諸教会……廣岡正久 著
⓫ **イスラームの歴史 1** イスラームの創始と展開……佐藤次高 編
⓬ **イスラームの歴史 2** イスラームの拡大と変容……小杉　泰 編